Tour du monde d'un sceptique

Aldous Huxley

Tour du monde d'un sceptique

Traduit de l'anglais par
Fernande Dauriac

Petite Bibliothèque Payot/Voyageurs

Retrouvez l'ensemble des parutions
des Éditions Payot & Rivages sur

www.payot-rivages.fr

Titre original :
Jesting pilate

La traduction française de ce livre a paru
pour la première fois chez Plon en 1932.

Les Indes et la Birmanie

Port-Saïd

L'écoutille arrière était ouverte. Suspendues très haut au-dessus du trou béant, les lampes électriques jetaient une vive clarté dans les profondeurs du puits. Appuyé sur le rebord, l'homme qui faisait le guet poussa un cri et agita les bras. Le treuil lui répondit par un bruit sec. Vingt sacs de pommes de terre surgirent. À dix pieds au-dessus du niveau du pont, tirés transversalement par une seconde corde, ils oscillèrent obliquement, restèrent quelques instants en suspens au-delà du plat bord, puis, sur un nouveau signal du guetteur, ils furent lâchés dans l'allège qui attendait. De nouveau l'homme leva la main ; de nouveau le treuil grinça ; deux boucles de corde remontèrent les flancs du navire, fouettèrent violemment le pont et redescendirent dans le puits en se tordant comme des serpents vivants. En bas, tout au fond, de petits hommes accrochés aux cordes empilèrent les sacs et les amarrèrent. Le guetteur cria. Un autre quintal de pommes de terre fit irruption, se balança et disparut par-dessus bord. Et cela dura toute la nuit. Je restai là à regarder ; avec curiosité d'abord, puis avec admiration, finalement avec une horreur croissante. Transporter d'un point à un autre de la surface du globe, voilà toute l'activité de l'homme. Et la sagesse de l'Orient, me disais-je, c'est d'affirmer que mieux vaut tout laisser sur place. Jusqu'à un certain point, les sages de l'Orient ont sans doute raison. Bien des matériaux pourraient, sans inconvénient pour personne, être laissés là où ils sont. Par exemple, ces molécules d'encre que je transporte si laborieusement de leur bouteille à la surface de mon papier.

Nous descendîmes à terre — dans quel cloaque ! À Port-Saïd les gens parlent toutes les langues, acceptent toutes les monnaies. Mais leur taux de change est du vol, et ils ne se servent de leur don des langues que pour vous rouler. La principale industrie du pays est apparemment la fabrication et la vente de photographies obscènes. Il y en a des quantités dans presque toutes les boutiques, et tous les vagabonds vous en proposent avec insistance, à des prix qui, à mesure que vous vous éloignez, tombent curieusement du souverain à la demi-couronne. La richesse de cet approvisionnement prouve que la marchandise est fort demandée par les voyageurs de passage. On dirait qu'en ce domaine les gens sont plus agréablement excités par la représentation picturale ou verbale que par la réalité charnelle. C'est un fait psychologique curieux, auquel je ne trouve aucune explication satisfaisante.

Sur la mer Rouge

En discutant avec des Européens qui vivent et travaillent en Orient, j'ai constaté que, s'ils aiment l'Orient (et c'est le cas de la plupart), ils l'aiment toujours pour la même raison. Là, disent-ils, un homme est quelqu'un : il a de l'autorité, il est considéré ; il connaît tous les gens qui comptent, on le connaît. Dans son pays, ce même homme est perdu dans la masse, ne compte pas, n'est personne. La vie en Orient satisfait le plus profond, le plus puissant des instincts : celui de l'affirmation de soi. Le jeune homme qui quitte un faubourg de Londres pour prendre un petit emploi aux Indes, devient membre d'une petite communauté gouvernante. Il a, à ses ordres, des serviteurs d'une docilité d'esclaves ; il a des subordonnés de couleur envers lesquels il est juste et convenable de se montrer brutal. Il vit au milieu de trois cent vingt millions d'Indiens auxquels il se sent incomparablement supérieur — qu'il s'agisse d'un coolie ou d'un maharajah, d'un paria ou d'un brahmane parfaitement éduqué, d'un paysan inculte ou du titulaire d'une demi-douzaine de diplômes européens. Lui-même peut être mal élevé, stupide et ignorant : peu importe, sa peau est blanche. La supériorité aux Indes est affaire d'épiderme. Il n'est pas étonnant qu'un Européen aime l'Orient. Pour lui, les conditions de la vie orientale sont une sorte d'intoxication, mais dont l'ivresse est encore plus satisfaisante que celle du whisky. L'alcool, ainsi que le dit le poète anonyme :

Fait chez les hommes forts bourgeonner le courage,
Aiguise du poète l'esprit et la plume,
Nargue le sort.

Mais le sentiment de puissance qu'il octroie, l'impression de grandeur et d'importance sont illusoires et passagers. L'intoxication de l'Orient, elle, est permanente, et le sentiment de grandeur éprouvé n'est pas une pure illusion. Le voyageur de commerce qui voyage en Orient est bien réellement (aussi longtemps qu'il y séjourne) un homme plus important que son collègue en produits brevetés dans la mère patrie. Ce n'est qu'en rentrant en Europe qu'il se dégrise. En Occident il reprend sa place dans la hiérarchie sociale. Réduit à n'être plus qu'une unité parmi les millions de faubouriens de Londres, il ressent la nostalgie de l'Orient. Rien d'étonnant à cela. Quel homme se contente d'être limon, quand il pourrait flotter fièrement à la surface ensoleillée ?

Tout le monde sur le bateau nous menace d'avoir beaucoup de « bon temps » aux Indes. Bon temps signifie : courses, bridge, cocktails, danse jusqu'à quatre heures du matin, et bavardage à vide. Et pendant ce temps-là, le magnifique, l'incroyable monde dans lequel nous vivons attend que nous l'explorions ; et la vie est courte, et les jours coulent sans arrêt comme le sang d'une blessure mortelle. Il y a toute la science ; il y a l'art ; il y a les hommes, les femmes, les innombrables créatures, et, dans les livres, les âmes de ces morts qui méritèrent l'immortalité. Le ciel me préserve, dans un tel monde, d'avoir du « bon temps ». Le ciel aide ceux qui s'aident eux-mêmes. Je ferai en sorte que mon temps aux Indes soit le moins « bon » possible.

Bombay

Sur le quai, quatre ou cinq dames parsies, laides comme seuls des membres de cette race exclusive et pure peuvent l'être, attendent le débarquement de parents qui se trouvent sur notre bateau. Elles portent le sari hindou avec des blouses européennes, des bas et des chaussures de toile à talons hauts. Elles tiennent un parapluie noir d'une main, des guirlandes de fleurs de l'autre. Les parapluies noirs sont destinés à les préserver du soleil, les guirlandes de tubéreuses et de lauriers-roses à être passées autour du cou des amis qui reviennent. Nous sommes confidentiellement informés qu'une de ces dames est une doctoresse éminente.

On détache une douzaine de coolies, aux membres grêles comme ceux des singes-araignées, afin qu'ils roulent et hissent la passerelle. Ils l'empoignent et, simultanément, poussent un cri aigu, évidemment dans l'espoir que la passerelle, épouvantée, se mettra en place toute seule. Mais leur foi est insuffisante, la passerelle ne bouge pas. Tristement, avec force soupirs, ils se décident à pousser. C'est une méthode grossière, banale et fatigante pour faire bouger les choses. Mais, du moins, elle réussit. La passerelle roule sur le quai, puis on la hisse à son poste. Les passagers commencent à débarquer. Les amies et les parentes des dames parsies arrivent enfin en bas de la planche. Elles sont embrassées, enchaînées de fleurs et entraînées vers les *Hupmobiles* et les *Overlands* qui attendent derrière la douane. Tel est notre premier aperçu de l'Orient.

Les peaux brunes, les pieds nus, les anneaux dans le nez, les bœufs bossus, tout cela était prévu et devint naturel et familier dès qu'on mit pied à terre. La chose vraiment curieuse et inattendue de Bombay, ce furent ses oiseaux. Il y a plus d'oiseaux dans les rues de cette ville d'un million d'habitants que dans une forêt anglaise. D'énormes milans, les ailes étendues et fixes, planent au-dessus des rues, et, sans effort, suivent les mouvements de la circulation. D'innombrables corbeaux à tête grise volent de-ci de-là, se perchent sur tous les toits, sur tous les barreaux, sur tous les fils télégraphiques. À Bombay, le croassement des corbeaux est la basse fondamentale de n'importe quel autre son. Les milans et les corbeaux font œuvre utile de nettoyage. Bombay, ville fort riche en ordures et fort pauvre en balayeurs, leur fournit copieusement travail et nourriture. Dans ce pays où le meurtre d'un animal est considéré comme un assassinat, personne ne leur fait de mal, pas plus à eux qu'à leurs nids. Ils croissent et multiplient et sont étonnamment paisibles. Nous devions rencontrer dans toutes les Indes cette même abondance d'oiseaux, et cette même confiance libre de crainte. Arrivant d'Italie, où, pendant neuf mois de l'année, *lo sport* sévit, la campagne est presque dépeuplée d'oiseaux et des hommes armés restent embusqués une demi-journée dans l'attente d'un moineau sauvage, où les fauvettes migratrices sont prises au filet et mangées par milliers — arrivant d'Italie, je fus particulièrement impressionné par le nombre et la variété des oiseaux indiens.

Au point de vue architectural, Bombay est une des villes les plus laides des deux hémisphères. Elle a eu le malheur de se développer pendant ce qui a peut-être été la période la plus sombre de toute l'histoire de l'architecture. La plupart de ses édifices publics furent dessinés et construits entre 1860 et 1900. Tout commentaire serait superflu. Tout ce qu'il est utile de dire a été parfaitement dit dans le guide de la ville : donnons-lui donc la parole. Le Secrétariat présidentiel est, paraît-il, « dans le style gothique vénitien ». L'université (achevée en 1874) est « dans le style ornementé français du quinzième siècle » ; elle confine au Palais de justice anglais (ouvert en 1879). La bibliothèque de l'université est « dans le style gothique du quatorzième siècle ». Le vieux Bureau central des Postes « fut dessiné en style moyenâgeux par Mr Trubshawe » (Mr Trubshawe resta prudemment imprécis). Le Bureau du Télégraphe (la date n'est pas mentionnée, mais ma connaissance des modes architecturales me porte à le croire d'une époque un peu postérieure) est « roman ». La gare Victoria, dont le style est « gothique italien » avec certaines modifications orientales dans les coupoles, fait face aux édifices municipaux où « le sentiment oriental introduit dans l'architecture gothique est d'un heureux effet ». Plus franchement orientales sont les Portes des Indes « conçues selon le style du seizième siècle, à Goujarat », et le musée du prince de Galles, d'après le travail indien des quinzième et seizième siècles, à la présidence. L'architecture de l'hôtel Majestic et du Taj-Mahal-Hôtel n'est pas décrite dans le guide. C'est un oubli : elle mérite de l'être. Le Majestic est plus sauvagement musulman que tout ce qu'ont jamais rêvé les plus orthodoxes des Grands Moghols, et le gigantesque Taj unit le style du musée d'Histoire naturelle de South Kensington à celui du pavillon indien d'une exposition universelle. Après une heure consacrée à ces trésors de l'architecture moderne, je pris une voiture et, par sentiment de légitime défense, je me fis conduire à l'hôtel de ville, un bâtiment discret du temps du roi George, c'est-à-dire des environs de 1830. Long et bas, avec son perron, son fronton central, sa colonnade dorique, il vous a un air de bon ton, calme et tranquille. Au milieu de tant de pleutres et de prétentieux, il est à peu près le seul gentleman. À Bombay il semble aussi beau que le Parthénon !

Dans les galeries de l'hôtel il y a un étalage de bouquiniste, chargé de périodiques et de romans, parmi lesquels je suis flatté de voir les miens. Tout un rayon est consacré à des revues scientifiques anglaises et américaines, mais uniquement d'un genre plutôt spécial : gynécologie, obstétrique, psychologie sexuelle, maladies vénériennes. Il y en a des piles et par douzaines d'exemplaires. Les galeries de l'hôtel ne sont pas fréquentées particulièrement par des docteurs.

Ces journaux sont achetés par le public. Étrange, étrange phénomène ! Peut-être est-ce un des effets du climat.

De son corps d'île, Bombay projette de longs tentacules de crasse suburbaine dans les terres environnantes. Des moulins et d'énormes métairies grises, des huttes basses entre les palmiers flanquent les grand-routes pendant des kilomètres ; et les routes elles-mêmes sont encombrées par les allées et venues d'innombrables passants. Pendant que je roulais en voiture sur une de ces routes populeuses en dehors de la ville, je ressentais (mais plus intensément) cet étonnement qui souvent s'empare de moi quand je circule dans les faubourgs sordides de quelque cité européenne — étonnement devant ma propre sécurité, mon confort, la solidité de mes privilèges, et la façon inconsciente et presque bénévole dont mes compagnons terrestres, moins favorisés, acceptent mes exigences d'éducation, de loisir, de bien-être. Que notre propre peuple nous tolère ainsi, moi et ceux qui, comme moi, sont des privilégiés, me paraît déjà assez étrange. Mais que nos prétentions, qui sont encore plus grandes aux Indes qu'en Europe, soient admises par ces innombrables étrangers à peau sombre, sous notre domination, me frappe de façon bien plus extraordinaire encore.

On nous accepte un peu comme on accepte du papier-monnaie en raison de l'idée reçue que nous possédons une certaine valeur. Notre valeur n'est pas intrinsèque, elle repose sur le crédit de l'opinion. Nous en vivons, notre domination s'appuie sur elle ; nous sommes respectés, moins en raison de notre force (bien que notre puissance soit grande) qu'en vertu de la convention que le respect nous est dû. La majorité, moins favorisée, est soigneusement élevée dans cette précieuse opinion.

En Europe, notre papier-monnaie a commencé à perdre sa valeur conventionnelle. Cependant nous continuons à nous offrir (non parfois sans quelque méfiance secrète) comme des billets de cinq livres ; mais les plus sceptiques de nos « inférieurs » se refusent à nous considérer comme plus précieux que des chiffons de papier. Quand le même fait commencera à se produire aux Indes, quand s'ébranlera le crédit grâce auquel l'homme blanc a si longtemps vécu et régné, qu'arrivera-t-il ? Sans aucune violence, mais en refusant simplement d'accepter les critères de l'homme blanc, simplement en ne voulant plus avoir rien à faire avec lui, l'Indien peut réduire à l'impuissance la domination britannique. La non-coopération a échoué jusqu'ici, par défaut d'organisation et manque de civisme chez les Indiens. Mais l'organisation efficiente et le civisme sont les produits d'une éducation spéciale. Quand les masses auront reçu cette éducation, quand le papier-monnaie du prestige européen aura été systématiquement discrédité et les Européens boycottés et laissés en suspens dans une espèce de vide économique et social, les Indiens pourront obtenir tout ce qu'ils voudront. (La simple disparition des domestiques indiens suffirait presque à faire capituler les Blancs. Devant la perspective de devoir vider lui-même ses ordures, un vice-roi écouterait avec une sympathie toute nouvelle les réclamations swarajistes). Quant à savoir si les Indes seraient mieux gouvernées par les Indiens que par les Anglais, cela est une autre question. Le Swaraj peut être une bénédiction ou tourner en catastrophe. En tout cas, il sera obtenu dès qu'une partie suffisante des trois cent vingt millions d'Indiens décidera systématiquement de l'obtenir : la chose est claire. Qu'ils cessent seulement d'accorder du crédit aux prétentions de l'homme blanc, qu'ils ignorent sa présence presque invisible parmi leurs foules, il n'en faudra pas davantage.

Pour le moment cependant, notre réputation est encore solide parmi le peuple. Les Indiens cultivés peuvent se demander si nos billets de cinq livres valent beaucoup plus qu'une égale superficie de papier découpée dans le *Daily Mail* ; mais leurs frères ignorants ont encore de l'estime pour notre valeur apparente. Des piétons aux jambes fuselées me saluent quand je passe. À travers la crasse suburbaine de Bombay je promène mes privilèges de confort, de culture et de fortune en parfaite sécurité. Ils sont encore plus ou moins en sécurité même dans les faubourgs d'une grande ville industrielle anglaise. Pour combien de temps ? Je me le demande en roulant au milieu des palmiers.

Nous avons eu la bonne fortune, pendant notre séjour à Bombay, de voir Mrs Sarojini Naidu, la nouvelle présidente du Congrès panindien. Mrs Sarojini est une femme qui concilie de façon remarquable la grande puissance intellectuelle et le charme, la douceur et la courageuse énergie, la vaste culture et l'originalité, le sérieux et l'humour. Si tous les politiciens indiens ressemblent à Mrs Naidu, les Indes sont un heureux pays !

Lors d'un thé donné dans ses salons, une jeune musulmane d'origine arabe récita quelques vers en urdu du poète moderne du Penjab, Iqbal. Ils étaient sur la Sicile (et « Sicile » fut, hélas ! le seul mot que j'aie compris). Le poète, nous dit-on, avait reçu l'inspiration tandis qu'il passait le détroit de Messine au retour d'un voyage en Europe. Son poème avait le caractère d'une lamentation — une lamentation mahométane remplie d'indignation parce que l'île qui appartenait jadis aux musulmans est aujourd'hui aux mains des infidèles. Je n'en dis rien alors, mais je dois avouer que l'idée de la Sicile, pays mahométan, cruellement ravi à ses légitimes possesseurs, me parut plutôt choquante. Pour nous autres bons Européens, la Sicile est grecque, est latine, est chrétienne, est italienne. L'occupation arabe est un intermède, une absurdité. C'est entendu, les Arabes de Sicile étaient des Arabes fort civilisés. Mais il nous est difficile de les considérer autrement que de passage sur cette terre classique. Et voici qu'on me demandait de regarder l'île de Théocrite comme les Italiens d'avant-guerre regardaient le Trentin et les autres terres de l'*Italia irrédenta* — comme une partie de l'irréductible Arabie. C'était trop exiger. Je fus tout d'abord fort indigné, aussi indigné, sans doute, que le poète l'avait été à la vue de ces rivages jadis mahométans, actuellement souillés par les chrétiens. Dans la vie d'un voyageur, ces petites leçons sur la théorie de la relativité sont expériences quotidiennes.

Les mots du poème étaient pour moi incompréhensibles. Mais je pouvais au moins apprécier la façon dont il était dit, ou plutôt chanté : car les strophes étaient bâties sur le retour régulier d'une mélodie en mode mineur. Avec chaque vers commençait un motif émouvant qui montait comme l'appel d'une trompette de la dominante à la tonique, et, sur le temps fort suivant, à la tierce mineure. Après quoi la mélodie errait douloureusement ; il y avait des notes suspendues et de longs trémolos sur une seule voyelle. C'est ainsi, j'en étais sûr, en écoutant, que les chœurs grecs doivent avoir été chantés — comme un chant maintenu dans les bornes d'une unique octave, et (pour nos oreilles du moins) quelque peu monotone, chanté sans effort, parlé plutôt que chanté. Et dans les notes en suspens, dans les trémolos et les trilles sur une syllabe unique longtemps soutenue, je crus reconnaître les traits caractéristiques du chœur d'Euripide que raille et parodie Aristophane dans ses *Grenouilles*.

Ce soir, Mr Patel, le nouveau président de l'Assemblée législative, a été félicité par les membres de la communauté, une caste agricole inférieure de Gujarat. D'autres membres de la communauté ont brisé les entraves traditionnelles. Le hall était rempli d'hommes qui avaient abandonné la charrue de leurs ancêtres pour le travail urbain. Mais aucun d'entre eux n'était encore arrivé à une position aussi élevée que celle que vient d'atteindre Mr Patel. « De laboureur à président », c'est en ces termes que les journalistes indiens, qui, tout comme leurs confrères européens, chérissent les formules, résumèrent la carrière de Mr Patel.

Nous avons accompagné Mrs Naidu à la cérémonie ; étant ses hôtes nous nous sommes trouvés assis sur l'estrade aux places d'honneur. La salle était comble, la chaleur prodigieuse bien que le soleil fût couché. (C'est une particularité du climat de Bombay : la température s'élève, ou, en tout cas, paraît s'élever durant les premières heures de la nuit.) Dans le jardin, dehors, une musique jouait des foxtrot à la mode il y a deux ou trois ans.

On avait soigneusement établi le programme de la cérémonie. Un chœur d'enfants devait chanter en attendant l'entrée de Mr Patel. Quelqu'un devait, dès qu'il aurait pris place, lui réciter un poème de félicitations. Puis, on devait prononcer les discours, et Mr Patel devait y répondre, et pour finir, le poème dans sa cassette d'argent devait lui être remis. Programme parfait sur le papier. La mise en œuvre ne fut pas tout à fait ce qu'on était en droit d'espérer, car l'auditoire ne cessa de parler pendant que l'orchestre jouait et que les enfants chantaient. C'est tout à fait par hasard, en remarquant tout à coup qu'ils étaient en train d'ouvrir et de fermer curieusement la bouche à la façon des poissons, que je m'aperçus que les enfants chantaient. Et quand l'artiste entama le poème de félicitations, l'infatigable « orchestre » entonna l'air de *Pourquoi embrassiez-vous cette fille*, et le poème fut perdu. Entre-temps quelques milliers des innombrables corbeaux de Bombay s'étaient installés dans les arbres en face du hall et, comme tous les oiseaux grégaires à l'heure du couchant, discutaient de l'opportunité de se retirer pour la nuit. Leur croassement était magistral. Je n'ai jamais rien entendu en Europe qui s'en approchât. J'étais sur l'estrade, à quelques pas des orateurs ; leurs voix n'arrivaient même pas jusqu'à moi. Ce ne fut qu'environ une demi-heure plus tard, les corbeaux étant allés dormir, que nous pûmes entendre ce qu'on disait. Tout se déroula ensuite assez bien ; il y eut juste deux ou trois petits accrocs dans la lecture de l'allocution et la présentation de la cassette pour tempérer la solennité des circonstances.

Tout cela me rappelait fort certaines cérémonies analogues en Italie. Il n'est pas de mot plus cher au journaliste italien que le mot *solenne*. Quelle que soit la cérémonie dont vous lisiez le compte rendu dans un journal italien, elle est solennelle. Solennelle, la pose de la première pierre d'un monument ; solennelle, la déposition de couronnes sur une tombe ; Solennelle, la célébration d'un centenaire ; solennelles, les entrées ou les sorties d'un souverain. Dans les journaux, je le répète, toutes ces choses sont solennelles. Dans la pratique, en revanche, il est rare qu'elles se déroulent autrement qu'à la diable et au petit bonheur. D'où résulte, pour un homme du Nord tout au moins, une totale absence d'émotion. Le bon catholique qui vient chercher à Rome de majestueuses et émouvantes cérémonies religieuses, repart le plus souvent chez lui désappointé. Le fait est que tout est bien mieux organisé en France, en Angleterre, en Belgique, en Allemagne — dans n'importe quel pays nordique. Nous sommes, nous, gens du Nord, de bien meilleurs metteurs en scène que les Méridionaux. Nous nous donnons de la peine pour nous impressionner nous-mêmes, et, en même temps, nous donnons à la cérémonie que nous avons préparée toutes les chances de nous émouvoir. Nous la prenons au sérieux et nous gardons cet état d'esprit jusqu'à la fin de la cérémonie. Le Méridional refuse de se fatiguer pour des détails de mise en scène, et ne veut pas avoir à se préoccuper de garder continuellement la même attitude mentale. C'est pourquoi il nous semble fâcheusement sans gêne, cynique et irrévérent.

Mais gardons-nous de jugements trop hâtifs. Le Méridional, en ces matières, a ses propres traditions, et il se trouve qu'elles diffèrent des nôtres. Il se pourrait que sur ce point ses habitudes de pensée et de sentiment soient plus proches de celles des Orientaux que des nôtres. Essayons de comprendre avant de condamner.

Nous accusons le Méridional d'incurie parce qu'il tolère la petitesse parmi ses splendeurs et s'arrange toujours pour que ses cérémonies aient un côté grotesque qui les empêche de nous émouvoir. Mais il pourrait, lui, nous reprocher d'être assez lourdement dépourvus d'imagination pour ne pas savoir découvrir la beauté de l'intention à travers l'insuffisance des moyens qui l'expriment et apprécier la noblesse de l'effet final en dépit de la pauvreté des détails. En matière d'art, nous dirait-il — et les cérémonies religieuses qui ne sont que des ballets solennels et des charades symboliques représentent une forme d'art —, ce qui compte c'est l'intention, et c'est l'effet d'ensemble. Ces petits supports, ces petits arcs-boutants de marbre dont usaient les Grecs pour consolider leurs statues, sont ridicules si vous y regardez de près. Mais il était entendu qu'on les ignorait. Au point de vue sculptural une fausse façade est grotesque : un Méridional sait cela aussi bien que Mr Ruskin. Mais, plus sage que Ruskin, il n'éclate pas d'une sainte indignation sous prétexte qu'elle constitue un mensonge. Il s'autorise à apprécier son aspect grandiose d'un certain point de vue. À l'église, le prêtre peut bredouiller aussi précipitamment que s'il devait battre un record mondial, les enfants de chœur peuvent se mettre les doigts dans le nez, les chanteurs détonner bravement, et le bedeau cracher par terre. Nous, hommes du Nord, cela nous révolte. Mais le sage et indulgent Méridional passe pardessus ces détails sans importance et jouit du bel effet du ballet ecclésiastique, en dépit de ses petites imperfections. Mais alors, dira l'homme du Nord, s'il l'apprécie tant, pourquoi ne reste-t-il pas tranquille, sans rire ni chuchoter, pourquoi ne fait-il pas l'effort de regarder, et, s'il en ressent quelque émotion, pourquoi ne garde-t-il pas son sérieux ? À quoi l'autre répliquera en se moquant du manque de souplesse et de la lenteur d'esprit de l'homme du Nord, de sa grandiloquence et de son incapacité à éprouver franchement deux émotions simultanément ou tout au moins, quasi instantanément. « Je vois, dira-t-il, tout aussi bien que vous les détails ridicules et misérables, et je les déplore comme vous. Mais moi, je conserve le sens des proportions et je ne permets pas à de simples détails de troubler mon appréciation de l'ensemble. Vous avez, vous, le génie du grand sérieux, mais moi, je puis à la fois sourire et rester grave au même instant. À l'église, pendant un moment, je prie avec ferveur, je me sens transporté par la beauté de la cérémonie ; l'instant d'après je fais de l'œil à une jeune femme à travers la nef ou bien je parle avec mon voisin de la cote des actions du caoutchouc. Les airs d'opéra sont, je sais bien, conventionnels et faits pour la scène ; je me moque de la fière démarche du ténor qui les chante, mais, en même temps, j'applaudis avec transport à ses braillements et je m'abandonne, alors que j'en ris, à la véhémence gutturale de la musique. Votre esprit est plus lourd, plus raide, plus gourmé que le mien. Vous ne savez être qu'une chose à la fois, et vous jugez scandaleuses les cabrioles sentimentales de gens plus heureusement doués que vous, ou qui ont été élevés de façon plus raisonnable. Pour ma part, je ne puis que vous plaindre d'être à ce point bornés. »

Tous les discours, sauf celui de Mrs Naidu, qui nous offrit de l'éloquence anglaise, étaient en gujarat, par conséquent pour moi en pur baragouin. Je m'amusai à écouter les mots européens qui occasionnellement en émaillaient l'incompréhensibilité : « "bla, bla, bla" la présidence de Bombay » — voici comment j'aurais rapporté un des discours type de la soirée : « bla, bla, bla, comité, bla, bla, bla, dans la minorité, bla, bla, bla, gouvernement des Indes, bla, bla, bla, George Washington, bla, bla, bla, Edmund Burke, bla, bla, bla, commission des finances, bla, bla, bla… » Et je pensais que c'est de cette manière que nos ancêtres saxons empruntaient jadis au langage de leurs conquérants les mots pour lesquels ils ne pouvaient trouver d'équivalents dans leur anglais décadent d'après la conquête. En écoutant l'incompréhensible bavardage de ses vassaux étrangers, le baron normand dut être amusé en reconnaissant de temps à autre le son de mots familiers tels que : « armée, château, loi ».

La cérémonie prit fin. Festons de fleurs autour du cou — car il y avait eu une abondante distribution de guirlandes, dont, quoique indignes, nous avions nous aussi profité —, nous suivîmes notre hôtesse dans le jardin. Là, sous les palmiers, nous bûmes une sorte de soda richement parfumé ; nous mangeâmes de bizarres petits beignets, garnis d'une sorte de farce à la fois sucrée et violemment poivrée — du mouton haché avec de la confiture — et nous nous efforçâmes d'en chasser la brûlante saveur avec des petits fours, des sandwiches, des languettes d'amandes glacées, et des gâteaux frits. De l'autre côté du jardin, soigneusement à l'abri de toute contamination possible, des orthodoxes se rafraîchissaient avec des mets particuliers préparés par des cuisiniers de bonne famille garantie. Avec sa barbe blanche, et fort majestueusement vêtu, Mr Patel circulait parmi ses invités. Il avait l'air d'un prophète mineur — majeur même —, mais d'un prophète qui, comme nous nous en aperçûmes quand il prit place à table, avait dans les yeux la plus rassurante lueur de malice et d'humour.

Il était près de neuf heures quand nous rentrâmes à l'hôtel. Une heure plus tard, en remontant après le dîner, nous trouvâmes nos chambres magiquement parfumées par les tubéreuses et les *champaks* de nos guirlandes. Cette nuit-là et tout le jour suivant, jusqu'à ce qu'elles furent presque entièrement fanées, les fleurs exhalèrent leur parfum et le ventilateur électrique du plafond envoyait sur nous un air chaud, imprégné d'une étrange et tropicale douceur.

Kashmir

Dans ce pays, un chariot tiré par une demi-douzaine d'hommes revient moins cher que s'il était attelé à une paire de chevaux ou de bœufs. Toute la journée, sur la route au bas de notre maison, passent en grinçant des charrettes pesamment chargées, tirées par un attelage d'animaux humains. Tout en tirant, les coolies ne cessent de chanter, sans doute par pure gaieté de cœur (car ces Kashmiriens sont, envers et contre tout, d'une merveilleuse gaieté), mais aussi parce qu'ils ont découvert l'effet psychologique de chanter en chœur. Cela développe dans un groupe l'esprit de solidarité et le travail semble allégé lorsque l'effort musculaire répond presque automatiquement à la stimulation d'un rythme régulier. J'ai noté deux types principaux de chants de travailleurs. L'un est mélodiquement fort ambitieux, car il ne parcourt pas moins de trois notes de la gamme mineure ! On le chante à l'unisson ; il n'y a pas de soliste. C'est, le plus souvent, quelque chose comme ceci :

Da capo, indéfiniment. Ils chantent cela toute la journée, pendant le travail, et même, par plaisir, la moitié de la nuit à l'occasion d'une noce ou de quelque fête de ce genre. L'autre prend la forme d'une espèce de dialogue entre le chœur et un coryphée, qui répond aux deux temps forts du chant choral chaque fois par un simple monosyllabe, toujours le même, tenu pendant deux temps et chanté emphatiquement sur une note plus basse. Les mots étaient pour moi incompréhensibles mais, traduits en termes de baragouin, ils donnaient à peu près ceci :

Le chœur : Doum, doum.
Coryphée : Bong.
Chœur : Touidell — doum.
Coryphée : Bong, Toum — diddé, Bong. Touidell, ouidell Bong.

Et ainsi de suite des heures et des heures durant.

Ce dialogue rythmique est la musique favorite des attelages des chariots. Quand on fait une promenade, on ne reste jamais longtemps sans entendre ce monotone *Doum, doum, Bong, diddé — doum Bong*. Le chant file entre les peupliers des routes plates et rectilignes de la vallée, et lentement, laborieusement, le chariot et sa cargaison humaine arrivent enfin après leur rapide précurseur. En les croisant, j'ai presque honte de regarder les chariots rampants ; je détourne les yeux d'un spectacle si douloureusement accusateur. Que des hommes soient réduits à accomplir un travail qui, même pour des bêtes, est cruel et humiliant, est quelque chose d'affreux. « Oh ! mais ils n'ont pas la même sensibilité que la nôtre » s'empressent de m'assurer ceux qui possèdent des voitures, ceux qui font cinq repas par jour et boivent du whisky ; « ils sont moins sensibles parce qu'ils sont habitués à cette vie-là. Cela leur est égal puisqu'ils n'en connaissent pas d'autre. Ils sont vraiment tout à fait heureux ».

Et ces assertions sont assez exactes. Ils ne connaissent rien de mieux ; ils sont *habitués* à cette vie-là ; ils sont incroyablement résignés. Ce n'en est que plus honteux pour les hommes et le système qui les ont réduits à une telle existence, et les maintiennent dans l'ignorance d'une vie meilleure.

Les choses prennent tout leur sens quand elles s'opposent à leurs contraires. « Le contraire fait ressortir le contraire, comme un Franc, un nègre, a écrit Jalalu'd-Din Muhammad Rumi. Le contraire de la lumière nous montre ce qu'est la lumière. Dieu a créé le malheur et la souffrance à cette fin : le bonheur est mis en évidence par son contraire. C'est par leurs contraires que se manifestent les choses cachées ; mais Dieu n'a pas de contraire et il demeure caché. » Ces coolies kashmiriens qui ignorent le confort, la culture, l'abondance, la vie privée, le loisir, la sécurité, la liberté, ignorent par conséquent leur esclavage. Ils ne répugnent pas à être empilés dans des huttes infectes comme des animaux, ne souffrent pas de leur ignorance et acceptent l'excès de fatigue et la malnutrition. Il va de soi que ceux qui profitent des Kashmiriens qui supportent, par ignorance, ces conditions inhumaines, ne souhaitent pas leur faire envisager une situation autre, séduisante celle-là et qui, par comparaison, rendrait détestable leur existence présente. Le développement de l'instruction, l'amélioration des conditions de vie, ne sont pas des causes auxquelles ils adhèrent avec grand enthousiasme. Et pourtant ces agents réfractaires sont porteurs malgré tout de l'esprit d'humanitarisme qui est l'esprit de notre époque. Un homme né avec un minimum d'instinct social et d'intuition ne peut l'ignorer complètement. Sa raison peut lui prouver que son avantage personnel implique le maintien des déshérités dans leur état actuel, une force plus forte que sa raison le pousse à agir contre cette situation. Se montrer totalement impitoyable envers les pauvres lui serait profitable, mais il ne parvient jamais à l'être totalement. Il comprend malgré lui qu'ils auraient droit à plus de justice ; et il leur en accorde, pas souvent, certes et pas trop à la fois — mais enfin, il leur en accorde. C'est ce qui est curieux, significatif et moderne. Même au Kashmir, une petite pincée de cette denrée humanitaire — toute invisible qu'elle soit encore — commence à être distribuée.

Les jardins moghols, comparés aux jardins plus ou moins contemporains d'Italie, sont bien décevants. Shalimar et Nishat Bagh ne sauraient rivaliser avec la Villa d'Este à Tivoli, ou la Villa Lanti, près de Viterbo. Le petit Chashma Shahi est d'un point de vue architectural le plus charmant des jardins des environs de Srinagar. Et le plus joli, pour les arbres et l'eau, est Atchibal, à l'extrémité supérieure de la vallée. Le lointain Verinag, où Jahangir enferma la source bleue et profonde du Jhelum dans un bassin octogone entouré d'arcades, a sa beauté propre, beauté étrange et désolée. Mais on peut dire, d'une façon générale, que tous ces jardins indiens sont agencés avec rigidité, monotonie et complètement dépourvus de la magnificence italienne, de la fertile invention italienne. L'architecture de leurs pavillons d'agrément est tout à fait simple, quasi rustique. Les détails ornementaux, ceux du moins qui existent encore — car l'ornementation était en grande partie de la camelote provisoire — n'ont guère d'originalité. C'est surtout dans leurs fontaines qu'on peut constater combien les architectes mongols furent paralysés par une religion qui défendait d'introduire la forme humaine parmi les motifs de décoration. Une fontaine, dans ces jardins-là, n'est qu'une espèce de bec en saillie planté dans la terre, l'extrémité d'un tuyau redressé verticalement. Misérable objet, indigne du nom de fontaine ! Je ferme les yeux et pense à ces sirènes bolonaises aux poitrines jaillissantes ; à ces enfants et ces tortues, à Rome, noirs et que l'eau fait briller, à ces naïades, ces dieux marins, ces allégories gesticulantes parmi les arcs-en-ciel et le cristal coulant de la Piazza Navona, à ces Tritons de la Villa Lanti chevauchant les morses cabrés — tout ce monde fantastique de divinités tutélaires qui veillent sur les sources italiennes. Les Moghols étaient de bons musulmans, et se contentaient de tuyaux sans fioriture.

Si les jardins du Kashmir sont beaux, c'est moins grâce à l'œuvre de l'homme qu'à celle de la nature. Les parterres réguliers sont pleins de zinnias et de cannas écarlates. Le gazon est frais et vert. D'immenses platanes montent dans un ciel pâle et clair ; leurs troncs argentés brillent entre les feuilles auxquelles l'automne a donné des tons de rouille vermillonnée. Derrière eux les collines nues, escarpées, sont déjà huppées de neige. Là où le soleil les frappe, leur couleur est une sorte d'or glauque et argenté ; dans l'ombre elles sont d'un violent et sombre indigo. En bas, de l'autre côté, s'étend le lac Dal, avec à l'extrémité la colline isolée de Hari-Parbat, couronnée de son fort. Le soleil brille dans la pureté de l'azur, mais l'air froid frappe le visage. « C'est un air vif et mordant », car nous sommes à plus de quinze cents mètres d'altitude. Les Grands Moghols considéraient le Kashmir comme le paradis terrestre. Et vraiment ce devait être un paradis pour qui arrivait tout droit de l'enfer terrestre qu'est le Punjab en été. Le voyageur qui vient des pays tempérés le trouve moins paradisiaque parce que plus familier. Les lacs et les montagnes rappellent la Suisse et l'Italie, et, devant la plate vallée aux interminables avenues bordées de peupliers, aux nombreux cours d'eau et aux champs spongieux, notre pensée se trouve ramenée vers la France, vers la Hollande même. Nos transports d'admiration sont réservés à des tropiques moins familiers.

En automne, des bandes considérables de sarcelles et de canards sauvages traversent le Kashmir, allant des terres où ils pondent à celles où ils hivernent, dans les Indes septentrionales. Quelques-uns pondent dans les endroits les plus retirés du Ladakh, qui n'est qu'à quelques centaines de kilomètres de la vallée du Kashmir ; mais on assure que la plupart s'enfoncent dans l'Asie centrale, peut-être même en Sibérie, où beaucoup d'oiseaux migrateurs passent l'été, bref mais clément. En automne ils vont vers le sud par-dessus l'Himalaya, jusqu'aux Indes. Quelques espèces de ces oiseaux aquatiques franchissent la chaîne à l'extrémité est, d'autres à l'ouest. Le *cottontail*, par exemple, se rencontre, me disent les chasseurs, dans l'Assam et dans le Bengale, mais pas dans le Punjab, tandis qu'on ne trouve le canard sauvage que dans l'Ouest. Que ces oiseaux qui vivent normalement dans la plaine parviennent à passer les défilés de l'Himalaya sans mourir du mal des montagnes ou d'asphyxie chemin faisant, cela tient du miracle. La plupart des petits animaux, quand on les transporte brusquement à une altitude de quatre à six mille mètres — et de nombreux défilés de l'Himalaya atteignent cette hauteur —, meurent immédiatement. Le canard migrateur, s'il vient vraiment de l'Asie centrale, doit voler à cette altitude pendant des kilomètres de suite. Physiologiquement, c'est là une prouesse comparable à celle de l'anguille qui abandonne son étang ou sa rivière natale pour aller pondre à trois ou quatre mille kilomètres de distance, dans les eaux profondes de l'Océan.

Il serait intéressant de connaître les sentiments d'un animal migrateur quand arrive le moment d'effectuer son voyage. L'hirondelle à la fin de l'été, le saumon qui, ayant atteint son poids maximum, sent l'instant venu de remonter les fleuves, l'anguille d'eau douce à l'approche de sa première et dernière ponte, ces animaux doivent éprouver, j'imagine, quelque chose d'analogue à ce que pourrait éprouver un homme soudainement converti ou qui se verrait contraint par un sentiment de devoir irrésistible d'accomplir quelque tâche hasardeuse et désagréable. Une force intérieure — un dieu immanent — leur ordonne d'abandonner leur confortable manière de vivre pour une existence nouvelle et difficile. Toute velléité de désobéissance est vaine : le dieu commande. Si les anguilles pouvaient formuler leurs théories éthiques elles seraient, j'en suis sûr, fort éloquentes sur le chapitre de l'impératif catégorique et du caractère coercitif du sentiment du devoir.

Nos impératifs catégoriques, tels ceux des anguilles et des hirondelles, ont généralement derrière eux la force de l'instinct. Notre instinct social nous empêche de faire ce qui serait blâmé et nous encourage à faire ce qui serait, croyons-nous, conseillé par nos pairs, par nos supérieurs moralement parlant, par notre « meilleur moi », par « Dieu ». Mais il est assez curieux d'observer qu'il y a des circonstances où l'impératif catégorique, pour ou contre une action, semble étranger à tout instinct coercitif. Par exemple : un homme écrit deux lettres, met les adresses sur deux enveloppes, y glisse les lettres et les cachette. Il prend le plus grand soin, en insérant les lettres, de mettre chacune d'elles dans l'enveloppe qui lui est destinée. Néanmoins, quelques minutes après, il est saisi d'un irrésistible besoin de rouvrir les enveloppes pour bien s'assurer qu'il n'a pas mis la lettre adressée à sa maîtresse dans l'enveloppe de la lettre à sa vieille fille de tante, et réciproquement. Il sait que chaque lettre est là où elle doit être. Mais en dépit de cette conviction, malgré les commentaires ironiques de la partie rationnelle de son esprit, il rouvre les enveloppes. L'impératif catégorique est plus fort que la raison. Il peut même l'être au point de lui faire, cinq minutes plus tard, rouvrir les enveloppes une seconde fois.

Où l'impératif catégorique prend-il sa force en des cas comme celui-là, je n'arrive pas à le comprendre.

Le coucou au mois d'août prend son envol vers l'Afrique, sur l'ordre d'un instinct migratoire particulier. Un désir provenant de son instinct social qui souhaite l'approbation d'autrui, ou de quelque hypostasié « meilleur soi » ou « dieu personnel », pousse un homme à agir honorablement dans des circonstances où il lui serait plus profitable et plus facile d'agir malhonnêtement. Mais quand un homme rouvre une enveloppe pour voir si elle contient la lettre qu'il *sait* qu'elle contient, quand il sort de son lit, par une nuit glaciale, pour aller voir s'il a bien éteint la lumière et verrouillé les portes, tout en sachant pertinemment qu'il l'a fait dix minutes auparavant, aucun instinct primordial ne peut être invoqué pour expliquer le caractère coercitif de l'envie qui le pousse à commettre ces actions irrationnelles. Ce sont des cas où l'impératif catégorique paraît moralement privé de sens, et où il est psychologiquement inexplicable. C'est comme si un dieu s'amusait à vous faire de mauvaises farces.

La saleté congénitale des Kashmiriens est proverbiale aux Indes. Chaque fois qu'ils ont à choisir entre une chose propre ou une chose sale, c'est infailliblement cette dernière qu'ils préfèrent. Ils ont le génie de la malpropreté. Nous avons eu tous les jours l'occasion de voir les manifestations de ce génie particulier. Notre petit enclos était approvisionné en eau par les soins de la ville. Par un robinet au fond du jardin nous pouvions avoir l'eau pure et filtrée du réservoir situé dans les montagnes. L'eau de ce robinet, qu'on laissait parfois ouvert des heures entières, était recueillie dans un petit bassin revêtu de briques dans lequel le jardinier puisait l'eau pour arroser ses fleurs. Mais le jardinier n'était pas le seul. Nous découvrîmes que nos domestiques éprouvaient un besoin presque irrésistible de prendre là aussi notre eau de table et notre eau de toilette. L'eau claire coulait étincelante du robinet, mais leur instinct était de prendre seulement le liquide stagnant du bassin découvert. Et à quoi servait-il ce bassin ! Nous apercevions le matin notre balayeur qui, accroupi sur ses bords, procédait à ses ablutions. Il se lavait d'abord les mains, puis les pieds, puis la figure. Il se rinçait ensuite consciencieusement la bouche, se gargarisait et crachait dans l'eau. Après quoi il se douchait le nez. Cela terminé, prenant de l'eau dans le creux de ses mains, il buvait. Le robinet était à un mètre de là. Il préférait l'eau du bassin, plus savoureuse.

Il est fort étonnant que les épidémies ne soient pas plus fréquentes ni plus ravageuses. Je suppose que c'est dû à la puissante action désinfectante du soleil. Peut-être aussi une familiarité intime et presque quotidienne avec les microbes de la typhoïde et du choléra a-t-elle donné aux phagocytes kashmiriens un salutaire mépris pour leurs agressions, joint à un pouvoir accru de résistance.

Le pandit kashmirien a une répugnance plus qu'espagnole pour tout travail manuel. Mais, à la différence de l'hidalgo qui se croit déshonoré par l'exercice de toute autre profession que celle des armes, le pandit aspire à ne manier que la plume. Il peut être dans une misère noire (la plupart des gens au Kashmir sont dans ce cas), n'importe, il ne fera qu'un travail de pandit. Un chauffeur touche de bons gages, un serviteur est habillé et nourri, mais l'orgueilleux pandit préférera mendier dans la rue plutôt que d'accepter un emploi dérogeant à sa dignité de brahmane.

Les pandits sont nombreux au Kashmir ; ils sont tous plus ou moins instruits, et tous également fiers. Il s'ensuit qu'au Kashmir vous pouvez vous offrir un scribe pour la moitié environ de ce que vous donnez à votre cuisinier. Et pas seulement au Kashmir mais partout dans les Indes. Un cirque était récemment de passage à Lahore. La direction fit savoir qu'elle recherchait des gardiens à quinze roupies par mois. On m'a assuré qu'il y eut, parmi les candidats, plus de quarante diplômés de l'enseignement. Mysore, le mieux gouverné des États des Indes, éprouve les mêmes difficultés pour caser les produits raffinés de son enseignement supérieur. Quand ils ont pris la peine d'obtenir leurs diplômes, les étudiants de ces collèges réclament presque comme un droit (et ce n'est que justice) le travail auquel leurs études les ont préparés. Seulement ce travail n'existe pas.

C'est le côté tragi-comique de l'éducation indienne. Les universités produisent un essaim de diplômés pour lesquels il n'y a rien à faire. L'État ne peut en occuper qu'un nombre limité, et, en dehors des postes gouvernementaux, il n'y a presque aucun débouché pour un homme ayant l'éducation moyenne d'un Occidental. L'industrie et le commerce vers lesquels se dirige une grande partie de notre jeunesse cultivée existent à peine aux Indes. Il n'y a pas de capitaux liquides disponibles pour implanter ces industries sur une large échelle et les Indiens cultivés manquent généralement de l'initiative et de l'énergie nécessaires pour tenter quelque chose de plus modeste. Leur ambition est d'avoir un emploi de bureau sûr, sans responsabilité, et la retraite à la fin de leurs jours. Les humanités ou la science abstraite dont on les a bourrés ne les rendent bons à rien d'autre. Malheureusement les emplois administratifs, donnant lieu à une allocation retraite, sont peu nombreux. Les jeunes Indiens, une fois passé le seuil de l'université, un diplôme en poche, entrent dans un vide. Or, la classe instruite et sans emploi — la classe la plus redoutable pour un gouvernement établi — ne cesse régulièrement de s'accroître.

Les Indiens cultivés de la vieille génération ont un faible marqué pour les apophtegmes, les citations, les devises de mirlitons. Ils ponctuent leur conversation de : « comme dit si magnifiquement le poète persan » — vient ensuite une enfilade de syllabes incompréhensibles dans leur traduction, contenant généralement quelque joyau de la sagesse humaine. Par exemple : « l'honnêteté est la meilleure des politiques », ou « plus l'art est haut, plus la moralité est basse » ou encore « peu importe que mon oncle ait une belle maison si je dois me contenter d'un chou pourri ». Ceux dont l'éducation a reçu un tour plus occidental possèdent sur le bout des doigts l'*Élégie* de Gray, les œuvres de sir Edwin Arnold et les passages les plus sentencieux de Shakespeare. Cependant, l'usage des citations semble décliner chez les jeunes Indiens. Leur sagesse est diffuse, inadaptée aux citations. Leurs cerveaux sont remplis de nébuleux débris d'articles de journaux, de pamphlets, de petites brochures de science populaire et non plus de tirades héroïques.

Chez nous, en Occident, c'est la même chose : les devises latines ne se rencontrent plus que sur les lèvres des gens âgés. Fini le temps où, d'un côté à l'autre de la Chambre des communes, on se renvoyait Horace et Virgile. Le latin est chez nous, de même que le persan chez les hindous, une langue plus morte qu'il y a cent ans, plus morte qu'il y a une génération. Il est rare, même, que l'on cite encore les classiques anglais. Les jeunes ne sortent plus leur Shakespeare aussi souvent que leurs aînés. La raison en est, je suppose, qu'à force de lire nous avons perdu l'art de nous souvenir. D'ailleurs une grande partie de ce que nous lisons est idiot, et ne vaut pas d'être retenu. L'homme qui enregistrerait les mondanités de son journal du matin mériterait d'être envoyé dans une maison de fous. Mais il s'ensuit que nous oublions aussi ce qui ne mérite pas l'oubli. De plus, la jeunesse qui a grandi dans ce monde du provisoire et de l'étrange, fait de pièces rapportées, est saturée de l'esprit qui y règne et trouve absurde de ramasser les lambeaux de pensée d'une époque révolue, aux antipodes de la leur. À quoi sert de savoir, en 1925, que « lorsqu'une jolie femme fait une folie, il ne lui reste qu'à mourir » ? À quoi bon affirmer platement que « la pitié vraie est sans restriction », que « puisque Dieu est au Ciel, tout est pour le mieux dans le meilleur des mondes ». Ces déclarations poétiques n'ont pas de sens pour nous. Quand une jolie femme fait une folie, nous ne songeons pas à la mort : nous pensons à la suppression des complexes, au contrôle des naissances, et aux droits de la mère célibataire. Quant à la qualité de la pitié, nous avons nos propres idées là-dessus, et elles varient selon que nous sommes disciples de Gandhi ou de Sorel d'une part, ou de Lénine et de Mussolini d'autre part. « Elle tombe comme tombe la douce rosée du ciel, deux fois bénie. » Sans doute. Mais qu'est-ce que cela peut nous faire, à nous qui avons à résoudre pour notre propre compte les problèmes du droit ou du non-droit à la violence ? Et que signifient pour nous ces assertions inconsistantes au sujet de Dieu ? Dieu, nous autres psychologues, nous savons que c'est une sensation au creux de l'estomac, hypostasiée. Dieu, le dieu personnel de Browning et du théologien moderne, c'est l'interprétation gratuite, intellectuelle, d'expériences immédiates psychophysiologiques. Les expériences sont indubitablement vraies pour ceux qui les ont faites, mais leur interprétation en termes du dieu personnel de Browning, est illogique et injustifiable.

Non, décidément, les devises de mirlitons de nos ancêtres ne sont plus bonnes pour nous. Nous avons besoin de nos propres formules et de nos « clichés ». Le paragraphe ci-dessus en est plein : complexe, malthusianisme, lutte pour une idée, psychologie, etc. Peu de ces mots ou des idées qu'ils représentent ont jusqu'ici trouvé place dans la poésie. Par exemple, Dieu, ce je-ne-sais-quoi au creux de l'estomac, intellectuellement interprété, n'a pas encore été cristallisé en strophes. Sa demeure est encore le manuel scolaire ou l'article du *Hibbert Journal*. Comme la plupart de nos autres idées, il ne se prête pas aux citations. Les anciens étaient capables de bâtir leurs notions du vaste monde autour d'une élégante charpente poétique. Moins chanceux, nous ne disposons que d'une collection de mots et de phrases scientifiques ou pseudo-scientifiques, pour servir de trame à notre philosophie de la vie. Nos esprits et notre conversation sont, par suite, moins élégants que ceux de nos pères, dont les idées s'étaient cristallisées autour de jolies phrases comme : « *sunt lacrimæ rerum* [1] » ou « je ne pourrais, chérie, t'aimer comme je t'aime, si je n'aimais l'honneur encore davantage [2] ». Un jour peut-être, un poète surgira pour donner à nos clichés une forme artistique mémorable. Mais, en ce temps-là, ils seront, sans doute, aussi périmés et vides de sens que les vieilles rengaines classiques.

Srinagar possède une vaste population de vaches et de taureaux sacrés qui errent dans les rues, sans but, mangeant tout ce qu'ils peuvent trouver de légumes pourris, d'herbe et de feuilles mortes. Ce sont des bêtes merveilleusement douces et de petit gabarit — le bétail anglais fait environ le double. Les étoffes rouges n'ont aucun sens pour ces petits taureaux ; on peut, sans crainte, les laisser entrer dans

1. « Les objets ont des larmes. »
2. Lovelace.

une boutique de porcelaines, voire dans une nursery. La liberté, la sous-alimentation, et le libre accès aux femelles de leur espèce, expliquent sans doute une douceur aussi surprenante.

Mais bien qu'inoffensifs, ces totems hindous sont, d'une manière passive, un véritable fléau. Au volant de votre voiture, ou lorsque vous marchez, ils ne vous attaquent pas, mais ils ne se dérangent pas non plus pour vous céder la place. Ils restent là, à ruminer, à méditer au milieu de la rue, et ni cris, ni grelots, ni klaxons ne les en délogent. Il faut que vous soyez sur eux pour qu'ils se décident à bouger. En fait ils savent bien qu'ils sont sacrés ! Leur longue expérience leur a appris qu'ils peuvent rester plantés sur la route aussi longtemps que bon leur semble, et malgré le tintamarre des klaxons, il ne leur arrivera rien. Rien. Car le Kashmir, bien que la plupart de ses habitants soient mahométans, est gouverné par une pieuse dynastie hindoue. Il y a encore quelques années, tuer une vache faisait d'un homme un condamné à mort. Une loi plus clémente ne le condamne actuellement qu'à sept années de travaux forcés. La crainte salutaire des vaches est enracinée dans le cœur de tout chauffeur kashmirien. Et les totems le savent. Avec une majestueuse impertinence, ils se promènent au beau milieu de la rue. Quand on est dieu, on ne se dérange pas pour un simple mortel, si puissant soit-il.

Aux yeux de la raison pure, il y a quelque chose de singulièrement illogique dans la peur des hindous de tuer les vaches ou de manger leur chair quand elles sont mortes, et dans leur désinvolture à faire de la vie de ces bêtes sacrées un enfer terrestre. L'orthodoxie, au Kashmir, est tellement stricte que le bétail est confisqué à la frontière et que les chasseurs n'ont pas le droit de tuer le *nilgai* sauvage, qui n'a rien de bovin mais s'appelle, à tort, la « vache bleue » ; le nom même est sacré. Et pourtant rien ne protège ces animaux divins des cruautés de toutes sortes, si la mort n'en découle point. On les nourrit à peine et quand on les emploie comme bêtes de trait, on les malmène sans pitié. Si l'aiguillon ne suffit pas à les faire avancer, le conducteur leur saisit la queue, et, comme s'il voulait d'un coup de manivelle faire démarrer une Ford, il lui imprime une torsion violente. En hiver, quand le fourrage manque, les Kashmiriens parquent leurs bêtes toutes ensemble dans un endroit clos jusqu'à ce qu'elles commencent à suer ; à ce moment-là, ils les poussent dehors, dans la neige, avec l'espoir qu'une bonne pneumonie en viendra à bout. Aux yeux de la raison, je le répète, cela évidemment paraît bien étrange. Mais de toute façon, la majorité des actions humaines ne sont pas faites pour être examinées avec les yeux de la raison.

Il faut six semaines de marche aux commerçants tartares pour aller de Kashgar à Srinagar. Ils se mettent en route avec leurs yacks et leurs poneys, au début de l'automne, époque où les défilés ne sont pas encore envahis par la neige, et où les fleuves, grossis par la fonte de l'été, sont redevenus guéables. Ils marchent jusqu'au Kashmir et du Kashmir jusqu'aux Indes. Ils y passent l'hiver, vendent ce qu'ils ont apporté, puis, lorsque revient le printemps et que les défilés sont de nouveau praticables, ils s'en retournent au Turkestan, chargés de tissus indiens et européens, velours, peluches et cotonnades, qu'ils revendent dans leur pays avec un bénéfice fabuleux.

Nous avons visité le *sarai* de l'Asie centrale à Srinagar, où les Tartares font halte dans leur route vers les Indes. Une douzaine de marchands y campaient avec leurs serviteurs : c'étaient d'étranges Mongols, dont les hautes bottes, le pantalon et la veste étaient en drap épais ou en peau de mouton. Pour nous, ils étalèrent leurs marchandises : des tapis, chers ou bon marché, provenant de Kashgar et des autres villes-oasis du bassin du Tarim ; de rugueuses nattes de feutre où les plus charmants dessins étaient grossièrement imprimés en rouge et en bleu, des cotonnades du Turkestan, tissées et imprimées à la main, des soies de Chine, du jade et du cristal, des fourrures. Nous achetâmes une couverture de très mauvaise qualité, plus de coton que de laine, mais aux couleurs splendides, qui, pour être évidemment d'aniline, n'en étaient pas moins belles. Puis une natte de feutre, dont le dessin reproduisait un motif de décoration grecque.

Cette identité de la forme contemporaine et de la forme ancienne et classique, était-elle due à la coïncidence d'une réinvention, à une importation moderne de l'Occident ? S'expliquait-elle, comme il me plut de le croire, par la survivance, à travers des siècles de changements et d'agitations, et malgré les invasions et les massacres, d'un art que les audacieux successeurs d'Alexandre, les despotes de l'Asie centrale, implantèrent dans cette terre jadis florissante par-delà les montagnes ?

Je ne sais pas à quoi cela peut tenir ; mais il y a quelque chose de particulièrement romantique dans les caravanes et le commerce lent des gens qui vont à pied. Le spectacle d'une centaine de yacks ou de poneys chargés suffit à enflammer l'imagination, celui d'une centaine de camions bondés nous laisse entièrement froids. Nous ne nous intéressons pas au marchand qui envoie ses colis par le train, mais le marchand ambulant nous semble une figure presque belle, presque héroïque. Et l'auréole romantique qui accompagnait les Tartares devint plus brillante à nos yeux quand ils nous firent voir leur monnaie. Ayant sondé les profondeurs de leurs vêtements graisseux, ils nous montrèrent des poignées d'or éclatant. Nous regardâmes cette monnaie : c'étaient des pièces de dix roubles russes d'avant la Révolution, éclatantes et neuves. L'effigie du tsar s'y détachait aussi nettement que si elles avaient été frappées la veille à l'Hôtel impérial de la Monnaie.

Taxila

Les environs de Taxila, l'ancienne cité où Alexandre s'arrêta et trouva un allié, me rappelèrent un peu la campagne romaine. Les contreforts de l'Himalaya y jouent le rôle des montagnes d'Albe et de Sabine. Une enfilade de Frascatis déboisés et de Tivolis desséchés se transforme peu à peu en une plaine grise et onduleuse. Sur des éminences brusques et inattendues surgissent de cette plaine les équivalents indiens de Népi et de Civita Castellana. Ici et là, sur les sommets des collines, et en bas dans la plaine découverte, gisent les ruines des diverses cités et des divers temples autrefois florissants, puis qui déclinèrent, et ne ressuscitèrent que pour être dévastés et pillés. Ils furent reconstruits une fois de plus pour finalement disparaître entre l'an 1500 avant notre ère et l'an 500 après Jésus-Christ.

Ces ruines semblent les cousines germaines des tombeaux de la Via Appia, d'Ostie et de la Villa d'Hadrien (car les ruines, quels que soient leur date et leurs pays, ont entre elles une forte ressemblance familiale), et les propres sœurs, si je puis dire, des villages voisins abandonnés qui ne se distinguent des ruines que par plus de saleté encore et de délabrement.

Les ruines les mieux conservées sont celles du monastère bouddhiste et du temple de Jaulian. Ce temple est un stupa — ou tertre de reliques — qui, lorsqu'il était intact, devait, avec son dôme et son clocher à parapluies superposés, ressembler quelque peu à la pagode birmane moderne, qui, naturellement, n'est elle-même qu'une variété locale du stupa hindou original. Aujourd'hui il ne subsiste plus que la base du stupa principal, et tout autour, des stupas en miniature ou reliquaires sacrés. Le monastère, contigu au temple, est la réplique presque exacte des ruines d'un monastère chrétien. Je n'ai remarqué qu'une seule différence : les moines bouddhistes avaient des salles de bains.

Autour du stupa, à sa base, et dans les niches des murs des cloîtres, de nombreuses sculptures de pierre, de stuc et d'argile, sont restées intactes à leurs places. L'influence grecque est manifeste jusque dans ce travail du troisième siècle. La vitalité du ferment hellénique dura des centaines d'années. Les siècles passèrent et de nombreuses invasions barbares s'abattirent sur le pays avant que les traces de l'influence grecque fussent vraiment effacées, et que l'art des Indes septentrionales redevînt entièrement oriental.

La qualité du travail n'est pas à Taxila particulièrement remarquable. On a trouvé des sculptures infiniment plus belles dans d'autres endroits des Indes du Nord-Occidental. Les plus remarquables sont actuellement au musée de Péchaver où je fus surtout frappé par des scènes de la vie de Bouddha, représentées en haut-relief sur une série de petits panneaux en pierre. Elles ont la vigueur, la force dramatique et beaucoup de la beauté de composition qui caractérise la sculpture gothique italienne. Je me rappelle, en particulier, deux d'entre elles : Bouddha renonçant à sa famille, et Bouddha prêchant à l'entrée d'une grotte ; elles pourraient être signées Nicola Pisano.

De Péchaver à Lahore

À Péchaver nous fûmes saisis par une de nos paniques financières périodiques. L'argent, dans ce pays, file rapidement entre les doigts, et surtout entre les doigts du touriste. Chaque fois que vous montez dans un train vous êtes obligé d'en donner par poignées, car les places sont chères et les distances énormes. Il semble qu'aucun endroit aux Indes ne se trouve à moins de quatre cents kilomètres d'un autre ; les voyages plus longs doivent être calculés en milliers de kilomètres. Les paniques financières sont justifiées. Nous résolûmes de voyager en seconde classe jusqu'à Lahore.

La première heure nous étions seuls dans notre compartiment. Nous nous félicitions d'avoir obtenu tout le confort et l'intimité d'un voyage en première classe exactement à moitié prix. Décidément, à l'avenir, nous voyagerions toujours en seconde. Mais la nature a horreur du vide, et notre compartiment lui inspira évidemment une sainte horreur. Quand le train s'arrêta à Campbellpur, nous fûmes envahis. En un clin d'œil, notre luxueux espace fut rempli d'un flot de bagages et d'humanité. Et de quels étranges spécimens d'humanité ! Le chef de la bande qui venait d'entrer dans le compartiment était un homme d'âge moyen, vêtu d'une robe jaune et portant sur la tête une espèce de bonnet piqué, agrémenté d'oreilles. Il était couvert de guirlandes de chrysanthèmes jaunes ; une grande foule d'admirateurs et de fidèles chargés de fleurs l'avaient accompagné sur le quai. Notre ignorance de la langue ne nous permit pas de savoir quel était cet auguste personnage. Mais c'était évidemment une sorte de grand prêtre, quelque pope hindou d'une sainteté éminente, à en juger par les hommages que lui rendaient sa nombreuse suite et ses admirateurs. Son passage devait avoir été annoncé partout. À chaque gare, notre compartiment était envahi par un essaim de fidèles venus baiser les pieds du grand homme et implorer une bénédiction que, par nonchalance, il s'abstenait le plus souvent de donner. Même les chefs de train, les contrôleurs et les chefs de gare vinrent lui rendre hommage ! Un des contrôleurs poussa l'enthousiasme jusqu'à voyager pendant environ quarante kilomètres dans notre compartiment déjà bondé, à seule fin de se trouver près du saint homme. Lui, cependant, passait son temps à compter son argent rangé dans une grande boîte cerclée de cuivre, à manger bruyamment, et plus tard, à somnoler. Arrivé en gare, il ne prenait même plus la peine de s'éveiller ; il s'étendait sur la banquette, les yeux fermés, et laissait passivement les fidèles lui baiser les pieds. Sa sainteté lui permettait de considérer comme inutile de sauvegarder les apparences, de se conduire convenablement ou de faire quoi que ce soit pour ses propres disciples. La fonction et l'honneur héréditaire qui s'y attache, tout autant que le mérite personnel, exigent le respect d'un peuple croyant.

À en juger par les apparences, souvent trompeuses, je dirais que le saint homme en question n'avait point de mérite personnel, mais une charge fort importante. Son visage, où l'on trouvait les éléments d'un visage beau et puissant, semblait s'être désagrégé et empâté sous l'influence d'une gloutonnerie satisfaite. À le voir, c'était certainement un des plus répugnants spécimens d'humanité que j'aie jamais rencontrés ! Mais bien entendu, il se peut qu'il fût, en réalité, un ascète et un saint, un apôtre et un fidèle des doctrines morales, formulées dans la *Gita* ; ou même un de ces mystiques orientaux à l'âme pure qui doivent, nous dit-on, secouer le matérialisme de notre civilisation occidentale. Il se peut qu'il ait été tout cela, mais j'en doute ! Tout ce dont nous pouvions être sûrs, c'est qu'il était fort déplaisant et incontestablement sale. Et que lui et ses admirateurs exhalaient l'âcre puanteur des vêtements trop longtemps portés.

Tolstoï protestait contre l'excès de propreté, sous prétexte qu'être trop propre est un signe de classe. Seuls les riches disposent du temps et de l'argent nécessaires pour se laver le corps et changer fréquemment de linge. Le travailleur qui gagne sa vie à la sueur de son front, qui ne possède pas de salle de bains chez lui, ni plus de chemises qu'il ne faut, se doit de puer. Il est inévitable, il est juste et légitime qu'il en soit ainsi. Travailler c'est prier. Travailler c'est aussi puer. Par conséquent prier, c'est puer. C'est là, plus ou moins, le raisonnement de Tolstoï qui va jusqu'à condamner les riches parce qu'ils ne sentent pas mauvais, et parce qu'ils donnent à leurs enfants des préjugés contre toute puanteur, si honnête et si naturelle qu'elle soit. Celui qui ne pue pas a un préjugé contre la puanteur. C'est donc en grande partie un préjugé de classe, à condamner par conséquent.

Tolstoï a raison, c'est sûr. Nous, qui avons été élevés dans le principe du grand air, des chemises propres, du bain chaud et du tout-à-l'égout, nous trouvons qu'il est terriblement difficile de supporter un air respiré et re-respiré, et toutes les odeurs que l'humanité entassée exhale naturellement. Notre éducation a été telle que la majorité des humains, nos frères, et particulièrement ceux dont les conditions matérielles sont moins favorisées que les nôtres, nous paraissent un peu, pour ne pas dire extrêmement, dégoûtants. On peut avoir de solides principes humanitaires et démocratiques; mais si on est habitué depuis son enfance à prendre des bains, à changer de chemise, à aimer l'air pur, on aura à vaincre une certaine répugnance physique avant de mettre ses principes en action, et de pouvoir fréquenter librement les hommes et les femmes dont les habitudes sont différentes. C'est un fait regrettable, mais c'est ainsi. Comme remède, Tolstoï nous suggère de puer tous ensemble. D'autres réformateurs souhaitent améliorer la situation économique pour que tout homme puisse prendre autant de bains chauds et changer de chemise aussi souvent que les privilégiés d'aujourd'hui qui ne puent pas. Personnellement, je préfère la seconde solution.

Pendant ce temps, notre wagon se remplissait de plus en plus. À mesure qu'elle avançait, la journée se faisait plus chaude. Et, tout à coup, le saint homme se réveilla et se mit à roter et à cracher partout dans le compartiment. Avant d'arriver à Rawalpindi nous avions décrété que les vingt-deux roupies d'économie que représentaient sept heures de plus parmi nos frères de seconde classe n'en valaient pas la peine. Nous fîmes porter nos bagages dans une voiture de première classe et payâmes la différence. Le seul autre occupant du compartiment était un fonctionnaire anglais du Kashmir, qui rejoignait ses quartiers d'hiver à Jammu. C'était un petit homme obscur, mais son linge était propre et il n'avait rien d'un saint homme. Nul ne vint lui baiser les pieds.

Je passai le reste du voyage à ruminer mon anticléricalisme. Des amis indiens m'ont assuré que le pouvoir des prêtres est moins important qu'avant et qu'il est de moins en moins grand. J'espère qu'ils ont raison, et que ce processus s'accentuera de plus en plus vite. Et pas seulement aux Indes. Il y a encore, pour mon goût, trop d'anneaux d'améthyste à baiser aussi bien que de pantoufles. Trop de soutanes noires dans l'Ouest et de soutanes orange dans l'Est. *Écrasez l'infâme**. Mon compagnon de voyage avait fait de moi, pour l'instant, un voltairien convaincu.

* Les mots en italique suivis d'un astérisque sont en français dans le texte.

C'est une croyance simple que le voltairianisme. C'est dans sa simplicité que réside son charme, que réside le secret de son succès — et aussi de son illusion. Car, dans notre univers humain troublé, il n'est pas possible que quelque chose d'aussi simple puisse être vrai, puisse raisonnablement agir.

Si l'« infâme » était écrasé, si sur toute la faune cléricale, qu'elle soit noire ou orange, on répandait des insecticides, si le pur rationalisme devenait la foi universelle, tout irait bien, automatiquement. Telle est la simplicité du credo des anticléricaux. C'est bien trop simple, et les présomptions sur lesquelles il se base sont trop générales. Car, pour commencer, l'« infâme » est-il toujours infâme et les insectes immanquablement nuisibles ? Évidemment non. On ne peut pas dire non plus que la valeur pragmatique du pur rationalisme (quelle que soit la valeur intrinsèque de ses affirmations) soit nécessairement supérieure à la valeur pragmatique de croyances irrationnelles qui peuvent être, et elles le sont en général de façon pratiquement certaine, fausses. En outre, la grande majorité des êtres humains ne s'intéresse pas à la raison, et ne se contente pas de ce qu'elle enseigne. Et la raison elle-même n'est pas l'instrument le meilleur pour comprendre la vie. Voilà quelques-unes des complications qui rendent une formule aussi simpliste que le crédo des anticléricaux, inapplicable à notre réelle et chaotique existence.

Le progrès de l'homme est venu de sa capacité d'organisation sociale. C'est seulement quand il est protégé contre toute agression par la société qui l'entoure, quand le travail organisé de la société l'a libéré de la nécessité de se procurer des vivres, autrement dit ce n'est que lorsque la société a atténué et, en grande partie, aboli la lutte pour l'existence personnelle, que l'homme de valeur peut donner toute sa mesure. Et ce n'est que dans une société bien organisée que les fruits de son travail peuvent être sauvés, pour l'enrichissement des générations futures. Tout ce qui tend à renforcer la société est par la suite de la plus haute importance biologique. Il est certain que la religion est une force de ce type. Toutes les religions ont été unanimes à encourager, dans des limites de plus en plus larges, les tendances sociales, altruistes, humanitaires de l'homme, et à condamner ses tendances antisociales et égocentristes. Ceux qui aiment parler d'un point de vue anthropomorphique seraient en droit de dire que la religion est un moyen employé par la Force Vitale pour promouvoir ses desseins évolutionnistes. Mais, ils seraient en droit d'ajouter que la religion est aussi un moyen employé par le diable pour répandre l'idiotie, l'intolérance, l'abjection servile. Mon compagnon de voyage de Campbellpur a, sans aucun doute, encouragé l'amour fraternel, la tolérance, et l'entraide parmi ses ouailles. Mais il a également fait tout son possible pour renforcer leur stupidité congénitale et l'empêcher d'être tempérée par l'acquisition de connaissances utiles et justes ; il a fait son possible pour les terrifier par des spectres imaginaires, et les amener ainsi à la servilité ; pour les leurrer de vains espoirs et les conduire ainsi à se contenter passivement d'une vie indigne d'êtres humains. Ce qu'il a fait, au nom de la Force Vitale évolutionniste, il l'a défait au nom du diable. Je chéris le pieux espoir qu'il ait tant soit peu réussi à faire plus qu'à défaire, et qu'après son saint ministère, le diable ait fini par perdre la partie, même de justesse.

Lahore

Le musée de Lahore possède de nombreuses aquarelles indo-persanes de la période moghole. Quelques-unes sont réellement belles, mais elles sont toutes « amusantes » au plus haut point (et de nos jours, somme toute, nous rendons plus volontiers hommage à ce qui est amusant qu'à ce qui est beau).

Ces tableaux représentent, pour la plupart, des scènes de la vie domestique ou de la cour, pendant la grande époque impériale. S'il nous est permis d'en juger par ces témoignages, les divertissements des Moghols étaient d'une simplicité extrême, plus simples encore que les distractions en vogue chez les grands seigneurs d'Europe à la même époque. La chasse, la guerre et l'amour, passe-temps des rois depuis des temps immémoriaux, étaient aussi largement pratiqués et aussi librement encouragés par les potentats occidentaux que par leurs cousins d'Orient. Mais le jeu qui consiste à « regarder les nuages » n'a jamais été, que je sache, vraiment en faveur chez les grands d'Europe. Aux Indes, au contraire, il semble avoir été une des principales occupations des rois et des reines. Ce jeu était si banal que les peintres moghols durent inventer une convention spéciale pour le représenter. Ces contemplateurs de nuages, portraiturés en nombre surprenant dans les tableaux dc la collcction dc Lahorc, sont rcpréscntés dcbout ou couchés sur les toits de leurs palais, les yeux levés vers un ciel d'épaisses vapeurs noires, où se détache, avec un éclat particulier, le vol de cygnes quasi héraldiques.

Innocents plaisirs ! La capacité d'en jouir est peut-être un signe de la supériorité de la civilisation orientale sur la nôtre. À des Européens, jouer à « regarder les nuages » semblerait, je le crains, un peu fastidieux.

Oui, mais nous sommes des barbares, totalement ignorants de l'art de vivre. Une des trouvailles les plus heureuses dans le domaine de cet art épicurien que nous autres, gens pressés d'Occident, nous connaissons si mal, revient souvent dans ces peintures. On la retrouve dans presque toutes les nombreuses scènes d'amour, entre des nababs à barbe noire, et des beautés aux pantalons bouffants et aux yeux de gazelle, qui sont l'essentiel de cette collection délicieuse. N'importe quel idiot, n'importe quel sauvage peut faire la cour à sa façon. Mais seul un *viveur** de génie peut avoir l'idée d'associer au badinage amoureux — sur des tapis qui sont, ajoutons-le, du plus exquis dessin persan — le geste de fumer paresseusement un *hookah* d'argent et de cristal. Cela, oui, c'est de l'art véritable.

Grâce à l'aimable hospitalité de nos amis de Lahore, nous avons pu entendre beaucoup de musique indienne classique et populaire. La musique indienne n'ignore nullement l'harmonie subtile de la cornemuse à laquelle nous sommes habitués — le bourdon sur la dominante. Elle ne connaît pas de forme plus évoluée que celle du thème avec variations. On ne la joue que sur quelques instruments (deux sortes de luths et une espèce de viole à cordes métalliques sont les plus courants) ; et ces quelques instruments, hélas ! sont en voie d'être bientôt supplantés par un type d'harmonium américain en miniature, où l'on souffle d'une main tandis qu'on joue de l'autre avec un doigt. Pourtant, même ainsi limitée, la musique indienne est d'une richesse et d'une variété surprenantes. L'intensité de sa richesse et de sa variété dépend entièrement de l'exécutant. Car aux Indes, où la musique n'a jamais été écrite, mais reste affaire de tradition tempérée par l'inspiration personnelle, le rôle de l'interprète est encore plus important que chez nous. Même un mauvais exécutant, quand il s'agit de musique européenne, arrive à nous en donner quelque idée ; et ceux qui connaissent l'art de lire une partition peuvent aussi, rien que par les yeux, éprouver un plaisir musical. Aux Indes non. Là, l'exécutant est de toute importance. Il est tout à la fois, non seulement interprète, mais aussi dépositaire et éditeur de la musique : Breitkopf et Hartel aussi bien que Paganini. En même temps que gardien de la vieille tradition, il est improvisateur inspiré. Un mauvais interprète ne vous rendra rien de la musique indienne.

À Lahore, nous avons eu la chance d'entendre une exécution remarquable à la cithare, ou luth indien. L'artiste, un homme d'âge moyen, avec une moustache à la gauloise, portait une calotte de peluche rouge, brodée d'or, sur des cheveux longs, d'une profusion toute musicale. C'était, pensai-je, la réplique en brun, d'un pianiste allemand du temps jadis. Mais quelle humilité, comparé à nos seigneurs les artistes d'Europe ! Il demeurait assis par terre, attendant notre bon plaisir, jouait quand on le lui ordonnait, s'arrêtait au premier mot, en plein milieu d'une phrase musicale, ou continuait à jouer sans se plaindre, dans le bruit de notre conversation. La musique, aux Indes, est tombée dans une étrange déchéance ; après avoir été, nous dit-on, réservée aux princesses, elle est devenue le monopole des prostituées. Aux Indes, seules les courtisanes sont des musiciennes professionnelles. Quant aux hommes, beaucoup de musiciens professionnels ne sont que les professeurs héréditaires des courtisanes. Notre musicien s'était élevé un peu au-dessus de sa condition sociale : il donnait des leçons aux amateurs.

La cithare est une guitare à manche long et dont la partie renflée est faite d'une moitié de calebasse (l'autre moitié est parfois suspendue au manche tel un goitre au cou) ; ses cordes sont métalliques et on en joue avec un plectre. Un musicien habile peut tirer de ce luth une extraordinaire variété de sons, depuis le staccato aigu jusqu'aux longues notes tenues, comme les donne un archet ; depuis les sons clairs, pleins et retentissants, jusqu'au glissement plaintif à travers toutes les fractions du ton, depuis l'éclat martial jusqu'au doux et au tendre. La mélodie se joue seulement sur la première corde, les autres (accordées pour donner dans les différentes octaves la dominante du ton dont la première corde donne la tonique) servent à produire le bourdon d'accompagnement.

Notre joueur de luth avait un répertoire étendu ; il était prêt à jouer tout ce que nous demandions. Des chants populaires sur les cinq notes noires de la gamme — proches parents des airs que nous sommes habitués à considérer comme essentiellement écossais — furent suivis de morceaux classiques où les variations les plus compliquées se brodaient sur des thèmes qui tantôt semblaient grégoriens, tantôt rappelaient un chant populaire occidental, incohérent et, à nos oreilles, plutôt inharmonieux. Nous entendîmes des morceaux de musique que l'on ne joue, paraît-il, que le matin, et d'autres que l'on ne joue que le soir ; nous entendîmes le chant délicieux destiné à être joué par temps couvert, l'air du charmeur de serpents, construit autour d'une phrase très sinueuse en demi-tons descendants, et le chant du chamelier, plaintif et romantique. En général le ménestrel ne jouait que de son instrument ; mais parfois il dressait sa tête embroussaillée et lâchait des notes perçantes de ténor, comme un hennissement venu du nez et de l'arrière-gorge ; sons bizarres et un peu ridicules à nos oreilles, en particulier quand ils étaient accompagnés de certains hochements et vibrations de la tête, de certains gestes efféminés, pleins de coquetterie, faits d'une main qui, pour la circonstance, abandonnait les cordes résonnantes.

J'étais à même de comprendre et d'apprécier assez bien cette musique : tous les morceaux, exceptés cependant ceux que l'on joue traditionnellement quand un homme quitte le monde pour la vie méditative. Un de ces morceaux réservés au renoncement — à la fois très classique et très élaboré — fut joué à notre intention. Mais je dois avouer que j'eus beau écouter, je ne ressentis rien de particulièrement triste ou austère, rien qui suggérât un sentiment d'abnégation. À mes oreilles d'Occidental, il parut bien plus gai que l'air de danse qui le suivit.

Les émotions sont partout les mêmes : mais leur expression artistique varie d'âge en âge, et d'un pays à l'autre. On nous apprend à accepter les valeurs habituelles de la société dans laquelle nous sommes nés. Tel art, nous apprend-on dès l'enfance, doit exciter le rire, tel autre faire couler les larmes. Ces conventions se modifient très rapidement au sein d'un même pays. Des airs de danse élisabéthains nous paraissent aussi mélancoliques que de petites marches funèbres. Inversement, les attitudes des plus saints personnages anglo-saxons, dans les dessins et les miniatures des premiers siècles, nous donnent envie de rire. C'est uniquement grâce à une imagination rompue à l'histoire, que nous pouvons voir ou entendre comme nos aïeux entendaient ou voyaient. L'éloignement dans l'espace ne divise pas moins que l'éloignement dans le temps, et pour l'auditeur ou le spectateur ignorant, les conventions artistiques des étrangers sont aussi peu compréhensibles que celles de ses propres aïeux.

C'est dans les arts plastiques que la gamme des conventions pour exprimer les émotions varie très largement. Le fait tient, je pense, à deux causes principales, de caractère respectivement physiologique et intellectuel. La forme et la couleur ont fort peu d'effet physiologique direct sur l'organisme percepteur. Les sons, au contraire, agissent directement sur les nerfs et peuvent stimuler, exaspérer, éblouir, assoupir, comme ne le peuvent faire ni les formes ni les couleurs. Certains types de sons rythmiques produisent sur le système nerveux certains effets presque spécifiques. Il est évident qu'en établissant son système conventionnel d'expressions, le musicien doit tenir compte des effets physiologiquement spécifiques du son. Les roulements de tambour et les notes éclatantes des cuivres, résonnant à intervalles égaux et réguliers, sont spécifiquement stimulants. Il s'ensuit que le système conventionnel d'expression des émotions martiales ne saurait faire intervenir le lent murmure des violons en un trois temps berceur, ni les vocalises d'oiseau de la flûte. Il résulte de ceci qu'il y a un certain air de famille commun aux conventions d'expression de tous les systèmes musicaux — un air de famille qu'on ne retrouve pas dans les conventions des différents systèmes de l'art pictural. Mais, même dans la musique, il y a, entre les systèmes conventionnels d'expression, de très grandes différences. La musique nous affecte physiologiquement par le rythme, le volume et la qualité des sons. Des conventions fondamentales à nos yeux, mais dépourvues de ces facteurs particuliers, nous paraissent arbitraires, comparées à d'autres systèmes. Par exemple, la différence que nous considérons comme fondamentale, entre le ton majeur et le ton mineur — le mode mineur étant pour nous essentiellement mélancolique — n'est pas fondamentale du tout, mais est le résultat d'une convention récente et arbitraire des musiciens d'Occident. Avant le dix-septième siècle, cette convention n'existait pas, même dans la musique européenne, et en Orient on n'y songe pas, la musique la plus joyeuse, la plus entraînante, la plus martiale étant dans le mode mineur.

Cela pour la physiologie. D'autres raisons purement intellectuelles expliquent pourquoi les conventions d'expression dans les différents systèmes des arts plastiques sont beaucoup plus variées que dans ceux de la musique. Les arts plastiques se prêtent à la narration, à l'exposé symbolique de théories philosophiques et de dogmes religieux. La musique ne s'y prête pas. Le portrait, par exemple, d'un homme à quatre bras, à tête d'éléphant, avec un lotus lui sortant du nombril, parait grotesque à un Occidental. Mais un hindou orthodoxe n'y saurait rien voir de comique. Pour nous, les images de monstres et d'êtres hybrides impossibles sont drôles, par convention. Pour lui, elles sont symboles des plus hautes vérités.

Amritsar

Le temple d'Or des sikhs est incontestablement de dix-huit carats ; il est aussi excessivement sacré. La sainteté et la somptuosité du lieu compensent tout ce qui manque à son architecture. Car, au point de vue architectural, ce temple est moins que rien. Nous y entrâmes nu-pieds, car les sikhs exigent cette marque de respect. Nous frayant un chemin parmi les excréments d'oiseaux et le bétel expectoré qui jonchait le parvis, nous avançâmes avec précaution vers le plus doré et le plus saint des autels qui se dresse comme une île au milieu de l'étang sacré. Dans le saint des saints, trois magnifiques vieillards chantaient extatiquement, accompagnés par un petit harmonium mobile, que jouait d'un doigt un quatrième vieillard, un patriarche plus superbe encore que les autres. Nous écoutâmes avec respect, le bedeau nous offrit des dragées — symboliques, sans doute, de quelque chose —, et après avoir remis notre obole, nous entreprîmes un retour précautionneux à travers le parvis.

Dans la rue, un jeune mendiant idiot, ou feignant l'idiotie, nous poursuivit en gémissant pitoyablement, comme si on le torturait. Des akalis barbus passèrent auprès de nous, portant leurs épées. Un groupe de prostitués mâles, fardés, couverts de bijoux et vêtus comme des femmes, flânaient au coin d'une rue. Nous descendîmes alors un étroit passage pour nous trouver dans la Jalianwalla Bagh, lieu des exploits du général Dyer en 1919. C'est un terrain vague entouré de murs et de maisons ; l'étroit passage par lequel nous étions descendus semble en être l'unique accès. Mauvais endroit pour une foule qui se laisse surprendre et tirer dessus par des mitrailleuses ! On pouvait tuer plus de gens ici et en moins de temps que dans bien des terrains d'égale superficie. Le général Dyer l'a expérimentalement prouvé.

Le recours de Dyer aux vieilles méthodes d'Aurangzeb suscita chez nous nombre de commentaires malveillants. On trouva cela révoltant et peu anglais. En même temps on dut admettre que sa cruauté avait obtenu les résultats escomptés. Elle mit fin à ce qui aurait pu devenir une révolution. Le sang des martyrs est loin d'être invariablement le ferment de l'Église ; les victimes de l'Inquisition moururent en vain : le protestantisme disparut d'Espagne aussi complètement que la foi albigeoise du midi de la France ou le christianisme de l'Afrique du Nord. Une persécution réussit toujours pourvu qu'elle soit suffisamment violente et soutenue ; les Romains persécutèrent sans vigueur et par accès ; assez pour inciter les persécutés à de nouveaux efforts, mais pas assez pour les anéantir ; assez pour éveiller la sympathie en faveur de leurs victimes, mais pas assez pour décourager les sympathisants. C'est pourquoi le sang des premiers martyrs chrétiens fut vraiment le ferment de leur Église. Si les Romains avaient été aussi systématiquement impitoyables que devaient se montrer les chrétiens dans les siècles à venir, l'Église naissante n'aurait pu survivre. Quiconque détenant le pouvoir et décidé à s'en servir sans trêve et sans scrupule peut imposer sa volonté au monde entier. La chose est claire.

Il est rare, dans le passé, qu'un homme ayant le pouvoir ait hésité à s'en servir jusqu'au bout. Si les Romains ne persécutèrent pas le christianisme avec une férocité adéquate, c'est qu'ils ne se sont pas rendu compte de son caractère anti-impérialiste, car ils n'avaient, pour la persécution en soi, si violente soit-elle, aucune répugnance. Les choses sont différentes aujourd'hui, tout au moins dans l'Ouest. Les hommes répugnent à user de toute leur puissance et à pousser l'autorité jusqu'à sa conclusion logique de force brutale. Ceux qui avaient le pouvoir se sont volontairement abstenus d'en faire plein usage, et se sont même privés de leur pouvoir au profit de qui n'en avait pas. Des oligarques ont accordé des privilèges aux déshérités ; des industriels ont voté des lois les empêchant d'exploiter à l'excès leurs ouvriers. Au lieu de fusiller en bloc tous leurs sujets mécontents, les possesseurs de colonies ont octroyé des constitutions. Le criminel n'est plus cruellement puni, et même les animaux domestiques sont à présent légalement protégés contre les violences de leurs maîtres humains.

Vivant, comme nous le faisons, au milieu de ce développement historique que nous appelons d'un nom vague « le mouvement humanitaire », nous sommes incapables de comprendre ce qu'il contient d'étrange et de foncièrement nouveau. Tennyson nous a mis en garde contre « la misérable crainte d'être grands » (aux dépens d'autrui), mais cette crainte n'a cessé de croître en dépit de son avertissement. Ce qui nous paraît extraordinaire aujourd'hui, ce n'est pas qu'on répugne à user du pouvoir, mais au contraire qu'on l'emploie cruellement, pleinement, sans hésiter. Nous sommes confondus, non par le président Wilson, mais par Mussolini ; non par Chelmsford et par Montagu, mais par Dyer. À tout autre moment de l'histoire du monde, c'est Dyer et Mussolini qui eussent paru normaux.

En Europe, des sentiments nouveaux sur la force et le pouvoir se sont graduellement développés, engendrant peu à peu une politique nouvelle. Nous avons été élevés avec ces sentiments, ils nous paraissent naturels. Ils nous sont trop familiers pour que nous en ayons conscience. La réaction antidémocratique en Italie, en Espagne et en Russie, a rendu nombre d'entre nous pleinement conscients, pour la première fois, de ces sentiments humanitaires, et a montré, de manière explicite et claire, la nature de cette politique démocratique.

Nulle part le contraste entre l'ancien et le nouveau n'est aussi frappant qu'aux Indes. Car les Indes ne sont pas le berceau des sentiments humanitaires. La vie d'une vache, il est vrai, y est respectée, mais non la vie d'un homme. Les sentiments humanitaires à l'égard des hommes ont été introduits artificiellement, du dehors. Et le système de politique démocratique, engendré normalement par ce type de sentiments, a été brusquement greffé sur un autre système, certes bienveillant, en règle générale, mais non moins despotique. Le vieux et le neuf coexistent d'une manière étrange et les Indes sont dirigées suivant deux théories de gouvernement totalement incompatibles : celle d'Akbar, dirons-nous, et celle de Woodrow Wilson. Le lundi, le mot d'ordre du pouvoir exécutif est le suivant : « Réformes et gouvernement autonome responsable. » Comme Olivier Twist, les Indiens demandent aussitôt davantage ; leurs exigences se font de plus en plus pressantes, voire alarmantes, et le gouvernement décide, nerveusement, d'être ferme. Le mardi, un général Dyer rivalise avec les exploits des Moghols, on vote des mesures de répression, et les geôles sont remplies. Le mercredi, le gouvernement est saisi de scrupules de conscience ; se rappelant les paroles prononcées par Mr Gladstone en 1882 et pourquoi la Grande Guerre fut combattue, il fait « un geste généreux ». La réaction est si peu enthousiaste que, le jeudi, il devient nécessaire de suspendre l'*Habeas corpus act*, et d'emprisonner sans jugement quelques milliers de suspects. À la fin de la semaine, personne, y compris le gouvernement, ne sait plus où il en est. Qu'en sera-t-il la semaine suivante, et la semaine d'après, et toutes les autres semaines qui suivront ?

Agra

Je suis toujours un peu gêné quand je me sens incapable d'admirer une chose que le reste du monde admire ou passe du moins pour admirer. Est-ce moi qui suis idiot, ou est-ce le monde ? Est-ce le goût du monde qui est mauvais, ou le mien ? Je répugne à me condamner, mais je répugne presque autant à me croire le seul à avoir raison. Ainsi quand tous (et non seulement les professeurs de littérature anglaise, mais aussi Milton, Wordsworth et Keats) m'assurent que Spencer est un grand poète, je ne sais que penser. Pour moi, Spencer n'est qu'un virtuose, un homme qui, par des tours de passe-passe, extrait d'un cerveau vide, et par centaines, des strophes parfaitement rimées. Peut-être ai-je tendance, à tort, de privilégier le sens, mais il m'a toujours semblé qu'un poète devait avoir quelque chose à dire. L'art de Spencer est l'art de ne rien dire, avec prolixité, en vers au rythme sonore. Le monde l'admire, moi je ne le peux pas ; je le regrette.

Ici, à Agra, je me trouve affligé du même sentiment de malaise. Le Taj Mahal est une des sept merveilles du monde. Mon guide m'assure que « c'est peut-être le plus magnifique édifice du monde ». Suivant son conseil, nous partîmes en voiture pour avoir la première impression de cette merveille à la lumière du couchant. La nature fit de son mieux en faveur du Taj. Le couchant passa du rouge vif à l'orange, puis au jaune, et finalement à un vert émeraude tournant peu à peu au bleu pâle très pur, vers le zénith. Deux étoiles du soir, Vénus et Mercure, poursuivaient le soleil qui disparaissait sous l'horizon. La Jumna sacrée semblait entre ses rives une nappe d'argent. Au-delà, les plaines s'estompaient en lointains vaporeux ; les jardins abondaient de gazon, de cyprès, de palmiers, d'ombres allongées et de traînées roses, du chant des sauterelles, de l'appel de hiboux énormes, du martèlement infatigable de l'oiseau chaudronnier. La nature, je le répète, faisait tout son possible mais elle eut beau l'embellir, elle ne put cependant améliorer l'œuvre de l'homme ; le Taj, même au soleil couchant, même réfléchi à l'envers dans les bassins et dans le fleuve, même avec l'aide des cyprès mélancoliques, le Taj fut une déception.

Mon impuissance à apprécier le Taj tient, je pense, à ce que, tout en goûtant fort l'architecture et les arts décoratifs, je suis très médiocrement sensible à la somptuosité et au pittoresque en soi. Or, les qualités principales du Taj sont précisément la somptuosité et le pittoresque. D'un blanc laiteux, parmi ses cyprès noirs, impeccablement reflété, on dirait le

Toteninsel d'Arnold Bœcklin. Le coût de cet édifice est fabuleux. Le marbre en est partout sculpté et filigrané, incrusté de pierres précieuses. La moindre rose ou le moindre pavot sur les tombes royales ne représente pas moins de vingt ou trente cornalines, onyx, agates, chrysolites. La Nouvelle Jérusalem ne possédait pas une aussi riche variété de pierres précieuses. Si le vice-roi décidait de construire un autre Taj, identique au premier, il lui faudrait dépenser jusqu'à un quinzième, voire un douzième ou un dixième de ce qu'il dépense chaque année pour l'entretien de l'armée indienne. L'imagination chancèle…

C'est ce coût démesuré que la plupart des gens paraissent aimer dans le Taj, mais ils sont déçus (j'en ai rencontré plusieurs qui l'étaient, et toujours pour la même raison), car l'édifice n'est pas tout à fait aussi somptueux qu'ils l'imaginaient. En escaladant les toits, ils ont recueilli les preuves que le marbre n'est qu'un placage recouvrant une maçonnerie moins coûteuse ; ce n'est pas du marbre plein, c'est un trompe-l'œil ! Cependant les guides et les gardiens gagnent leur vie en insistant sur la somptuosité du Taj : « Tout en marbre, disent-ils, tout en pierres précieuses. » Ils veulent que vous touchiez en même temps que vous regardez, pour prendre conscience de cette richesse, non seulement des yeux, mais intimement, avec vos doigts. J'ai vu des guides européens faire la même chose. La prodigalité éveille partout l'admiration. Le touriste anglais ordinaire est plus transporté par la basilique Saint-Pierre que par sa propre cathédrale de Saint-Paul. L'intérieur de la basilique romaine est en marbre, Saint-Paul n'est qu'en pierre de Portland. Ils ne songent pas un instant à comparer le mérite architectural des deux églises.

Au point de vue architectural, ce que le Taj a de plus laid ce sont ses minarets. Ces quatre tours grêles, flanquées aux quatre coins de la plate-forme où s'élève le Taj, comptent parmi les plus horribles constructions que jamais main d'homme ait érigées. Certes, l'architecte pourrait invoquer nombre d'excuses pour ses minarets. Il commencerait par démontrer que les dimensions du bâtiment principal et de la plate-forme étant ce qu'elles sont, il était impossible d'accorder aux quatre constructions subsidiaires plus qu'une certaine masse à répartir entre elles, assez faible proportionnellement au Taj lui-même. Au point de vue architectural, il eût mieux valu, sans aucun doute, consacrer ce volume nettement limité à quatre édifices plus larges que hauts. Malheureusement les exigences de la religion obligeaient à consacrer la masse disponible à des minarets. Cette masse étant restreinte, les minarets devait donc nécessairement être très minces, compte tenu de leur hauteur. Ces excuses sont, sur ce point, parfaitement valables ; les lois religieuses exigeaient des minarets, les lois de la proportion les rendaient ridiculement grêles. Mais il n'était pas nécessaire de les effiler, ni de choisir pour leur construction des blocs de pierres à bordures noires et surtout, il n'était pas nécessaire d'entourer le fût des minarets d'épais et lourds balcons, placés par-dessus le marché juste à faux intervalles, tant les uns des autres que du sol.

Le Taj lui-même n'est enlaidi par aucun des défauts qui caractérisent les minarets. Mais son élégance est tout au plus d'une espèce sèche et négative. Son « classicisme » n'est pas le fait d'une contrainte intellectuelle imposée à une fantaisie exubérante, mais provient d'un manque de fantaisie, d'une pauvreté d'imagination. On est tout de suite frappé par l'absence de variété dans les formes architecturales qui le composent. Il n'y a, pour des raisons pratiques, que deux éléments contrastés dans l'ensemble de la structure : le dôme bulbeux reproduit en deux dimensions dans les ogives des niches, et la surface plate du mur avec ses angles aux arêtes vives. Si on compare le Taj aux édifices européens plus ou moins contemporains de style néoclassique de la Renaissance et de style baroque, cette pauvreté des éléments constitutifs devient frappante. Considérez, par exemple, la cathédrale Saint-Paul. Le nombre des motifs utilisés dans sa composition est considérable. Nous avons le dôme hémisphérique, le grand cylindre à colonnes du tambour, les murs des bas-côtés, mis en relief par les pilastres aux surfaces carrées et les niches arrondies ; à l'une des extrémités, nous avons les surfaces courbes de l'abside, de l'autre, la façade occidentale avec son porche, un motif de cylindres détachés (les piliers) se profilant sur un mur plat soutiennent un autre élément formel encore, le fronton triangulaire. Si l'on fait valoir que Saint-Paul est un édifice beaucoup plus grand que le Taj-Mahal, et que nous devons par conséquent nous attendre à trouver dans son plan un plus grand nombre d'éléments contrastants, nous pouvons prendre pour terme de comparaison un échantillon de moindre dimension de l'architecture de la fin de la Renaissance : la Rotonda de Palladio à Vicence, par exemple, édifice un peu moins grand que le Taj Mahal, et comme lui d'un plan régulier avec dôme. Quand nous analysons la Rotonda, nous trouvons qu'elle contient un nombre bien plus grand d'éléments formels que le Taj, et quc son élégance est, par conséquent, bien plus riche, plus subtile, plus diverse que l'élégance pauvre, sèche et négative qui caractérise le monument indien.

Mais il n'est pas nécessaire d'aller jusqu'en Europe pour rencontrer des spécimens d'une élégance plus variée, plus fantaisiste que celle du Taj. Les architectes hindous ont édifié des monuments incomparablement plus riches et plus intéressants comme œuvres d'art. Je n'ai pas visité les Indes méridionales où, dit-on, se trouvent les plus belles productions de l'architecture hindoue. Mais j'ai vu assez d'art hindou au Râjputâna pour m'être convaincu de son énorme supériorité sur toute œuvre mahométane. Les temples de Chitor, par exemple, sont des spécimens de véritable art classique. Ce sont les produits d'une fantaisie prodigieuse, presque excessive, mais bridée et dirigée par la plus judicieuse intelligence. Leur élégance — ils sont à leur manière tout aussi élégants que le Taj — est opulente et subtile, pleine de trouvailles heureuses et inattendues. Les éléments fondamentaux de leur plan sont nombreux et agréablement contrastés et le détail — moulures et sculpture ornementale — est toujours, si riche soit-il, subordonné au schéma architectural, et de la plus haute valeur décorative.

Sous ce dernier rapport, l'ornementation hindoue est nettement supérieure à celle en usage chez les derniers Moghols. Le travail de la *pietra dura*, au Taj et aux tombeaux de Shahdara à Lahore, est d'une merveilleuse pureté d'exécution et d'une extravagante richesse. Ces qualités sont fort admirables en soi, mais elles n'ont rien à voir avec la valeur décorative de l'œuvre, au point de vue art. En tant qu'œuvre d'art, la décoration de *pietra dura* du Taj est médiocre et sans intérêt. Dans la décoration peinte ou sculptée des palais et des temples du Râjputâna, on trouve des arabesques dont le dessin est d'une beauté infiniment supérieure. Quant aux bas-reliefs de fleurs qui ornent le portail du Taj, ils sont franchement mauvais. Leur dessin hésite entre le réalisme et le conventionnel. Ils ne sont ni des reproductions de fleurs vivantes, ni de beaux morceaux de libre décoration florale. Que l'on soit hindou ou européen, comment peut-on admirer ces médiocres et laborieux bas-reliefs ? Cela dépasse mon imagination.

En vérité, il me semble que quiconque professe une ardente admiration pour le Taj, doit le regarder l'esprit vide de tout modèle de perfection, comme s'il existait en soi et en dehors de tout. Or le Taj existe dans un monde plein de chefs-d'œuvre d'architecture et de décoration. Comparé à ceux-ci le mausolée impérial prend instantanément sa vraie place dans la hiérarchie de l'art, au-dessous des meilleurs d'entre eux. Mais il est fait de marbre. Le marbre, à ce que je vois, couvre une multitude de péchés.

Fatehpur Sikri

Akbar construisit la ville comme un léger tribut à sa propre personne. Les potentats indiens mettaient une vanité particulière à édifier de nouvelles villes, considérées comme leurs marques distinctives. Voyez la Jaipur de Jai Singh, à sept kilomètres de la ville d'Amber, qui existait déjà, et de façon parfaitement satisfaisante ; à une heure de marche de Mandor, la Jodhpur de Jodha ; et, presque aux portes d'Arh, la Udaipur d'Udai Singh, forme coûteuse de la vanité royale, mais à laquelle le touriste moderne doit rendre grâces. Il n'est rien de plus pittoresque qu'une ville déserte, de plus mélancoliquement romantique. Ces villes mortes des Indes septentrionales le sont particulièrement parce qu'elles sont relativement modernes, et dans un parfait état de conservation. Car un monument qui est intact mais désert, est bien plus romantique, bien plus pittoresquement mélancolique qu'une ruine déserte. On s'attend à ce qu'une ruine soit désertée : il est évident que personne ne peut vivre à Pompéi, pas plus qu'entre les murs sans toits d'une vieille abbaye anglaise. Mais dans des maisons intactes, on s'attend à trouver des habitants.

Quand il n'y en a pas, la tristesse vous envahit : le contraste entre le fait qu'elles soient, à la fois, désertes et intactes, vous saisit comme quelque chose d'étrange et de suggestif.

Fatehpur ne remonte pas à plus de quatre cents ans et ses édifices les plus importants sont en parfait état. La pierre rouge qu'Akbar utilisa pour construire sa ville est une roche dure, à l'épreuve des intempéries. Les arêtes des sculptures et des moulures sont encore nettes et aiguës. Aucune altération de contours, pas d'effritement, pas de décrépitude lépreuse. La cité rouge d'Akbar est aujourd'hui telle qu'il l'a laissée. Elle est là, désertée, dédaignée même par les singes qui peuplent la plupart des palais et des temples abandonnés des Indes.

Ceux qui sont demeurés insatisfaits devant la sécheresse et la stérilité de l'élégance de l'Agra de Shah Jahan, trouveront rafraîchissante l'architecture de Fatehpur Sikri. Car le plus grand des empereurs musulmans étrangers fut un protecteur du pur art hindou des Indes, et l'architecture de sa capitale porte la marque de la vigueur et de la richesse d'imagination hindouiste. La *liwan*, c'est-à-dire la partie couverte de la mosquée, est particulièrement belle. Elle est divisée en trois pièces carrées, alignées et communicantes ; et les caractéristiques plafonds hindous sont supportés par de nombreuses colonnes hindoues, très hautes. Le bâtiment est superbe de proportions et de détails ; c'est certainement un des plus beaux morceaux d'architecture intérieure sur grande échelle qui se puisse voir dans les Indes septentrionales. Et pourtant le prestige des matériaux coûteux est tel, que de médiocres constructions sans intérêt, totalement dépourvues de grandeur et d'originalité, la mosquée de la Perle d'Agra, par exemple, ou les pavillons d'Ajmer sur les bords du lac, sont beaucoup plus largement prisées. Cela parce que ces constructions sont faites de marbre, alors que Fatehpur n'est faite que de grès.

L'après-midi touchait à sa fin quand nous sortîmes de la ville morte. Ses murailles et ses dômes brillaient plus roses que jamais, dans la lumière du soleil déjà presque à l'horizon ; elle était devenue une cité de corail. Un cri partit dans l'air au-dessus de nous. En levant les yeux, nous vîmes une bande de perroquets traverser le ciel pâle. L'ombre de l'énorme porte de la Victoire était sur eux ; mais un instant plus tard, ils en émergèrent dans l'éclatante, dans la transfigurante lumière du couchant. Au-dessus des cours de cette ville morte, la cité de corail rose et d'or vermeil, un vol d'oiseaux d'émeraude, étincelants, passa et disparut.

Jaipur

Jaipur n'a pas poussé au hasard ; on l'a faite. Les rues larges et rectilignes se croisent à angle droit, comme les rues de Turin ou d'une ville américaine. Les maisons, d'un rose vif, ressemblent à ces charmants et curieux morceaux d'architecture qu'on voit à l'arrière-plan des primitifs italiens. C'est une ville orthodoxe et pieuse. La chaussée est encombrée de taureaux ruminants, de brahmanes et de fakirs ; les boutiques tirent profit du commerce de symboles phalliques dont la fabrication, en or ou en marbre peint, paraît être une des industries principales de l'endroit. Dans les rues, les hommes se déplacent à cheval, à dos de chameaux ou encore dans de vieilles victorias, ou dans des véhicules à quatre roues encore plus extraordinaires, comme taillés dans un wagon de troisième classe. Mais le plus souvent, ils circulent dans de petits chars à dôme de toile (les rideaux clos si les occupants sont des femmes), attelés de jolies paires de bœufs de trait, aux cornes peintes en vert. Dans les rues, on ne voit que des femmes du peuple. Elles se meuvent avec la grâce princière des femmes qui, avec des pots et des paniers sur la tête, ont passé leur vie à se tenir comme des reines. Leurs jupes amples ondoient quand elles marchent et à chaque pas les lourds ornements de cuivre à leurs chevilles résonnent comme un bruit de chaînes.

À Jaipur, nous eûmes la chance d'être présentés à l'un des plus grands *thakurs* de l'État. C'était un puissant propriétaire foncier. Il possédait vingt villages de cinq cents à plusieurs milliers d'habitants. Jusqu'à ces toutes dernières années, où fut instauré un système d'impôts plus simple et plus moderne, ce seigneur féodal devait, pour son fief, fournir au gouvernement cent cinquante hommes armés et équipés. Ce puissant personnage eut la courtoisie de mettre son éléphant à notre disposition.

C'était un superbe spécimen, de très haute taille, aux défenses cerclées d'or; il mangeait deux quintaux de nourriture par jour, et devait représenter, au moins, une dépense globale de six cents livres par an. Un favori coûteux, mais pour un homme dans la position de *thakur*, indispensable, une nécessité. Nous nous en rendîmes compte. Les pachydermes au Râjputâna sont ce que les carrosses étaient en Europe, il y a cent cinquante ans : un luxe essentiel.

Le *thakur* était un homme charmant, cultivé, hospitalier comme seuls les Indiens savent l'être. Mais au risque de paraître ingrat, je dois reconnaître que, de tous les animaux que j'aie jamais montés, l'éléphant est de beaucoup le plus inconfortable. Sur un terrain plat, à vrai dire, le mouvement n'est pas trop désagréable. On croirait se déplacer lors d'un petit tremblement de terre chronique; c'est tout. Le tremblement de terre devient plus gênant quand la bête doit gravir une pente, mais quand elle s'engage sur la descente, on croirait la fin du monde. L'animal descend très lentement avec d'infinies précautions, plante ses larges pieds avec grand soin l'un devant l'autre, et vous donne le temps, entre chacun de ses pas calculés, d'anticiper le prochain spasme convulsif, un spasme qui déboîte tous les organes dans le corps du cavalier, qui tord sa colonne vertébrale, arrache chacun des muscles des reins et du thorax. Les collines qui entourent Jaipur ne sont pas très hautes. C'est heureux, car au bout de cent à cent cinquante mètres de montée et de descente, nous avions atteint les bornes de notre endurance. Je suis rentré plein d'admiration pour Annibal. Il a passé les Alpes à dos d'éléphant.

Nous fîmes deux expéditions sur ce pachyderme : l'une — par un défilé rocheux, comportant entre l'allée et le retour, deux grimpées et deux écœurantes descentes — aux étangs et aux ruines des temples de Galta, l'autre aux palais abandonnés d'Amber. Quand il émergea de l'enceinte du palais — j'évoque cet incident trivial et par trop banal parce qu'il suscita en moi des réflexions mélancoliques sur le cosmos — notre mastodonte s'arrêta et, avec sa gravité ordinaire, se soulagea monstrueusement. L'opération terminée, il avait à peine repris sa marche, qu'une vieille femme qui était restée plantée, dans l'expectative, à la porte d'une masure au milieu des ruines, et nous nous demandions pourquoi, se précipita d'un bond sur le tas d'excréments fumants. Il y avait là, je suppose, de quoi alimenter son feu pour la cuisine de toute une semaine. Elle nous donna du « Salaam Maharaj », nous octroyant dans sa reconnaissance le titre le plus pompeux qu'elle pût trouver. Notre passage avait été pour elle comme une chute de manne soudaine et inattendue. Elle nous remerciait et bénissait le grand et charitable Jumbo pour sa munificence gargantuesque.

Notre tremblement de terre reprit ses embardées. Je songeai aux douzaines de millions d'êtres humains pour lesquels le passage d'un éléphant diarrhéique semble un don de Dieu, un prodigieux coup de fortune. Cette idée me déprima. Pourquoi sommes-nous ici dix-huit cents millions d'hommes et de femmes, sur cette planète remarquable et peut-être unique ? À quelle fin ? Est-ce pour aller à la recherche du fumier — bouse de vache, crottin de cheval, excréments énormes et princiers des éléphants ? C'est évidemment cela, pour bon nombre d'entre nous du moins. C'était là, pensais-je, une raison qui semblait mal appropriée à notre présence ici-bas, nous, âmes immortelles, cousins germains des anges, les propres frères de Bouddha, de Mozart et de sir Isaac Newton.

Mais un peu plus tard, je m'aperçus que j'avais eu tort de me laisser abattre par cette considération. Si elle me déprimait, cela tenait sans doute à ce que je regardais tout cela, pour ainsi dire, du mauvais côté. En brossant dans mon esprit le tableau des chercheurs d'excréments, j'avais peuplé mon premier plan des figures d'Isaac Newton et compagnie. Mais je me rendis compte que ces personnages auraient dû être relégués tout à fait à l'arrière-plan ; au premier plan il ne devait y avoir que vaches et éléphants. Le tableau ainsi composé m'eût permis de me faire une idée plus sage et plus mesurée des chercheurs d'excréments. Car j'aurais dû voir, du premier coup d'œil, que leurs activités étaient supérieures à celles des producteurs de fumier du premier plan. Un martien philosophe admirerait les chercheurs d'excréments pour avoir découvert comment en tirer parti ; les autres animaux, soulignerait-il, n'ont fait que le fabriquer.

Nous ne sommes pas des martiens, et nous répugnons, par notre éducation, à nous considérer comme des animaux. Personne ne se demande pourquoi il y a sur terre des vaches et des éléphants. Il n'y a pas plus de *raison*, pour nous aussi, au fait d'être là, à manger, à boire, à dormir et, de temps à autre, à lire de la métaphysique, à dire des prières ou à recueillir des excréments. Nous *sommes là*, c'est tout ; et comme les autres animaux, nous faisons ce que nos qualités innées et notre milieu nous permettent de faire. Notre œuvre, quand on la compare à celle des vaches et des éléphants, est remarquable. Eux, font, de façon automatique, du fumier ; nous, nous le recueillons et en faisons du combustible. Il n'y a pas là matière à déprimer ; il y a là de quoi être fiers. Pourtant, malgré le réconfort de la philosophie, je restai songeur.

Dans la citadelle d'Agra, il y a une chambre des glaces. Il y en a aussi dans presque tous les palais du Râjputâna. Mais les plus charmantes de toutes sont celles du palais d'Amber. Vraiment je ne me souviens pas d'avoir déjà vu une aussi belle utilisation des miroirs à des fins décoratives, ailleurs que dans ce palais rajpute désert, datant du dix-septième siècle. On ne trouve pas de grands pans de glace à Amber, il n'y a pas de place pour de grands miroirs. Les murs et le plafond sont couverts de moulures d'un dessin hardi et élégant ; de petits miroirs sont taillés de manière à s'enchâsser exactement dans les interstices des moulures. Comme tous les vieux miroirs, ils sont gris et un peu ternis. On s'y regarde comme « dans une glace, obscurément ». Ils ne reproduisent pas le monde avec l'éclatant réalisme qui caractérise les réverbérations des miroirs modernes. Mais leur plus grand charme vient de ce qu'ils sont un peu convexes, de sorte que chacun d'eux renvoie sa propre petite image particulière du monde, et quand les jalousies sont ouvertes, ou que l'on allume une bougie, chacun d'eux a, dans sa surface grise, une lueur pareille à la lueur vive et courbe d'un œil.

Elles sont d'une merveilleuse richesse, ces chambres des glaces d'Amber. Leur fini dépasse même celui de la fameuse salle des glaces de Bagheria, près de Palerme. Mais là où la salle sicilienne n'est rien de plus qu'un classique carrousel de glaces et de dorures immobilisé, les salles indiennes sont une merveille de raffinement mesuré et élégant. Il est vrai que ce type de décoration ne se prête pas à l'ornementation de grandes surfaces de murs ou de plafonds ; elle est trop compliquée pour cela. Mais par bonheur, il est rare que les pièces indiennes soient grandes. Dans un pays où il pleut avec une régularité ponctuelle, et uniquement à une certaine époque de l'année, les grands salons de réception sont inutiles. Il est plus commode d'organiser les cérémonies officielles et de réunir tout le monde dehors que dedans. La salle d'audience, dans un palais indien, est un petit pavillon à colonnes, situé à l'extrémité d'une cour ouverte. Le roi est assis sous le portique, les courtisans et les pétitionnaires se massent dans la cour. Toutes les chambres du palais étaient autant de chambres particulières, de pièces intimes. Ce n'est pas aux Indes qu'il faut venir chercher de grandioses spécimens d'architecture intérieure. On n'y trouve ni longues colonnades, ni galeries s'éloignant à perte de vue, selon toutes les lois de la perspective, ni escaliers monumentaux, ni voûtes si hautes que le soir la lumière de la lampe peut à peine y arriver. Ici, aux Indes, il n'y a que de petites pièces ornées de cette décoration minutieuse faite pour être regardée de près et en détail. Les chambres des glaces d'Amber sont dans ce cas.

Bikaner

Le désert de Râjputâna est une espèce de Sahara, mais plus petit et sans oasis. Le voyageur traverse des plaines de poussière brune à perte de vue. Tous les dix ou vingt mètres, quelque plante verdâtre, aux racines profondes et trop épineuses même pour servir de nourriture aux chameaux, lutte pour l'existence avec une espèce de férocité végétale, désespérée. Et de loin en loin, drainant toute l'humidité de plus d'un hectare de terrain, s'élèvent, parsemés, les petits arbres rabougris du désert. Vus de près, on se rend compte qu'ils sont éloignés les uns des autres et dispersés çà et là. Mais, vus de loin, au fond de la fuyante perspective, ils semblent denses et innombrables comme les étoiles de la Voie lactée — en réalité fort distantes entre elles.

De près, le désert est à peine moucheté de quelques ombres mais les lointains donnent l'impression d'être obscurcis par une épaisse et sombre profusion d'arbres. Au premier plan, c'est toujours le désert ; mais sur tous les points de l'horizon se profile l'ombre d'une forêt. Le train continue à avancer mais les forêts demeurent pour toujours à l'horizon ; seul le désert est autour de vous, toujours.

Bikaner est la métropole de ce désert : une grande île au milieu des sables. Les rues ne sont pas pavées, mais elles sont propres. Leur sol sablonneux dessèche et absorbe toutes les saletés qui tombent à terre. Et quelles maisons étonnantes le long de ces rues ! D'énormes *palazzi* de grès rouge, sculptés et ciselés de la cave au grenier. Leurs murs nus, restés nus, sont blanchis et décorés de fresques modernes, naïves et éclatantes, représentant des chevaux, des batailles, des trains qui passent sur des ponts, des navires. Ces maisons que nous n'avons vues dans aucune autre ville, sont les palais des marchands marwari, les juifs des Indes, qui quittent leur désert pour les grandes villes, et rapportent dans leur pays natal les fruits de leur habile commerce. Quelques-uns d'entre eux passent pour être fabuleusement riches, et Bikaner a, je suppose, plus de millionnaires par millier d'habitants qu'aucune autre ville au monde.

On nous conduisit à la maison de campagne d'un de ces ploutocrates, construite dans le désert, à deux ou trois kilomètres de la ville. En dépit du sable, du vent perçant de l'été et des gelées de l'hiver, il a été créé, à grand prix et à force d'acharnement un jardin d'arbres et de pelouses, de roses et de légumes anglais. C'est la merveille de Bikaner.

Au moment où nous parvenions au bungalow, le soleil se couchait. Une petite armée de coolies était occupée à recouvrir les pelouses de bâches, et les arbustes de housses bien ajustées. Les gelées nocturnes sont dangereuses en cette saison. L'été, en revanche, c'est pendant le jour que les plantes doivent être protégées. C'est l'horticulture du Râjputâna.

Trop optimiste, j'avais espéré trouver chez les ploutocrates marwari l'équivalent moderne des princes marchands florentins du *quattrocento*. Mais cette agréable bulle d'illusion éclata de façon presque audible, quand, du jardin du millionnaire, nous passâmes dans sa maison. Le salon principal était meublé quasi exclusivement de ces bustes polychromes *Art nouveau**, fabriqués par les ouvriers de Carrare pour les tombeaux, et de jouets d'horlogerie. Ceux-ci, en notre honneur, furent tous mis en marche en même temps. Ce fut un vacarme confus de tic tac et ric rac ; nous étions pris de vertige dès que notre regard se posait quelque part. Des tigres, presque grandeur nature, hochaient la tête. Des cochons roses, de *papier mâché**, ouvraient et fermaient leurs groins. Des horloges, sous forme de nègres, roulaient leurs yeux; d'autres, sous forme de fox-terriers, remuaient la queue et faisaient tic tac en ouvrant leurs gueules pour aboyer; d'autres encore, sous forme d'ânes, agitaient leurs longues oreilles soixante fois à la minute. Enfin, dans un geste saccadé, sans cesse recommencé, une poupée de porcelaine, vêtue à la mode parisienne de 1900, précieusement mise sous globe, portait une houppette à son nez et de son nez à sa boîte à poudre. Ce sont là, évidemment, les produits de notre civilisation occidentale que l'Orient admire profondément. Et je me souvenais d'une broche que j'avais vue un soir, à un grand dîner, sur le sari d'une dame hindoue fort riche et très haut placée. Cette broche, un disque d'émail bleu, encerclé de diamants, portait deux gros brillants, mus par un ressort de montre, et qui tournaient en cercles concentriques, l'un dans un sens, l'autre dans l'autre. J'appris qu'il s'agissait d'une *broche huitaine*, qu'on remontait tous les dimanches soir.

Dans le désert, à cinq milles de Bikaner, s'érige une ville de tombeaux, les cénotaphes des maharadjah et de leurs familles royales. Ces centaines de petits dômes blancs sont posés sur des piliers ou recouvrent des cellules de maçonnerie. Sous chacun de ces dômes, une petite plaque rappelle le nom du mort. Les plaques des plus anciennes tombes sont sculptées de reliefs grossiers représentant le prince, tantôt à cheval, tantôt assis sur son trône, entouré de celles de ses femmes ou concubines qui se sont immolées sur son bûcher funéraire. Rares furent les maharadjah de ces anciennes générations qui quittèrent ce monde sans emmener avec eux deux ou trois de ces femmes infortunées. Quelques-uns d'entre eux furent suivis au bûcher par six, sept, et j'ai même compté neuf victimes. Sur la plaque, leurs portraits forment une petite frise en dessous du portrait de leur seigneur et maître — une rangée de figurines identiques, sur toute la largeur de la pierre, neuf voluptueuses beautés indiennes à la gorge plantureuse, à la taille mince, aux hanches somptueuses. Leurs portraits sont délicieusement amusants. Mais en les regardant, je ne pouvais m'empêcher de penser à la chose horrible que commémorait ce petit bas-relief. Je pensais aux instants de torture qui, les arrachant à la vie, les firent entrer dans ce drôle de monde de l'art qu'elles habitent à présent, sous les dômes maculés par les intempéries, en plein désert. Ici et là, deux petits pieds stylisés sont gravés sur la plaque ; ce sont les pieds des princesses royales, qui, pour une raison ou une autre, n'accomplirent pas le *sati*. Chaque fois que je retrouvais ces deux pieds de marbre, j'avais envie d'applaudir.

Jodhpur

Debout sur les remparts de la forteresse de Jodhpur — à hauteur des vautours qui tournoient haut dans le ciel, et dont les nids se trouvent sur les bords escarpés des précipices en contrebas — on voit les toits de la ville à quelques centaines de mètres plus bas. Et tous les bruits des rues et des maisons montent jusque-là, amortis mais incroyablement nets et clairs, chœurs innombrables dont on peut distinguer toutefois les différentes sonorités : cris et rires, conversations, braiments, mugissements et bêlements ; le grincement et le roulement des roues, le cri rauque d'une conque, les battements des tambours. Je me suis souvent trouvé dans des endroits surplombant des villes, mais jamais dans un endroit où chacun des sons qui composent le grand contrepoint de la rumeur d'une ville pût être perçu aussi nettement et analysé avec autant de précision par une oreille attentive. Des bastions du fort de Jodhpur, on entend ce que doivent entendre les dieux dans leur Olympe, chacun des mots articulés dans l'immense foule d'en bas leur parvient isolé et distinct, prêt à être consigné dans les livres de l'omniscience.

L'après-midi touchait à sa fin quand nous passâmes en voiture devant le Palais de justice. Les affaires quotidiennes étaient expédiées et les balayeurs étaient à l'œuvre, nettoyant tout pour le lendemain. Devant l'une des portes du bâtiment, se trouvait une rangée de corbeilles à papier pleines à ras bord ; comme si c'étaient des mangeoires, deux ou trois taureaux sacrés s'y approvisionnaient en mangeant lentement et majestueusement. Quand les paniers étaient vides, des mains obligeantes venaient les remplir d'une nouvelle ration de papier déchiré et barbouillé. Les taureaux continuaient à brouter : c'était un festin littéraire.

En assistant à leur repas, je compris pourquoi les taureaux indiens sont si étrangement doux. À ce régime de vieux papiers, il leur serait difficile d'être autre chose que des disciples de Gandhi, dévots de la non-violence, et de l'*ahimsa*[1]. Je compris aussi pourquoi les vaches indiennes donnent si peu de lait, et, de plus, pourquoi le bétail, de l'un ou l'autre sexe, est si souvent affligé du hoquet. Avant de venir aux Indes, je n'avais jamais entendu hoqueter un taureau ; c'est un bruit violent et terrifiant. En entendant derrière moi ce mélange explosif de meuglements et d'aboiements, j'ai souvent sursauté d'effroi, me

1. Renonciation à tout péché et, par extension, à l'action : par quoi l'hindou s'assure de rompre le cercle des métempsycoses. (*N.d.T.*)

croyant sur le point d'être attaqué. Et puis je découvrais, en me retournant, que c'était simplement un de ces doux et dyspepsiques totems des Indiens, gorgé de vieux papiers, et rotant désespérément tout en marchant.

Un régime certainement insuffisant et probablement tout aussi anormal produit sur les chevaux un effet différent. Ils n'ont pas le hoquet, du moins je ne l'ai jamais entendu. Mais quand ils trottent, les boyaux racornis et secoués à vide dans leur corps produisent à chaque pas un son étrange, comme le grincement du cuir des soufflets d'orgue. C'est un bruit affreusement lamentable ; c'est l'un de ceux auxquels on doit pourtant s'accoutumer quand on voyage dans les tongas indiens.

À l'époque où l'on discutait la fin du monopole de la Compagnie des Indes orientales, plusieurs administrateurs anglais distingués soutinrent que, toute considération d'intérêts commerciaux mise à part, il serait hautement impolitique d'ouvrir librement le pays à l'immigration européenne. Loin de consolider la situation de la Compagnie, l'influx européen, disaient-ils, aurait pour résultat de l'affaiblir et de la mettre en danger. En effet, l'apport européen consisterait en commerçants aventuriers, sans culture et sans éducation. Or les petites gens, exaltées par les circonstances, sont en général tyranniques, et les gens incultes sont incapables de voir au-delà de leur petit cercle de préjugés nationaux. Aux Indes, les circonstances conspirent à exalter chaque membre de la race dominante, d'abord dans sa propre estime, et jusqu'à un certain point, dans la réalité. Il n'y a pas non plus de pays où il soit plus nécessaire de respecter les préjugés étrangers et d'en tenir compte. Sciemment, par des insultes délibérées, ou inconsciemment, par le refus d'admettre des façons de voir étrangères, les petites gens sans éducation peuvent exaspérer un peuple vassal pourtant prêt à accepter la domination de gouvernants non moins étrangers et, au fond, tout aussi rapaces et tyranniques, mais courtois et tolérants dans les petites choses. Laissez la porte ouverte à l'immigration européenne, et vous introduirez dans le pays les causes potentielles de la haine de races et des troubles politiques.

C'est ainsi que raisonnèrent les défenseurs du monopole de la Compagnie, il y a quelques générations. L'affaire en fut décidée autrement — c'était inévitable. Il était impossible de fermer les Indes à l'immigration. Mais les champions des causes perdues ne sont pas nécessairement des sots. Les adversaires de la libre immigration en exagéraient les dangers. Toutefois, il suffit d'un très court séjour aux Indes pour se convaincre qu'il y avait beaucoup de vérité dans ce qu'ils disaient.

Au *dak-bungalow* à Jodhpur, où nous avions été relégués car la maison des invités était pleine, ces avertissements furent rappelés à mon esprit comme ils l'avaient été à plusieurs reprises déjà. Ils le furent cette fois plus énergiquement car l'individu qui les évoquait était plus effroyablement typique de la classe qu'on désirait exclure, qu'aucun de ceux rencontrés jusque-là. Il était sans éducation et totalement inculte, très riche, un arriviste de toute évidence et par conséquent présomptueux et fanfaron, avec toute l'insolence grossière d'un homme d'origine modeste qui s'est élevé dans la société et désire rappeler aux autres comme à lui-même son importance nouvellement acquise. À l'égard de ses frères européens, il exprimait son complexe d'infériorité avec force fanfaronnades, mais, quand il s'agissait des Indiens, il les rudoyait s'ils étaient pauvres, les insultait et les injuriait s'ils paraissaient assez riches pour invoquer la protection de la loi. Sans éducation, descendant indéniable de charcutiers et de publicains, il se sentait incommensurablement supérieur à tous les habitants de la péninsule, depuis le prince Rajpute jusqu'au pandit et au savant européanisé. C'était un Blanc ; un des hommes les plus blancs qui aient échappé à la corde.

Au cours d'un voyage de quelques milliers de kilomètres dans les Indes septentrionales, où nous fîmes de nombreuses haltes dans des buffets ou des *dak-bungalows*, nous eûmes le malheur de rencontrer un grand nombre d'individus de cet acabit. Le spécimen de Jodhpur était certainement le pire, mais ils étaient tous déplorables. Tous appartenaient aux classes inférieures de la population commerçante, non officielle.

Aux Indes, la classe des fonctionnaires se compose d'hommes de bonne famille — des gens convenables et, sur le plan de l'éducation, assez instruits. En conséquence, ils sont tolérants et bien élevés car l'homme instruit sait regarder les choses d'un autre point de vue que le sien. Et celui qui a été élevé dans les classes supérieures de la société est généralement courtois ; non qu'il ne se sente supérieur aux autres, mais précisément parce que son sentiment de supériorité est si profond qu'il a conscience de devoir être poli envers ses inférieurs, petite compensation à leur infériorité manifeste. Dans les rapports sociaux ce sont les actes qui comptent, non les motifs qui les dictent. La courtoisie d'un duc ou d'un personnage royal nous charme et nous ne songeons pas qu'elle est l'effet d'un mépris bien plus écrasant à notre égard que celui que témoigne brutalement un parvenu à ses domestiques et ses fournisseurs. Par sa grossièreté fanfaronne, le parvenu admet implicitement que sa supériorité est précaire. Un prince est si dédaigneusement certain de la sienne qu'il peut se permettre d'être poli. Mais la politesse, quelle qu'en soit la cause, reste toujours la politesse ; et la grossièreté nous irrite et nous blesse, même si nous savons qu'elle est l'expression du sentiment d'infériorité. Le fonctionnaire n'est peut-être poli que parce qu'il est intimement convaincu de son immense supériorité sur les Indiens qu'il fréquente. Néanmoins il est poli, et la politesse n'offense jamais. Les Indiens peuvent considérer l'autorité des fonctionnaires comme une insulte au pays ; mais du moins le fonctionnaire évite-t-il, d'une façon générale, d'y ajouter l'injure personnelle. L'injure provient généralement de parvenus insignifiants ; elle fait plus d'ennemis au régime anglais que l'attitude officielle.

La plupart des Anglais qui habitent les Indes vous diront qu'ils aiment les Indiens. À l'égard des paysans, des ouvriers, des cipayes, des domestiques, ils n'éprouvent qu'une affection bienveillante et paternelle. Ils admirent profondément le brahmane orthodoxe qui trouve coupable la traversée des mers, et dont tout le savoir est fait de mythologie, de sanscrit et d'histoire fabuleuse. Plus grande encore est leur admiration pour le Rajpute noble, ce pittoresque survivant de l'âge de la chevalerie. Il monte bien à cheval, joue bien au tennis ; il est à tous égards un «*pukka sahib*» : bonnes manières, code moral assez voisin de celui qui a cours dans les grandes écoles anglaises, sans aptitudes ni prétentions intellectuelles. Les seuls Indiens qui, en tant que classe, provoquent l'hostilité des Anglais sont ceux qui ont reçu une éducation occidentale. La raison est claire. L'Indien instruit est le rival de l'Anglais, qu'il souhaite évincer. L'Européen est manifestement supérieur aux masses asservies et illettrées. Ni le pandit, prisonnier de son orthodoxie, et instruit seulement en sanscrit, ni le noble Rajpute qui n'est instruit en rien, ne peuvent se réclamer d'une suprématie qu'ils doivent à leurs habitudes européennes. Tous ceux-là, l'Anglais peut s'offrir le luxe de les aimer, en protecteur. Mais il n'est pas d'homme pour aimer quiconque le menace dans ses privilèges et ses prérogatives. L'Indien cultivé n'est pas bien vu parmi les Européens. Cela va de soi.

L'Européen vulgaire exprime souvent cette hostilité par des injures grossières ou insidieuses. On n'aime jamais être insulté, même par ceux qu'on méprise. Les sarcasmes des gamins de la rue atteignent des philosophes, et les commentaires défavorables de critiques qui leur sont infiniment inférieurs ont blessé au vif les plus grands artistes. Il est naturel que des hommes qui ne sont ni des sages ni des génies et qui, de plus, ont été élevés dans la position humiliante de membres d'une race vassale soient prompts à ressentir l'injure. La haine des classes moyennes cultivées — à l'heure actuelle elles sont, aux Indes, en grande partie désœuvrées et par conséquent aigries — est une menace pour tout gouvernement. Dans la formation de cette haine, les Européens les plus vulgaires et les moins cultivés ont plus que leur juste part.

Ajmer

Le petit-fils de la famille indienne où nous avait introduits une lettre de présentation, était un enfant de huit à neuf ans, beau de cette beauté pure, grave, sensitive, qui n'appartient qu'à l'enfance. Dans un de ses livres, j'oublie lequel, Benjamin Kidd a fait de très judicieuses remarques sur la beauté des enfants. La beauté des enfants, dit-il, est une beauté presque surhumaine. Dans l'enfance, nous sommes pareils aux anges : candides, innocemment passionnés, d'une intelligence désintéressée. Les qualités angéliques de notre âme s'expriment sur notre visage. Dans l'adolescence et au seuil de la maturité, nous sommes humains ; l'ange meurt et nous sommes des hommes. Chose significative, l'art grec s'est presque exclusivement préoccupé de la jeunesse. À mesure que nous avançons dans l'âge mûr, nous devenons de moins en moins humains, de plus en plus simiesques. Les uns restent simiesques jusqu'à la fin. D'autres, à mesure que décroissent les énergies et les appétits du corps, deviennent une seconde fois quelque chose de plus qu'humains. Dans la fable de Mr Shaw, les Anciens étaient l'Esprit personnifié.

Pour voir, pour vraiment voir les choses, il faut se servir de ses jambes, aussi bien que de ses yeux. Un effort musculaire, même par procuration, aiguise la vision ; un paysage que l'on voit, soit à cheval, soit en voiture, est presque aussi complètement et aussi intimement vu qu'un pays que l'on a parcouru à pied.

Il y a pourtant une autre façon de faire du tourisme évidemment moins adéquate que la première, mais à sa manière tout aussi charmante : confortablement installé dans un véhicule rapide, nul besoin de contracter un muscle. Les chemins de fer, les premiers, ont rendu cela possible, mais jusqu'à un certain point seulement, et dans des conditions plutôt désagréables. L'automobile a mis le monde entier à la merci de la machine et fait du tourisme accéléré un plaisir nouveau et véritable. C'est évidemment un plaisir qu'un moraliste sévère, s'il l'analysait, s'il avait à déterminer exactement sa nature et sa qualité, classerait, j'en ai peur, parmi les plaisirs pervers, un narcotique, pas un plaisir tonifiant, un plaisir comme celui de fumer de l'opium, qui engourdit l'esprit et le plonge dans une passive inaction, un plaisir de paresse et de laisser-aller. Je parle en adepte impénitent de ce qu'il me faut reconnaître comme un vice. Voir défiler le paysage à grande vitesse fait naître en moi un état spécial, pareil à celui dans lequel on glisse, à un certain degré d'ivresse légère, où l'on se fond avec délice — trop rarement hélas ! et pour un temps trop bref. Mollement assis dans mon coin, je fixe les lointains qui lentement se modifient, les champs et les arbres fuyants, les détails follement fugitifs de la haie que nous longeons. Plan avant plan, les accélérations successives se perdent dans un vertigineux contrepoint de mouvements. L'éblouissement me plonge bientôt dans une sorte de transe. Hors du temps, dans une passivité quasi de sommeil, je contemple un spectacle qui assume la qualité à la fois irréelle et intense d'un rêve. En plein repos, j'ai une illusion d'activité. Profondément solitaire, je suis installé en pleine fantasmagorie. Je n'ai jamais goûté au chanvre indien, mais au fond de mon extase de vitesse, je puis, par sympathie, deviner ce que doivent être les plaisirs du fumeur de haschish, ou du mangeur de kif.

De façon beaucoup moins complète mais assez satisfaisante, le cinéma a le pouvoir de provoquer en moi un état de transe similaire. L'esprit fermé au déroulement de l'histoire, je peux me concentrer sur le mouvement désincarné de la lumière et de l'ombre sur l'écran, jusqu'à ce que quelque chose, proche de la délicieuse hypnose de la vitesse, descende enfin sur moi et que je glisse dans ce sommeil éveillé de l'âme dont il est si cruel de sortir pour de nouveau tenir compte du temps et de la nécessité d'agir.

Les longues journées de voyage à travers le Râjputâna, passées à la fenêtre, assis, en extase, me semblèrent à la fois courtes et éternelles. Les voyages duraient juste le temps nécessaire pour tomber en transe, déjeuner et retomber en transe, changer de train, et une fois installé, retomber encore en transe. Les heures intermédiaires n'existaient pas et cependant elles étaient plus longues que des milliers d'années. Beaucoup de choses ont défilé devant mes yeux, mais je ne puis prétendre en avoir retenues beaucoup. Et quand je m'en souviens, ce ne sont pas tant des objets distincts qu'une vision globale. D'innombrables images séparées, saisies pendant des heures de contemplation, se sont fondues et rejointes dans mon esprit pour former, dans ma mémoire, comme une seule unité ; il en est ainsi des différentes phases de la croissance chez les plantes, ou de la métamorphose des chenilles en papillons : le photographe les sélectionne et les réunit pour les montrer à l'écran, en cinq minutes, sous forme d'un processus unique et rapide. En fermant les yeux, je revois, par exemple, les changements progressifs de couleur des cornes de bœufs, à travers le Râjputâna ; comment elles étaient d'abord toutes les deux peintes en vert, comment le vert disparaissait peu à peu de l'une et devenait rouge ; comment, ensuite, toutes deux étaient rouges, puis bicolores et finalement rayées comme les enseignes des coiffeurs, de cercles concentriques rouges, blancs, verts. Plus vivement encore je me rappelle un processus lié aux turbans, un développement dont j'ai dû observer les phases distinctes, séparément, sur quelques centaines de kilomètres. Près de Jodhpur, je me rappelle qu'ils commencèrent par être petits et presque tout blancs ; puis ils devinrent de plus en plus grands et de plus en plus rouges, jusqu'au moment où, arrivés au paroxysme, à une apogée de dimensions, ils ressemblèrent à d'énormes ballons de mousseline écarlate, du centre desquels sortait une petite figure brune, presque incongrue. Après quoi, leur spécificité se mit à décroître.

Dans ma mémoire, je vois un processus d'évanouissement graduel, aboutissant, à Ajmer, au simple retour à la normale. Le train s'arrêta au milieu des coiffures indiennes les plus ordinaires. J'avais vu la naissance, j'avais été le spectateur extatique du déclin et de la chute du turban rajpute. Et maintenant il fallait descendre du train. À contrecœur je me réveillai avec difficulté ; j'ouvris la lumière dans ma tête, sautai dans un bain froid spirituel, et enfin, pour ainsi dire habillé et l'esprit clair, je sortis de mon hors-temps tiède et délicieux, dans le bruit et la saleté sordide de la gare d'Ajmer.

Le lac de Pushkar

Aux Indes, les eaux les plus sacrées sont couvertes d'un voile d'écume verte et brillante. Avant de pouvoir atteindre le liquide qui les nettoie spirituellement, ceux qui voudraient s'y baigner doivent la rompre comme brisent la glace les nageurs hardis de nos pays plus froids. Au sortir de l'eau, les baigneurs tracent dans le vert des sillons noirs ; si d'autres pèlerins ne viennent pas s'y baigner, ces sillons se referment peu à peu, jusqu'à ce que la peau verte du lac soit de nouveau intacte.

Il y eut peu de baigneurs pendant que nous étions à Pushkar. Les ghats des bains qui s'étagent en marches blanches jusqu'au bord de l'eau étaient presque déserts, et les cent temples pour ainsi dire vides. Nous pûmes nous promener facilement, sans être dérangés, le long des remblais de pierre qui reliaient les ghats entre eux. Ici et là, sur les marches inférieures, quelque homme à demi nu, accroupi, s'aspergeait d'eau écumeuse, de façon méthodique, ou quelque femme, toujours chastement vêtue, y trempait méthodiquement ses vêtements. Les jours de peu d'affluence les baigneurs ne s'aventurent pas loin dans le lac. La mort rôde invisible sous l'écume verdâtre, nage sans bruit vers le rivage, happe et engloutit. Nous le vîmes, il se chauffait au soleil, dans une petite île couronnée d'un sanctuaire, à cent mètres du rivage ; monstrueux, squameux, ricanant jusque dans son sommeil : un crocodile. Pushkar est tellement sacrée qu'aucune vie ne doit être supprimée dans ses eaux, pas même celle du mangeur d'hommes. Chaque année une douzaine de pèlerins disparaissent entre ses gigantesques mâchoires. À Pushkar, être dévoré par un crocodile est considéré comme une bonne fortune.

Derrière les ghats s'élève une architecture charmante de temples, de demeures sacerdotales, et de *serais* [1] pour les pèlerins. Tout blancs, avec de petits dômes se détachant dans le ciel, et des balcons s'épanouissant sur les hautes murailles nues des fenêtres en treillis, et des tonnelles laissant voir à travers l'ombrage le soleil lointain. Rien n'est très ancien, rien n'est très grand, mais tout est infiniment joli avec un certain air de Riviera italienne. Italiens également, les innombrables autels dans leurs petites niches, dans leurs guérites décoratives de stuc, sous des dais en coupole de maçonnerie. Quand je regardais dedans, je m'attendais presque à voir un crucifix en plâtre effrité, une Annonciation en terre cuite peinte, une Madone vêtue de bleu tenant son enfant. Et ce fut chaque fois comme une espèce de choc de découvrir dans les ombres sacrées de la niche, une vache, de marbre ou de grès rouge, grossièrement taillée, pieusement agenouillée devant un symbole phallique bisexuel qu'elle contemplait dans une adoration extatique révélée par ses traits ingénument sculptés.

1. Auberge indienne.

Chitor

La citadelle de Chitor est plus grande que celle de Jodhpur, ce qui la rend moins spectaculaire. Le fort de Jodhpur est perché au sommet d'un rocher à pic. La colline sur laquelle est bâtie Chitor est probablement aussi haute, mais elle semble beaucoup moins élevée car elle s'étale plus en longueur ; c'est un banc de rochers, non un pinacle. Et les édifices qui, à Jodhpur, s'amoncellent en une pile unique et imposante, sont disséminés dans l'enceinte circonscrite par les murs de Chitor. Jodhpur est follement pittoresque ; on la dirait sortie d'une gravure de Gustave Doré. De près, cependant, elle n'offre rien de particulièrement intéressant. Chitor, de loin, est beaucoup moins imposante, mais si vous y montez, vous y trouverez de nombreux édifices magnifiques — des temples qui sont parmi les plus beaux des Indes septentrionales, de grands palais en ruines, des tours couvertes de la base au faîte de bas-reliefs pleins de fantaisie. Aucun de ces édifices ne remonte guère à plus de cinq cents ans ; mais le temps les a durement traités. La pierre tendre dont ils sont construits s'est effritée sous la pluie, le soleil et le vent. Les arêtes aiguës sont émoussées, les innombrables sculptures détériorées ou effacées. Les splendeurs de l'art hindou ne sont presque plus apparentes, recouvertes d'un voile de brume, comme regardées par des yeux de myope, sans lunettes.

La décoration est chère de nos jours, et l'argent rare. Faisant une vertu de la nécessité économique, nous avons prôné, en art, la beauté et la simplicité. En architecture, par exemple, nous dénonçons tous les « détails tapageurs » et déclarons ne plus admirer que la solide géométrie fondamentale d'un édifice.

Nous voulons des meubles simples, une argenterie unie, des décors de théâtre plats et non conventionnels. Nos goûts sans doute changeront quand notre bourse se gonflera. En attendant, la simplicité est considérée comme une qualité nécessaire à l'art véritable.

Mais les faits sont contre nous. L'art le plus parfait n'a pas toujours été obligatoirement le plus simple. La profusion des détails décoratifs ne gâte pas forcément les grandes lignes d'une composition considérée dans son ensemble. Si on a besoin pour le croire de preuves plus convaincantes que celles qu'on trouve chez nous, il suffit de venir aux Indes. Dans les plus beaux spécimens de l'architecture hindoue, on constatera une abondance sans pareille de détails décoratifs entièrement subordonnés au dessin architectural. Ils serait difficile de trouver sur les murs des temples de Chitor vingt-cinq centimètres carrés de pierre nue. Mais loin de détourner l'attention de la composition architecturale, sculpture et ornementation ne font qu'en souligner les formes et les mouvements caractéristiques. Si la sculpture de Chitor ne satisfait pas pleinement, ce n'est dû ni à sa complexité ni à sa profusion, mais à sa médiocrité intrinsèque. Elle est assez belle partout, mais nulle part de premier ordre. Les innombrables sculptures de Chitor sont le produit d'un énorme travail anonyme; pas un grand artiste original ne se distingue des artisans. Tout est anonyme et impersonnel.

C'est en visitant les Indes qu'on réalise combien, en ce qui concerne les arts tout au moins, notre Europe a été privilégiée dans ses religions. La religion olympienne de l'Antiquité et, sauf occasionnellement, le christianisme qui l'a remplacée étaient l'une et l'autre favorables à la production d'œuvres d'art, et l'art qu'elles favorisèrent fut, en somme, une sorte d'art singulièrement raisonnable et digne. Ni le paganisme, ni le christianisme n'imposèrent de restrictions à l'imagination de l'artiste, ni de nécessité de représenter ce qui n'est pas représentable. Les divinités de l'Olympe étaient des hommes faits dieux ; le Sauveur des chrétiens était Dieu fait homme. Un artiste pouvait travailler pour la plus grande gloire de Jupiter ou de Jésus, sans avoir à sortir des bornes de la vie humaine réelle et présente.

Combien cet état de choses est différent aux Indes. Ici, une des deux religions prédominantes interdit rigoureusement toute représentation de la forme humaine, voire même, là où l'orthodoxie musulmane est stricte, celle de tout animal vivant ; ce n'est qu'occasionnellement, et alors dans l'art purement séculier et à l'échelle la plus réduite, que cette injonction religieuse est violée. En conséquence l'art mahométan a tendance à être sec, vide, nu et monotone.

L'hindouisme, de son côté, autorise la représentation des formes humaines, mais ajoute que l'humain ne suffit pas. Il déclare à l'artiste qu'il lui appartient d'exprimer symboliquement le surhumain, le spirituel, l'idée métaphysique pure. Le mieux est toujours l'ennemi du bien : en essayant de faire mieux que la sobre réalité humaine, les hindous ont inventé un système d'art plein de monstres et de caricatures métaphysiques qui n'en sont pas moins extravagants.

Les lecteurs de la *Bhagavad-Gîtâ* se rappelleront le passage du Onzième discours où Krishna se révèle à Arjuna sous une forme que nul œil mortel n'avait jusque-là contemplée :

Avec des bouches, des yeux, des bras, des torses multiples.
De longs bras, cuisses et pieds innombrables,
Ample poitrine, quantité de dents effrayantes [...]

Et plus bas : « Chargé d'ornements divins, d'épées divines brandies, portant des colliers et des vêtements divins, oint d'onguents divins, le Dieu toute-merveille, sans limite, au visage tourné de toutes parts. » Et ainsi de suite. Le catalogue des membres de Krishna, de ses traits et de sa garde-robe couvre plusieurs pages de la traduction de la *Gita* par Mrs Besant. L'incarnation forcément inadéquate de cette description est reconnaissable dans d'innombrables statues et peintures hindoues. Que signifient donc ces monstres grotesques et repoussants ? Krishna lui-même l'explique : « Contemple ici aujourd'hui, dit-il à Arjuna, l'Univers muable et immuable, tout entier un, en mon corps. » Ces monstres aux membres multiples sont donc le symbole du cosmos. Ils sont l'Un manifesté, le Tout dans une coque de noix. Les artistes hindous s'efforcent d'exprimer en termes de forme ce qui ne peut être exprimé que par des mots, assez peu clairement d'ailleurs, car il est malaisé de parler avec lucidité de choses dont on ne sait rien. Les hindous sont trop absorbés par la métaphysique et la Réalité ultime pour faire de bons artistes. L'Art n'est pas la découverte de la Réalité, quoi que puisse être la Réalité, ce que tout être humain ignore. Il est l'organisation d'un chaos apparent en un univers ordonné et humain.

Udaipur

À la suite d'une légère erreur dans la lettre d'introduction qui fit de nous des invités officiels dans les diverses capitales du Râjputâna, je me trouvai gratifié, pendant plusieurs semaines de mon voyage, du titre de « professeur ». En vain, je m'efforçai de détromper les officiers de service attachés à nos personnes, et les secrétaires d'État. Je n'étais pas professeur : il existait d'autres personnes du même nom, etc. Mes dénégations furent attribuées à une modestie excessive. Et je demeurai « professeur » jusqu'au bout. À la fin, je pensai qu'il valait mieux accepter le titre qu'on m'avait octroyé. Mes hôtes préféraient que je fusse « professeur », je sentis que je ne pouvais pas les désobliger.

Parmi les hindous de la vieille génération, et dans les parties les plus conservatrices du pays, le savoir est en soi l'objet d'un grand respect. On y tient le savant en plus haute estime que l'artiste. Je découvris que je faisais bien plus d'effet en tant que professeur, qu'en tant que romancier.

Il en allait de même en Europe, il y a trois cents ans. Aux yeux de leurs contemporains, Salmasius était un bien plus grand homme que Milton. À l'époque de leur controverse, Milton n'était qu'un poète quelconque, auteur de quelques poèmes de langue vulgaire, tels que *Lycidas* et *Comus*, et, ce qui pour le public cultivé du dix-septième siècle comptait davantage, de quelques élégants vers latins. Salmasius, d'autre part, était l'homme le plus savant de son temps. Son commentaire d'Orosius était une énorme montagne de matériaux confusément amalgamés, sortis de l'arrière-fond d'innombrables bibliothèques. Il avait lu dix fois autant d'ouvrages que n'importe quel homme de son temps : il était donc dix fois plus grand. Avait-il tiré profit ou non de ses lectures, voilà ce que personne ne se demandait. Sans doute n'est il guère important, dans une époque respectueuse de l'autorité, qu'un homme tire profit de ses lectures ou demeure toute sa vie un âne savant. Ce qui importe, à une époque comme celle-là, c'est l'instruction comme telle. Dans une époque d'autorité, l'originalité est bien moins prisée que la faculté de répéter, comme un perroquet, les mots des morts illustres et même non illustres : l'important est qu'ils soient morts.

Les Indes sont un pays où la tradition est forte, et l'autorité, du moins parmi les hommes de la vieille génération, encore profondément respectée. Les mêmes causes produisent les mêmes effets ; et l'on peut trouver dans les Indes d'aujourd'hui à la fois l'espèce d'érudition qui florissait en Europe avant la fin du dix-septième siècle, et le respect complémentaire de l'opinion publique pour l'érudit.

J'ai eu l'occasion de rencontrer plusieurs hommes extrêmement instruits dont l'attitude envers l'ancienne littérature sanscrite, objet de leurs études, était l'attitude d'un scolastique vis-à-vis du latin classique et médiéval. Pour ce type de savants, toute chose dite par les anciens est vraie et doit être admise sans critique. Les poids inégaux de Galilée peuvent bien mettre le même temps à tomber de la Tour Penchée. Il n'en reste pas moins que les corps doivent tomber à une vitesse proportionnelle à leur poids puisque Aristote l'a dit : et Aristote ne saurait être critiqué, ni mis en doute. Telle était, au dix-septième siècle, l'attitude de l'Europe envers l'autorité ; telle est encore l'attitude des Indes. Aux Indes vous rencontrez encore des hommes cultivés qui acceptent sans condition tout ce qui est écrit dans un ouvrage ancien. Il y a, dans l'ancienne poésie mythologique hindoue, certaines descriptions de vaisseaux et de chars volants. De semblables allusions à des objets volants se retrouvent dans presque toutes les mythologies et les recueils de contes de fées ; mais il ne nous vient pas à l'esprit de les considérer sérieusement comme des récits de faits réels. Nous ne prétendons pas, par exemple, qu'Icare est le précurseur de Wilbur Wright. Aux Indes, en revanche, ces descriptions sont considérées comme véridiques, et j'ai rencontré plusieurs hommes intelligents et cultivés (l'un d'eux était un érudit d'une certaine valeur) qui m'ont assuré, avec gravité, que les zeppelins étaient d'usage courant chez les anciens hindous, et que le Seigneur Krishna allait et venait en vaisseau volant entre les Indes et l'Amérique. Il va de soi que dans une société où existent encore de tels adorateurs de l'autorité des anciens, il est beaucoup plus honorable d'être un homme instruit qu'un créateur, un érudit qu'un artiste. J'acceptai mon professorat temporaire et, trônant, au figuré, dans la chaire d'une science indéterminée — par bonheur on ne me questionna jamais de trop près à ce sujet — je promenai mon titre d'emprunt dignement et même glorieusement à travers les royaumes du Râjputâna.

Cawnpore

Je n'ai pas, pour ma part, beaucoup fréquenté les réunions publiques. Si je connais un peu le sujet dont on parle, je trouve inutile d'écouter un orateur, qui ne fait que répéter sous une forme succincte et généralement peu claire, ce que je sais déjà. Avec ce que je sais, je suis parfaitement à même de me faire une opinion, sans prêter l'oreille à ses persuasions rhétoriques. Si, au contraire, j'ignore ce dont il s'agit, ce n'est pas à un orateur public que je m'adresse pour me faire une opinion. Connaître totalement et de façon précise une question donnée est un processus long, souvent fastidieux, qui implique de lire de nombreux livres, de confronter de nombreuses façons de voir. Aussi l'enseignement de la science ne saurait-il entrer dans la tâche d'un orateur politique, pour la simple raison que si son discours est ennuyeux et long — et c'est inévitable s'il veut donner quelque chose qui ressemble à un exposé honnête et complet du sujet — personne ne l'écoute. Or, il se trouve que j'ai le goût de l'information exacte. J'aime savoir ce que je suis en train de faire, et pourquoi. Aussi quand j'ignore une chose, c'est dans une bibliothèque que je vais me renseigner, et non dans une réunion publique. Je sais qu'à la bibliothèque je réunirai les éléments me permettant de me faire une opinion. Dans une réunion publique, au contraire, l'orateur ne me donne des faits importants qu'un choix arbitraire, et garde le meilleur de son temps et de ses forces, pour tâcher, à coups d'éloquence, de me faire adopter sa manière de voir. Le discours politique ne me sert donc à rien. Ou je connais assez la question pour que l'éloquence du politicien soit entièrement superflue, ou j'en sais si peu qu'elle est apte à m'induire dangereusement en erreur. Dans le premier cas je suis à même de me former une opinion personnelle ; dans le second, je ne le suis pas, et je n'aime pas qu'on pense pour moi.

Le Congrès panindien de Cawnpore dura trois jours, et au cours de ces trois jours, j'ai entendu plus de discours politiques que je n'en avais entendus de toute ma vie. Beaucoup d'entre eux étaient en hindi, donc, pour moi, incompréhensibles. Quant aux discours en anglais, il y en eut beaucoup d'éloquents, mais, pour les raisons que je viens de donner, ils ne m'apprirent pas grand-chose. Si le Congrès fut impressionnant — et il m'impressionna profondément —, ce ne fut pas à cause de l'éloquence des délégués. Les discours en masse sont toujours un peu ridicules. Particulièrement s'il s'agit des discours d'un peuple qui n'est pas en mesure de mettre ses paroles en action. Les Anglais qui vivent aux Indes ont tôt fait de saisir cette absurdité. Eux qui possèdent le pouvoir n'ont aucun besoin de parler. Il leur est facile de railler les Indiens, déshérités et impuissants, pour la vaine profusion de leur éloquence. Les

Indiens se rendent eux-mêmes très bien compte de l'absurdité de tant de discours : « Nous parlons trop, me disait un vieil Indien, mais au moins c'est faire quelque chose ; dans ma jeunesse, nous ne parlions même pas. » Au commencement était la parole... Les mots sont créateurs. À la longue, ils finissent par engendrer des actes. Mais, je le répète, ce n'est pas par les discours que je fus impressionné. Je le fus par les orateurs et par leur auditoire.

Imaginez une tente immense : plus de cent mètres de long sur soixante de large. En levant les yeux, vous pouviez voir, à travers la toile mince du chapiteau, les ombres des bannières flottant au vent, et, de temps à autre, la silhouette fugitive d'un faucon ou celle d'un vautour planant lentement. Le sol de la tente et de l'estrade était convenablement recouvert de nattes, et c'est sur ces nattes — car il n'y avait pas de chaises — qu'étaient assis les délégués. Ils restèrent assis, sans broncher, d'avant midi jusque bien après le coucher du soleil, soit six ou sept heures, et, le dernier jour, près de neuf. Il s'en fallut de peu que ces neuf heures de jeûne et d'accroupissement ne fussent les derniers de ma vie. Quand elles prirent fin, j'étais à moitié mort de fatigue. Les délégués, eux, semblaient positivement en savourer chaque minute. Confort et repas réguliers sont des habitudes occidentales que peu d'Orientaux ont adoptées, même parmi les plus riches. Se trouver subitement acculés à cette position incommode et au jeûne prolongé est dur pour les membres, les reins et les estomacs des Occidentaux.

La foule était énorme ; il y avait là, environ, sept à huit mille délégués, entassés sous la tente. Jadis, m'assura-t-on, cette foule aurait été bigarrée de turbans et de fez de diverses couleurs, parsemée de chapeaux européens et de casques coloniaux. Mais, à présent, depuis les jours de non-coopération, on ne porte plus que le « bonnet gandhi », de coton blanc. C'est un affreux bonnet qui ressemble à celui des forçats. Ceux qui le portent considèrent que cette analogie est symbolique. Les Indes entières étaient, disent-ils, une immense geôle, l'uniforme de forçat est le seul qui convienne logiquement à ses habitants. Installés sur l'estrade, nous contemplions, semblait-il, une sorte de grande assemblée de prisonniers.

C'est l'immensité de la foule qui me frappa d'abord. La quantité est toujours, en soi, impressionnante. Le spectateur humain est petit et seul. Les multitudes et les grandes dimensions l'accablent, le font se sentir plus seul encore, et encore plus petit. Dans le monde de l'art, laideur et disproportion elles-mêmes peuvent nous émouvoir pourvu qu'il y en ait assez. Les édifices qui bordent Victoria Street, à Londres, sont, au point de vue architectural, monstrueux. Mais ils sont si hauts et leur enfilade monotone est si longue, qu'ils finissent par en tirer une certaine grandeur. Le genre et l'aspect des individus qui composent la foule du Derby ou de la Coupe finale, sont répugnants ; la foule n'en est pas moins une chose magnifique et impressionnante. Mais, à Cawnpore, ce n'est pas uniquement la quantité d'êtres humains réunis sous la tente du Congrès qui vous impressionnait, c'était aussi leur qualité. À regarder cette foule, on était frappé par le grand nombre de physionomies belles et intelligentes. Cela spécialement sur l'estrade et dans son voisinage où se trouvaient les chefs et leurs disciples les plus zélés. Chaque fois qu'ayant noté un visage particulièrement expressif, intelligent ou énergique, je demandais qui c'était, je découvrais presque toujours que l'homme de ce visage avait à son actif six mois au moins de prison politique. Après un peu d'exercice, j'appris à distinguer du premier coup d'œil le « type criminel ».

« *Pusillus, persona contemptibilis, vivacis ingenii et oculum habens pespicacem gratumque, et sponte fluens ei non deerat eloquium*[1]. » Ce portrait de Pierre l'Ermite, par William de Tyre, pourrait être celui du Mahatma Gandhi.

Le saint, tel que le conçoit l'imagination populaire, est un homme au port majestueux, au grand front intellectuel, aux yeux lumineux et expressifs, aux cheveux abondants et bouclés, généralement d'une blancheur de neige. Je ne me vante pas de connaissances spéciales en hagiologie ; il ne me semble pas cependant que la majorité des saints sur lesquels nous possédons quelques renseignements précis correspondent à ce type idéal. Ils ont plutôt ressemblé à Pierre l'Ermite et au Mahatma Gandhi.

Les qualités qui font un saint : la foi, l'indomptable volonté, la passion du sacrifice, ne sont pas de celles qui se manifestent par d'évidents stigmates corporels. Les hommes de grande valeur intellectuelle ressemblent, en général, à ce qu'ils sont. Il arrive parfois que ces hommes aient, en outre, des vertus de sainteté et nous avons alors le saint pittoresque de l'imagination populaire. Mais on peut être un saint sans avoir ces qualités d'esprit qui sculptent le visage du génie de façon saisissante et inoubliable.

En regardant la foule assemblée sous la tente du Congrès, tout observateur occasionnel aurait été frappé par l'aspect de Mrs Sarojini Naidu, présidente du Congrès, et du pandit Motilal Nehru, chef du parti swarajiste. Voilà, eût-il dit, des gens qui sont en soi des personnalités ; c'est écrit sur leurs figures. Il n'aurait probablement même pas remarqué le petit homme dans son *dhoti*, un châle sur ses épaules

1. « Petit, ne payant pas de mine, d'un esprit bouillonnant, le regard agréable, d'une éloquence ne faisant jamais défaut. »

nues ; le petit homme émacié, à la tête rase, aux grandes oreilles, qui ressemblait vaguement à un renard ; le tranquille petit homme qui n'attire l'attention que lorsqu'il rit — car il rit de tout son cœur, comme un enfant, et son sourire a un charme inattendu et juvénile. Non, un observateur occasionnel n'aurait probablement même pas remarqué le Mahatma Gandhi.

En Occident nous admirons un homme qui jeûne pour battre un record mondial ou gagner un prix ; nous comprenons ses motifs et nous pouvons y être sensibles. Mais l'homme qui s'en va passer quarante jours dans le désert (et que sont quarante jours comparés aux records d'aujourd'hui ?), l'homme qui jeûne pour le bien de son âme, est, pour nous, incompréhensible. Nous le considérons avec méfiance, et non, comme l'eussent fait nos aïeux, avec respect. Loin de l'adorer, nous estimons qu'il faudrait l'enfermer. L'ascète, le mortificateur de la chair pour l'amour de l'« esprit », le bourreau de soi-même, a cessé d'imposer le respect. Nous admirons encore le saint qui abandonne fortune et honneurs pour l'amour d'une idée ; mais nous exigeons que son sacrifice ne soit pas trop excessif, tout au moins en apparence. Nous déplorons certains signes visibles de la sainteté, tel que le cilice. Il ne nous plaît pas qu'un saint sacrifie, en même temps que son argent et sa situation mondaine, ses vêtements, son confort, ses liens familiaux, son lit conjugal.

Aux Indes, c'est tout différent. L'enthousiasme des hindous pour la sainteté, jusque dans ses manifestations extrêmes, est aussi vif qu'il l'était chez les chrétiens des premiers siècles. L'éloquence, l'énergie, et ce qu'on appelle le magnétisme personnel, sont pour nous des qualités suffisantes pour donner à un homme un rôle de chef. Mais pour capturer l'imagination des foules indiennes, il lui faut avoir, outre ces qualités, les caractéristiques spécifiques d'un saint. Un Disraéli peut captiver le cœur des Anglais ; il n'aurait aucune chance de réussir aux Indes. Là, le chef populaire le plus influent de notre temps, c'est Gandhi, un saint et un ascète, et pas le moins du monde un politicien. Sainteté et astuce politique sont rarement réunies. La sainteté de Gandhi lui a donné le pouvoir sur le peuple, mais il a manqué d'habileté politique pour tirer de ce pouvoir le meilleur parti.

Edward Lear a écrit quelque chose à propos de

ce vieil homme de Thermopyle
qui jamais ne fit rien comme il faut.

Pour un Occidental, tous les Indiens ressemblent au vieil homme de Thermopyle. Je suis, moi-même, quelque peu thermopylien dans les choses pratiques de la vie et pourtant je suis intrigué, troublé, et presque exaspéré par les Indiens. Pour un homme d'action, à l'esprit clair, qui aime l'ordre et défend fortement la respectabilité et le maintien des apparences, les Indiens doivent être littéralement exaspérants.

On pourrait établir une liste longue et variée de ce que je puis appeler les thermopylismes indiens mais je préfère m'arrêter à la conduite thermopylienne des Indiens dans un domaine déterminé : celui du cérémonial. Car c'est, je crois, en matière de cérémonial et de maintien des apparences que les Indiens sont, à nos yeux d'Occidentaux, le plus manifestement doués pour « ne rien faire comme il faut ». Quiconque a pénétré dans un temple, ou assisté à un mariage indien, n'a pu manquer d'être frappé par l'extraordinaire « laisser-aller » et la totale inefficacité des rites symboliques. Le sublime est constamment coupé de choses ridicules et vulgaires, et les plus monstrueuses incongruités s'y mêlent librement. Le vieil homme de Thermopyle est aussi présent au palais qu'au temple ; et les demeures des potentats indiens sont un incroyable mélange de magnificence et de bon marché, de somptuosité et de détails domestiques grotesques. Les vaches se chauffent sur le pas des portes ; l'antichambre est souillée d'excréments de pigeons ; des mendiants sommeillent sous le porche ou s'épouillent réciproquement la tête ; dans une des cours intérieures, une cinquantaine de courtisanes de la ville psalmodient d'interminables litanies en l'honneur de la naissance du onzième petit-fils du maharadjah. Il y a, sans que personne sache au juste pourquoi, un lit de cuivre dans la salle du trône, à côté d'une armoire en faux acajou, de Tottenham Court Road. Des illustrations en couleurs du numéro de Noël du *Graphic* de 1907, encadrées, alternent le long du mur avec les plus exquises miniatures rajputes ou persanes ; dans la chambre des bijoux, jamais balayée, il y a pour cinq millions de livres sterling de pierres précieuses, entassées au hasard ; les peintures murales des appartements privés s'écaillent, les plâtres sont rongés par une sorte de lèpre, il y a un trou dans le tapis. La grande salle d'audiences, tout en marbre, est meublée de chaises de bambou, et les chauffeurs des Rolls-Royce sont vêtus de guenilles et se mouchent dans le long bout flottant de leurs turbans. En tant qu'Anglais appartenant à cette partie, impécunieuse mais digne, de la haute bourgeoisie qui se met en tenue de soirée pour dîner de morue à l'eau et de faux canards aux choux, j'étais toujours stupéfait, peiné et choqué par l'incapacité des monarques orientaux de sauvegarder les apparences et de se conduire selon leur rang.

Je fus bien davantage ahuri par la conduite thermopylienne des délégués du Congrès de Cawnpore, pendant le discours de Gandhi sur la condition des Indiens en Afrique du Sud. Quand il monta sur l'estrade, on l'applaudit vigoureusement, moins toutefois qu'un spectateur occidental ne s'y fût attendu. Les auditoires indiens ne sont guère enclins à vociférer ou à battre des mains, et quand on est assis par terre il est malaisé de taper du pied. Toutefois, bien qu'il n'y eût guère de bruit, l'enthousiasme était visiblement considérable. Et pourtant, quand le Mahatma commença à parler, les conversations allèrent bon train, et il y eut plus de remue-ménage et d'inattention générale qu'au cours de n'importe quel autre discours de la journée. Il était, certes, très tard quand Gandhi prit la parole. Les délégués avaient derrière eux une longue journée de jeûne, assis sur un sol que le passage des heures ne rendait certes pas moins dur. Ils avaient toutes les raisons possibles d'éprouver le besoin de détendre leurs esprits et leurs jambes ankylosées. Mais quel que soit son degré de fatigue, un auditoire occidental aurait sûrement attendu pour faire cela que le grand homme eût fini de parler. Même s'il avait trouvé le discours ennuyeux, il aurait cru devoir écouter en silence et attentivement le grand héros national tant admiré. Le bavardage et le remue-ménage auraient été des signes d'irrespect. Pour l'auditoire indien, il n'en était évidemment rien. Manquer de respect au Mahatma était probablement la dernière chose au monde que les délégués de Cawnpore souhaitaient. Cependant, tout au long du discours, ils ne cessèrent de bavarder, d'étirer leurs jambes raidies, de réclamer de l'eau, de sortir prendre l'air et de rentrer avec bruit. Sachant la façon dont se seraient comportés les Anglais pendant le discours d'un héros national réunissant en sa seule personne la sainteté de l'archevêque de Canterbury et la popularité du prince de Galles, je fus abasourdi et prodigieusement intrigué.

Dans un chapitre précédent de ce journal, j'ai attribué le thermopylisme des Indiens à une certaine agilité émotive (que partagent jusqu'à un certain point les Méridionaux européens), à une faculté de ressentir deux choses à la fois, ou du moins presque instantanément. J'ai noté qu'Indiens et Napolitains peuvent respecter leurs dieux tout en crachant, en plaisantant, et en mettant le doigt dans le nez. Cette explication est insuffisante et demande à être explicitée. Comment se fait-il que l'on nous ait appris à nous comporter de façon cohérente, alors que les enfants de race différente sont élevés dans cette mobilité émotive ? Pourquoi nous enseigne-t-on si soigneusement à garder des apparences qui sont pour d'autres si négligeables ?

Quand je réfléchis aux observations que j'ai faites en Italie et aux Indes, je suis conduit à penser que ces questions entraînent un certain type de réponse pour les Européens du Sud et un autre type pour les Indiens. L'agilité émotionnelle des Italiens est due au profond « réalisme » de leurs tendances allié à leurs habitudes héréditaires de tout juger d'un point de vue esthétique. Le Méridional européen peut admirer une cérémonie religieuse ou un cortège royal comme une œuvre d'art, tout en ayant par ailleurs des opinions nettement athées et antimonarchiques : il pourra donc railler et admirer simultanément. Il n'est même pas nécessaire qu'il soit athée ni républicain. Si ardent chrétien ou monarchiste qu'il soit, il est capable — tandis qu'il s'agenouille à l'Élévation ou applaudit le carrosse royal — de se dire que le prêtre ou le roi tirent un joli bénéfice de leur situation, et qu'après tout ce ne sont que des hommes comme les autres — probablement que trop pareils aux autres. Quant aux médiocrités ou absurdités de la cérémonie, il n'en tiendra pas compte dans son appréciation de l'intention grandiose qui a présidé à l'effet artistique de l'ensemble. L'homme du Nord, qui réclame la perfection du moindre détail, lui fait l'effet d'un imbécile, pédant et pauvre d'imagination. Il ne comprendra pas davantage sa passion des apparences dans la vie de tous les jours. Le Méridional aime le faste, mais il le conçoit autrement que nous. Quand nous prétendons sauver les apparences, nous jouons le jeu, non pas avec ostentation, mais jusqu'au bout, dans les moindres détails. Toutes les pièces de notre maison doivent être bien tenues, tout ce qui s'y trouve doit être de bonne qualité ; nos domestiques sont dressés à ressembler le plus possible à des automates, et nous mettons des costumes spéciaux pour manger le plus exécrable dîner. Le Méridional, au contraire, concentre tous ses efforts sur une unique et brillante mise en scène. Il aime acquérir quelque chose de spectaculaire avec son argent ; son but n'est pas la « respectabilité » mais l'œuvre d'art. Il donne à sa maison une façade splendide, persuadé que tout amateur de magnificence se réjouira en contemplant le marbre de la surface, sans regarder de trop près les briques et les moellons qui se cachent derrière. Il n'aura qu'un seul salon, magnifique, et réservé aux grandes cérémonies. Avoir le même comportement en toute circonstance, pour soi et ses serviteurs, aussi bien que pour les étrangers, cela lui semble une absurdité, une perte de temps et d'énergie. La vie est faite pour qu'on en jouisse, et de temps en temps, la magnificence fait partie de ces plaisirs. Mais les jours ordinaires, on en jouit mieux en manches de chemise.

Les thermopylismes de l'Indien ont, je crois, de fort différentes causes. L'Indien n'a pas le souci des apparences parce qu'elles ne sont rien pour lui, comparées à la « réalité spirituelle ». Il exécute mollement tout ce qui est cérémonial symbolique parce que la chose symbolisée a pour lui bien plus d'importance que le symbole. C'est un thermopylien non par excès de « réalisme » et de sens esthétique, mais par excès de « spiritualité ». C'est pourquoi le maharadjah ne prend pas la peine de donner à sa demeure un décor princier ; sa dignité de prince est en lui, non à l'extérieur. Les mariages se faisant au ciel, inutile donc de se préoccuper de la cérémonie terrestre. Si l'âme de chaque Indien déborde d'amour et de respect pour le Mahatma Gandhi, pourquoi les délégués du Congrès se fatigueraient-ils à donner à ce respect la forme purement physique du silence et de l'immobilité ?

Naturellement ce sont là des arguments qu'on ne formule jamais. Mais l'habitude des Indiens est telle qu'ils s'y conforment inconsciemment. On leur a dit que ce monde est plus ou moins illusoire, que le but de tout mortel est de briser le cycle des réincarnations, que l'« âme » est tout et que les valeurs suprêmes sont purement « spirituelles ». De telles croyances, inculquées dès le plus jeune âge, ont tendance à devenir instinctives même dans l'esprit de ceux qui formulent consciemment une philosophie de la vie radicalement différente. Il est certain qu'un peuple animé de pareilles croyances ne saurait attacher le moindre prix à la sauvegarde des apparences.

En ces matières, nous, hommes du Nord, nous nous conduisons en *behaviouristes*, comme si l'expression visible ou audible d'une idée était l'idée elle-même, comme si le symbole créait en quelque sorte ce qu'il symbolise. Nos rites religieux, nos actes de « piété naturelle » sont accomplis avec solennité, avec une précision presque militaire. Nous avons découvert qu'un imposant service religieux, en fait, fabrique Dieu ; qu'un service funèbre crée et conserve notre intérêt pour les morts. Notre pompe royale n'est ni moins fastueuse ni moins efficace, car cette pompe *est* le roi. Nos juges ont des perruques et des robes d'apparat ; survivance absurde ! Mais non : c'est dans la perruque et l'hermine que réside la majesté de la loi. La noblesse soutient son train de vie jusqu'aux extrêmes limites de ses moyens et au-delà. C'est insensé, déclare celui qui croit aux réalités « spirituelles ». Au contraire : c'est d'une profonde sagesse basée sur la tacite reconnaissance d'une grande vérité historique. L'histoire ne nous apprend-elle pas que les rites ont précédé les dogmes, et les règles de conduite, la morale ? Les dogmes ont été bien souvent fils des rites : systèmes de pensée mis au monde pour expliquer des gestes. La morale est la théorie des habitudes sociales déjà existantes. (C'est également ainsi que nombre des plus grandes découvertes mathématiques ont été dues à l'invention de symboles qu'il fallut ensuite expliquer : c'est du signe *moins* qu'a procédé toute la théorie des quantités négatives). Aux sceptiques avides de foi les directeurs de conscience catholiques prescrivent la pratique extérieure et ouverte de la religion ; la pratique, ils le savent, engendre la foi ; l'apparence formelle de la religion crée son essence « spirituelle ». Il en va de même de la civilisation : les hommes qui pratiquent les rites conventionnels de la civilisation deviennent civilisés. En paraissant civilisés, ils le sont véritablement. Car la civilisation n'est autre chose qu'une série de conventions ; être civilisé, c'est obéir à ces conventions, c'est sauvegarder les apparences de la culture, de la prospérité, des bonnes manières. Plus ces apparences sont observées de façon efficace et sur une large échelle, meilleure est la civilisation. Il ne peut y avoir de civilisation qui ignore les apparences et soit purement « spirituelle ». Une civilisation ne saurait naître de principes quakers : le quakerisme sous toutes ses formes est le produit, par réaction, d'une civilisation déjà hautement développée. Avant d'ignorer apparences et conventions, il faut, c'est clair, des conventions et des apparences à ignorer. La Vie Simple n'est simple que comparée à une vie antérieure remplie de conventions compliquées. Si les principes quakers cessaient d'être le privilège d'une minorité distinguée, s'ils étaient partout admis, la civilisation aurait tôt fait de disparaître. Délivrés de l'obligation de paraître civilisés, la plupart des êtres humains deviendraient rapidement des barbares.

Les admirateurs des Indes sont unanimes à louer la « spiritualité » hindoue. Je ne suis pas d'accord avec eux. À mon sens, la « spiritualité » (en fin de compte, simple affaire de climat) est pour les Indes la plus grande des calamités et la cause de tous leurs malheurs. C'est cette préoccupation des réalités « spirituelles », différentes des réalités historiques et immédiates de la vie ordinaire, qui a permis que des millions et des millions d'hommes et de femmes se contentent, pendant plusieurs siècles, d'un sort indigne des êtres humains. Un peu moins de spiritualité, et les Indiens seraient déjà libres — libres de la domination étrangère et de la tyrannie de leurs propres préjugés et traditions. Il y aurait moins de saleté et plus à manger. Il y aurait moins de maharadjah possesseurs de Rolls-Royce et un plus grand nombre d'écoles. Les femmes seraient hors de leurs prisons, et il y aurait une sorte de vie sociale polie et conventionnelle — une de ces apparences méprisables de la civilisation qui sont l'étoffe même d'une existence civilisée. À bonne distance et entourés d'un réseau sanitaire, les spectateurs occidentaux, justement dégoûtés de leur propre civilisation, expriment leur admiration pour la « spiritualité » des Indiens et pour le contentement immémorial qui en est le fruit. Parfois, leur enthousiasme est tel que cette admiration résiste à un voyage aux Indes.

C'est pour son « matérialisme » que notre civilisation occidentale est généralement condamnée. À tort, à mon avis. Car le matérialisme — si par matérialisme on entend le souci immédiat du monde réel où nous vivons — est tout à fait digne d'admiration. Si la civilisation occidentale laisse à désirer ce n'est pas parce que nous nous intéressons au monde tel qu'il est mais parce que la majorité d'entre nous ne s'intéresse qu'à une infime partie de ce monde. Notre monde est immense, incroyablement varié et plus fantastique qu'aucune imagination ne pourrait le concevoir. Et pourtant la vie de la grande majorité des hommes et des femmes est, chez les peuples occidentaux, étroite, monotone, et terne. Nous ne sommes pas assez matérialistes, voilà le mal. Nous ne nous intéressons pas suffisamment à ce monde merveilleux qui est le nôtre. Les voyages sont rapides et peu coûteux : de tous côtés s'entassent les immenses accumulations de la science moderne. Tout homme disposant d'un peu de loisir et d'assez d'argent pour prendre un billet de chemin de fer, voire tout homme capable de lire, a le pouvoir de se magnifier lui-même, de multiplier sa propre existence, de rendre sa vie pleine, significative et intéressante. Or, pour quelque raison inexplicable, beaucoup d'entre nous préfèrent employer leurs loisirs et leur surplus de forces à s'appliquer à tuer le temps de façon coûteuse et inintelligente. Nos vies, par suite, sont vides et sans intérêt et nous n'en sommes, en général, que trop nettement conscients. Le remède est dans plus de matérialisme et non, comme l'affirment les faux prophètes orientaux, dans plus de « spiritualité » ; dans un plus grand intérêt pour ce monde, et non dans un plus grand intérêt pour l'Autre Monde, celui de la métaphysique et de la religion qui ne saurait être aussi intéressant que celui-ci, et pour une bonne raison : l'Autre Monde est une invention de l'esprit humain et participe des limites de son créateur. Notre monde, au contraire, le monde des matérialistes, est l'invention prodigieuse et incroyable de… eh bien, en tout cas, pas de Mrs Annie Besant.

Certains discours étaient en hindi, d'autres en anglais. Dès que quelqu'un commençait à parler anglais, les patriotes des Indes septentrionales criaient : *Hindi, Hindi !* Ceux qui, au contraire, commençaient leur discours en hindi, étaient interrompus par les protestations des délégués du Sud, qui parlent tamoul et qui réclamaient l'anglais. Le pandit Motilal Nehru, chef du parti swarajiste, fit son principal discours en hindi. Quand il eut fini, un homme très excité se leva et, s'adressant au président du Congrès, se répandit en protestations. Il avait dépensé plus de cent roupies pour venir de quelque part au sud de Madras, entendre son chef — cent roupies ! — et le chef avait parlé en hindi : il n'avait pas compris un mot ! Vers la fin de la journée, un de ses compatriotes monta sur l'estrade et se vengea des gens du Nord, en faisant en tamoul un discours fort long et totalement incompréhensible. Le Nord était furieux, bien entendu. Ce sont là quelques-unes des complications mineures de la politique indienne.

Le capitaliste, le receveur des contributions et l'agent de police ont leur place dans toute société, quelle que soit la forme de son gouvernement. Il faut que les hommes travaillent pour vivre, paient pour être gouvernés, et obéissent aux lois. Au point de vue de la raison, il semblerait que le privilège d'être contraints à travailler, forcés de payer des impôts, ou mis en prison par des gens de sa propre race plutôt que par des gens d'une autre, ne soit guère important, et ne mérite pas tout le mal qu'on se donne pour chasser gendarmes, receveurs, et employeurs étrangers. Mais les hommes ne considèrent pas les choses du point de vue de la raison ; et les Indiens sont des hommes.

Quant à dire si les Indiens sont actuellement en état de se gouverner eux-mêmes, et s'ils s'en tireraient aussi bien que les Anglais, ou mieux ou plus mal, je n'en sais rien. Ni moi, ni personne. Chacun a ses idées personnelles à ce sujet : mais, en politique comme en science, toute théorie qui n'est pas encore mise en pratique ne vaut ni plus ni moins qu'une autre. Ce n'est qu'après l'expérience que nous découvrons quelle est, entre plusieurs hypothèses, la meilleure. Or, le charme déconcertant de la politique, c'est que là nous ne pouvons pas contrôler, par l'expérience, la vérité de théories contradictoires. À un moment donné il faut choisir. En 1916 par exemple, certaines personnes pensaient qu'il eût été bien de faire la paix. D'autres pensaient le contraire. On ne peut évidemment pas faire à la fois la paix et la guerre. Nos gouvernants se décidèrent pour la guerre. La théorie de ceux qui pensaient qu'il eût mieux valu faire la paix dès 1916 n'a jamais été vérifiée. Nous savons, par expérience, que poursuivre la guerre jusqu'à ses amères limites a été une chose déplorable. Une paix prématurée aurait peut-être été pire, il se peut aussi qu'elle eût été préférable. Cela demeure affaire d'opinion. Personne n'en saura jamais rien. Il n'y a pas de science en politique, parce qu'il n'y a pas de laboratoire politique où l'on puisse faire des expériences.

La vérité des thèses pour ou contre la capacité des Indiens à se gouverner eux-mêmes ne peut être prouvée qu'expérimentalement. Elles ne sont, pour l'instant, que les opinions différentes des parties intéressées. Il se trouve que je ne suis pas partie intéressée (je ne considère pas que le seul fait d'être, d'une part, un Anglais, et, d'autre part, un libéral, favorable à la liberté et à l'auto-décision, me rende directement responsable, soit de l'intégrité de l'Empire britannique, soit de la libération du peuple indien) et il m'est facile de suspendre mon jugement jusqu'à preuve faite. Mais, si j'étais membre de la ICS, ou si j'avais des actions dans une fabrique de jute de Calcutta (je le voudrais bien !), je croirais le plus sincèrement du monde que la domination anglaise a été une parfaite bénédiction pour les Indes et que les Indiens étaient complètement incapables de se gouverner eux-mêmes. Et si j'étais un Indien cultivé, j'aurais déjà sûrement de la prison à mon actif, pour avoir agi selon ma foi contre de telles affirmations. Bien plus, si, étant indien, je partageais la conviction des Anglais, et qu'on puisse prouver de quelque manière que le Swaraj aurait pour conséquences immédiates la discorde municipale, les guerres religieuses et politiques, l'oppression des castes inférieures par les castes supérieures, l'inertie et la corruption, l'anarchie enfin, si tout ceci pouvait être prouvé, je crois que je persisterais encore à réclamer le Swaraj. Il est des choses qu'il n'est pas possible, qu'il n'est pas juste de considérer du point de vue raisonnable ou utilitaire.

Tous ces discours politiques, et même toute cette action politique, après les huit heures et demie passées assis par terre, sous la tente du Congrès, j'en viens à me demander si ce n'est pas une ridicule perte de temps. Le pouvoir politique est invariablement concomitant de la puissance économique. Soyez riches, contrôlez les finances et l'industrie de votre pays, le pouvoir politique vous viendra de surcroît. Les industries indiennes étaient délibérément découragées par l'East India Company qui gagnait davantage en vendant aux Indiens des produits anglais manufacturés qu'en vendant aux Anglais des produits manufacturés indiens. Quand, au bout d'un laps de temps considérable, l'industrialisme moderne fut introduit aux Indes, il le fut d'abord sous des auspices étrangers, et il appartient encore principalement, de même que le système bancaire, à des étrangers. Les étrangers gouvernent : c'est inévitable. Mais cela n'empêche pas le Congrès panindien de parler et d'agir en termes de politique. Autant vaudrait soigner une migraine en se mettant un emplâtre au pied.

Il se trouve que je suis porté vers la démocratie, le libre arbitre et tout ce qui s'ensuit. Mais les convictions politiques sont généralement affaire de hasard plutôt que choix délibéré. Si j'avais été élevé tant soit peu différemment, j'aurais pu, je suppose, être fasciste et apôtre du plus sanguinaire impérialisme. Quand je suis honnête avec moi-même, il me faut reconnaître que je ne m'intéresse pas pour deux sous aux principes politiques. Pourvu qu'il garantisse ma sécurité et me permette de travailler en paix, je serais tout aussi heureux sous un despotisme étranger que sous la constitution britannique. Si jadis les hommes se sont battus pour la démocratie, s'ils ont fait des révolutions pour conquérir le droit de se gouverner eux-mêmes, c'est que, le plus souvent, ils espéraient y gagner une meilleure administration que celle qu'ils auraient eue sous le despotisme ou la domination étrangère. Une fois obtenues, la démocratie et l'autonomie — prises en soi — cessent d'intéresser ceux-là même qui, peu de temps avant, combattaient passionnément pour elles.

Les serfs, les bourgeois, les nobles, on nous en parle bien dans nos livres d'histoire, mais il nous est difficile d'imaginer ce qu'était réellement la société médiévale. Pour comprendre notre Moyen Âge européen, on devrait aller aux Indes. Il existe encore, en Occident, des aristocraties héréditaires : elles existent, mais *pour rire** : elles ne sont plus qu'une plaisanterie. C'est aux Indes que l'on apprend ce que signifiait, il y a six cents ans, être un vilain, un marchand ou un seigneur. Là, l'aristocratie existe de fait aussi bien que de nom. La naissance compte. On vient au monde destiné à dominer ou à être foulé aux pieds : c'est une espèce de calvinisme social. Les uns sont nés élus : ils sont brahmanes ou kshatriyas; Les autres sont damnés dès le commencement. Vagabonds, paysans, usuriers, marchands, l'enfer indien a des cercles supérieurs et des cercles inférieurs. Les plus hauts ne sont que le plan supérieur du gouffre social.

Les politiciens indiens, presque sans exception, professent des principes démocratiques. Ils envisagent un dominion britannique avec un gouvernement populaire, puis enfin une république. Gouvernement par le peuple, pour le peuple, et ainsi de suite. Mais la majorité des hommes influents appartiennent aux plus hautes castes et sont héréditairement des hommes sages et des guerriers. Leurs principes ont beau être démocratiques, leurs instincts demeurent profondément aristocratiques. Transplantez quelques cardinaux et ducs du Moyen Âge dans notre Europe moderne, vous pourrez les persuader que la démocratie est une chose excellente, mais vous pourrez difficilement leur faire oublier, d'un jour à l'autre, leurs préjugés contre les vilains et les bourgeois, leur foi en leur noblesse inhérente. J'ai vu des Indiens de grande caste traiter leurs inférieurs d'une façon qui, au bourgeois que je suis, né dans une société aussi modérément démocratique que celle de l'Angleterre, paraissait incroyablement impérieuse. Je leur enviais le sens de supériorité sûre et inaliénable qui les faisait jouer si naturellement le rôle de seigneurs du Moyen Âge.

Que les classes inférieures puissent avoir à souffrir, au début, d'un retour à l'autonomie indienne semble presque indubitable. Il est difficile, là où la supériorité des classes supérieures sur les classes inférieures est matière de dogme religieux, de s'attendre à ce que le petit nombre des gouvernants soit particulièrement soucieux des droits de la masse. Lui croire des droits est déjà quelque chose comme une hérésie. N'importe quel gouvernement indigène soumis au Swaraj participerait nécessairement de la nature d'une oligarchie despotique — du moins jusqu'à ce que l'éducation soit assez largement répandue pour rendre réalisable une autre forme de gouvernement. Tout ce qu'on peut espérer, c'est que le despotisme soit paternel, et l'instruction vite répandue.

On peut apprendre beaucoup du caractère et des habitudes mentales d'une nation en observant les formes qu'y prend la publicité. La petite anthologie d'annonces indiennes ci-incluse a été compilée avec des extraits de quotidiens, de revues, de catalogues médicaux, etc.... Quelques-uns des spécimens les plus caractéristiques sont pris dans le *Guide du Congrès de Cawnpore*, publication officielle à l'usage des délégués et des visiteurs. Je commence par une de ces réclames, qui s'adressaient donc au public indien le plus éclairé :

> Pour donner naissance à un fils et Être Heureux, prenez, en suivant les précautions d'emploi les PILULES

GÉNÉRATRICES DE FILS, ma préparation secrète Hindu Shastrick. Les dames qui n'ont eu que des filles AURONT SÛREMENT UN FILS LA PROCHAINE FOIS, et celles qui déjà ont des fils AURONT DE NOUVEAU DES ENFANTS MÂLES, par la Grâce de Dieu. Les personnes fortunées désirant avoir des fils emploient ce merveilleux produit pour illuminer leurs mornes demeures, et rendre leurs vies dignes d'être vécues. Efficace et sans échec. Mais l'autosatisfaction n'étant pas une preuve en soi, essayez-le vous-même, vous serez convaincus. Si vous m'écrivez, en mentionnant cette publication et en me donnant tous les renseignements sur votre cas — sans oublier de joindre Dix Roupies (Étrangers, une guinée) pour prix de la consultation —, il vous suffira de me donner votre « Parole d'Honneur » de m'envoyer une RÉCOMPENSE CONVENABLE (dire le montant), selon vos moyens et votre position sociale, pour recevoir lors de l'accomplissement en temps voulu de vos désirs, ce produit GRATUITEMENT, ABSOLUMENT GRATIS. Faites vite, car cette OFFRE GRATUITE ne durera pas indéfiniment.

Voici, de sources variées, quelques séduisantes réclames de lotions pour cheveux :

L'Huile d'Amandes Parfumée du Dr… La meilleure préparation capillaire pour travailleurs intellectuels. L'effet de l'huile d'amandes sur le cerveau est universellement connu.

Jabukusum est une huile végétale pure, à laquelle sont incorporés les ingrédients médicaux et parfums nécessaires pour prévenir toutes les affectations [*sic*] du cuir chevelu et du cerveau.

Il y a de nombreuses panacées sur le marché médical indien. Il y a, par exemple, le *Sidda Kalpa Makaradhwaja*, qui :

> […] est un spécifique sûr et infaillible contre toutes les maladies et ne manque jamais d'obtenir un résultat satisfaisant, quel que soit le mal du patient. Parmi les diverses maladies requérant son application, on relève : Débilité générale ou nerveuse, y compris la Prostration Nerveuse, de quelque origine qu'elle soit, Perte de la Mémoire, Vertiges et Troubles Mentaux […] Asthme et Consomption. Tous les malaises de l'estomac […] Choléra […] Troubles variés des Reins et de la Vessie […] Toutes les Maladies Vénériennes Aiguës ou Chroniques […] Lèpre de toutes les espèces, Blanche, Noire, Rouge, etc. Rhumatisme, Paralysie, Épilepsie […] Hystérie, Stérilité […] et toutes les Fièvres, y compris la Malaria, la Pneumonie, l'Influenza, et autres fièvres infectieuses.

Pas mauvais, ce médicament, mais je lui préfère l'« infaillible Remède contre les Maladies Incurables, les Habitudes et les Défauts » dont l'annonce publiée par le *Guide de Cawnpore* est la suivante :

> J'ai découvert la méthode naturelle pour guérir toutes les maladies, habitudes, défauts, infirmités, etc., sans faire usage de drogues ou médicaments délétères ou pernicieux. Étant Scientifique, ma méthode est absolument sûre, simple, sans douleur, agréable, prompte et infaillible. Des Maladies telles que l'hystérie, l'épilepsie, le rhumatisme, l'amnésie, la paralysie, les troubles mentaux et la folie ; l'abus maladif du tabac, de l'opium ou de la boisson, etc. ; l'impuissance, la stérilité, l'adultère, et ainsi de suite, peuvent être radicalement guéris par Mon Système. Venez à moi si personne n'a pu vous guérir. Je garantis une cure pour chaque cas. Tout cas individuel doit être traité de façon spéciale ; les consultants devront donc fournir l'histoire complète de la santé du patient et de ses occupations depuis sa naissance ; son poids, sa taille, ses mesures de poitrine, de taille et de hanches ; plus une photographie, aussi peu vêtu que

possible — sans oublier cinq roupies pour la consultation, faute de quoi aucune réponse ne sera envoyée.

S'il n'était pas aussi intolérablement ennuyeux d'aller porter un mandat à la poste, j'enverrais bien cinq roupies, pour avoir les instructions détaillées de la cure de l'adultère. Tellement moins cher qu'un divorce !

Les annonces suivantes sont typiques de la publicité courante aux Indes :

ACTION MERVEILLEUSE ! ! !

FAIT MERVEILLE POUR LA VOLUPTÉ TERRESTRE

MARAD MITRA LAPE

EN UN JOUR, FERA DE VOUS UN HOMME.

MARAD MITRA YAKUTI

Rend toute la vigueur perdue, et vous met
à même d'éprouver le plaisir avec de nouveaux délices.
Essayez-en une fois. La bouteille : Rs. 10,
la demi-bouteille : Rs. 5.

GRATIS ! GRATIS !

Voulez-vous le « Secret du Bonheur dans l'Union
Conjugale » et la « Chance » ? Si oui, pour la brochure
illustrée, écrire à…

Le nombre considérable d'annonces de ce genre témoigne de l'effet désastreux que produit sur la virilité des Indiens le système du mariage d'enfants. Effets qui, ainsi que le souligne Gandhi dans son autobiographie, seraient encore pires, s'il n'était d'usage d'envoyer les petites épouses passer au moins la moitié de l'année chez leurs parents, loin de leurs écoliers d'époux.

Les attestations envoyées par les malades indiens, quand un remède patenté les a soulagés, sont généralement fort lyriques (et la fantaisie de l'anglais dans lequel elles sont rédigées leur donne un charme supplémentaire). En voici une dont l'auteur est un Indien chrétien :

> Je puis vraiment dire que le remède [...] a été envoyé dans ce monde de péché par le Seigneur Jésus, afin de délivrer les malheureuses victimes de leurs cruelles maladies. Pendant mes huit années d'exercice de la médecine, j'ai prescrit de nombreux remèdes, mais aucun, jamais, aussi merveilleux que... Prière de m'en envoyer encore 10 flacons.

Un autre pieux gentleman écrit :

> J'apprends de jour en jour que je suis ce que je suis, grâce à l'effet merveilleux que ces pilules opèrent en moi, par la Grâce de Dieu, qui, sans doute, a mis, dans l'esprit de notre Vénérable Pandit, la sage pensée de les préparer.

Un autre « n'a aucune hésitation à recommander cela à l'humanité souffrante ».

Un autre, enfin, s'exprime ainsi :

> Plusieurs de mes amis, et moi-même, avons fait avec un entier succès, usage de votre... pendant plus de quatre mois, contre Influenza, Lumbago, Dyspepsie, Syphilis, Rhumatisme et Débilité Nerveuse. Il n'y a pas eu un seul cas rebelle. Je la nomme Ambroisie.

L'allusion classique est élégante et bien choisie. On n'est pas surpris d'apprendre que son auteur est bachelier ès lettres.

Un des mauvais résultats de l'asservissement politique d'un peuple par un autre est de rendre la nation assujettie excessivement et inutilement consciente de son passé. Tout ce qu'elle a accompli aux grands jours de la liberté est rappelé, énuméré et exagéré par une génération d'esclaves anxieux de persuader le monde et eux-mêmes qu'ils valent tout autant que leurs maîtres. Des esclaves ne sauraient parler de leur grandeur présente, puisqu'elle n'existe pas, et les visions politiques de l'avenir sont forcément vagues et peu satisfaisantes. Reste le passé. Avec quelques faits historiques épars et isolés, il est possible de bâtir des Utopies, et des Pays des Merveilles aussi diversement fantastiques que la Nouvelle Jérusalem des Prophètes. C'est vers le passé — le magnifique passé imaginaire de ceux dont le présent sans gloire est sordide et humiliant —, c'est vers ces délicieux romans historiques reposant sur des faits, que se tournent invariablement les peuples assujettis. C'est ainsi que les capitaines sauvages et chevelus de l'Irlande devinrent au cours des temps « les Grands Rois de Leinster », les « puissants Empereurs de Meath ». Pendant leurs siècles d'esclavage, les Serbes évoquaient et idéalisaient les héros de Kossovo. Et pour les Polonais opprimés, l'Empire polonais du Moyen Âge fut plus puissant, plus splendide et plus raffiné que l'Empire romain. Les Anglais n'ont jamais été une nation opprimée ; aussi ont-ils la plus saine inconscience de leur histoire. Ils vivent tout entiers dans les mondes bien plus intéressants du présent — dans les mondes de la politique et de la science, des affaires et de l'industrie. Et ils y vivent si complètement, dans ce présent, qu'ils ont obligé les Indiens, comme les Irlandais à l'autre extrémité du monde, à se tourner, eux, vers le passé. Au cours des trente ou quarante dernières années, une énorme littérature pseudo-historique a surgi aux Indes, produit mélancolique du complexe d'infériorité d'un peuple assujetti. Des hommes cultivés et intelligents ont perdu leur temps et leurs talents à vouloir prouver que les anciens hindous étaient supérieurs à tous les autres peuples, dans toutes les branches de l'activité humaine. C'est ainsi que chaque fois qu'on annonce en Occident une nouvelle découverte scientifique, des savants abusés se mettent à fouiller toute la littérature sanscrite pour y trouver une phrase qui, dûment interprétée, semble une anticipation de cette découverte. On cite triomphalement une phrase d'une douzaine de mots, obscure même pour le plus érudit des spécialistes, afin de prouver que les anciens hindous ont été familiers avec la composition chimique de l'eau. Une autre, non moins brève, donne la preuve qu'ils ont précédé Pasteur dans la découverte de l'origine microbienne des maladies. Un passage du poème mythologique du *Mahabharata* témoigne qu'ils avaient inventé les zeppelins. Des gens remarquables, ces anciens hindous ! Ils savaient tout ce que nous savons et même tout ce que nous probablement découvrirons, en tout cas, tant que les Indes ne seront pas un pays libre. Malheureusement, ils étaient trop modestes pour s'exprimer de façon claire et explicite. Un peu plus de clarté de leur part, un peu moins de réticence, et les Indes seraient actuellement en avance de plusieurs siècles sur les rivales d'Occident. Mais ils ont préféré les oracles et la concision télégraphique. C'est seulement lorsque l'Occident, ce parvenu, a refait leurs découvertes, que les modernes commentateurs indiens de leurs œuvres ont pu interpréter leurs obscures paroles comme des anticipations. Découvrir et créer ces anticipations est, pour les érudits indiens d'aujourd'hui, un passe-temps dont ils ne semblent jamais las. Et voilà les mélancoliques et futiles occupations d'hommes intelligents qui ont le malheur d'appartenir à une race sujette. Des hommes libres ne penseraient jamais à perdre leur temps et leur esprit à de telles vanités. À ceux-là qui n'ont rien, on ôtera même ce qu'ils ont.

Bénarès

Un majestueux banian se dresse au bord de la route de Jaunpur, à l'endroit où elle quitte le territoire officiel. Sous le feuillage épais règne une sorte de pénombre d'église, et les rejetons des branches mères, enracinés, et déjà puissants, forment les piliers de la cathédrale. Mais ceux qui n'ont pas encore rejoint le sol et qui restent suspendus dans la pénombre comme des extrémités de câbles traînant au hasard, ont un aspect étrangement sinistre et maléfique. Ils pendent là, immobiles ; et la cathédrale du bosquet de banians est transformée en une prison piranésienne.

Le banian ressemble à la famille hindoue. Même dans leur maturité, les scions demeurent attachés à l'arbre paternel. Le chêne est l'arbre national de l'Angleterre, et les familles anglaises — autrefois, sans doute, aussi semblables au banian que la famille hindoue — sont maintenant pareilles à des poignées de glands épars, qui germent loin de leur arbre natal. Ceux qui aux Indes ou en Europe ont eu quelque expérience de la famille vraiment unie à la manière des banians ne peuvent que se féliciter du tour qu'est en train de prendre notre botanique sociale.

14 janvier 1926

On nous avait dit que l'éclipse du soleil serait visible à Bénarès. Mais il fallait autre chose qu'un verre fumé pour la voir ; l'œil de la foi était non moins indispensable. Et cela, hélas ! nous ne le possédions pas. Partielle au point d'être non existante, l'éclipse demeura, pour nous tout au moins, invisible. Cela nous importait du reste peu. Ce n'était pas pour regarder la silhouette de la lune que nous avions ramé sur le Gange ce matin-là ; c'était pour voir les hindous la regarder. Ce spectacle était infiniment plus extraordinaire.

Ce matin-là, ils étaient au moins un million sur les ghats des bains. Un million. Toute la journée et toute la nuit précédentes, ils avaient afflué dans la ville. Nous en avions rencontré sur toutes les routes, cheminant pieds nus dans la poussière, procession silencieuse et interminable. Dans des ballots en équilibre sur la tête, ils portaient leurs provisions, les ustensiles de cuisine, le fumier desséché pour faire du feu, et les vêtements neufs que tout hindou pieux doit endosser après son bain, en l'honneur du soleil éclipsé. Beaucoup venaient de loin. Les vieillards s'appuyaient avec lassitude sur leurs bâtons de bambou. Les femmes, leurs enfants à califourchon sur les hanches, leur fardeau automatiquement en équilibre sur la tête, marchaient dans une hébétude de fatigue. Ici et là, nous voyions une petite troupe qui se reposait, assise n'importe où, comme le font les Indiens, dans la poussière de la route et presque sous les roues des véhicules qui passent.

Et maintenant le jour et l'heure étaient venus. Le serpent allait bientôt avaler le soleil. (À Sumatra, en tout cas, il allait le faire ; à Bénarès, il allait seulement grignoter imperceptiblement le bord du disque. Le serpent allait essayer, faudrait-il dire, d'avaler le soleil.) Un million d'hommes et de femmes s'étaient rassemblés à Bénarès, pour secourir la Lumière du Ciel contre son ennemi.

Les ghats descendent en marches longues de deux cents mètres jusqu'au fleuve qui s'étend telle une longue arène au pied d'immenses gradins. Aujourd'hui, les gradins étaient combles. Naviguant sur le Gange, nous levions les yeux vers de vastes superficies d'humanité superposées les unes sur les autres.

Sur les ghats plus petits, relativement moins sacrés, la foule était un peu moins entassée que sur les marches les plus saintes ; c'est sur l'un de ces ghats que nous assistâmes à l'embarcation d'une princesse sur le fleuve sacré. Un palanquin, dont le dais et les rideaux de drap d'or scintillaient, se frayait difficilement un passage à travers la foule, sur les épaules de six serviteurs en livrée rouge. Une grande barge pareille à une arche de Noé, des rideaux écarlates aux fenêtres, flottait au bord de l'eau. Le majordome criait, poussait et distribuait des coups de canne. Un passage fut tant bien que mal ouvert. Lentement, et avec des soubresauts effroyables, le palanquin descendit. On le déposa à terre, et en un clin d'œil une petite tente, servant de couloir, fut dressée entre la litière et l'entrée de la barge. Le drap d'or se souleva, la toile claqua. La dame, les dames, car elles étaient plusieurs dans la litière, étaient entrées dans la barge sans qu'aucun œil vulgaire n'ait pu les voir ; cela ne les empêcha pas, quelques instants plus tard, quand la barge eut été poussée au milieu du fleuve, de soulever les rideaux rouges et d'avancer leurs visages découverts pour regarder avec une franche curiosité les bateaux qui passaient et nos Kodak indiscrets. Pauvres princesses ! Elles ne pouvaient se baigner dans le Gange en compagnie de leurs sœurs plébéiennes et libres. Elles devaient prendre leur bain dans l'eau de cale de la barge ! Le fleuve sacré est déjà assez infect sous le soleil, que doit-il être après avoir croupi dans l'obscurité, au fond d'une vieille barge ?

Nous nous mîmes à ramer vers les ghats crématoires. Étendus sur leurs petits bûchers oblongs, deux ou trois cadavres se consumaient lentement. Ils étaient couchés sur des fagots en flammes, ils en étaient couverts. Macabres et grotesques, leurs pieds nus dépassaient comme les pieds du dormeur mal à l'aise dans un lit trop court, et sous des couvertures exiguës.

Un peu plus loin, nous vîmes une rangée de saints hommes, assis comme des cormorans sur une margelle étroite, juste au-dessus de l'eau. Jambes croisées, les mains paumes ouvertes abandonnées sur le sol, ils fixaient le bout brun et suant de leur nez. C'est le Seigneur Krishna lui-même qui, dans la *Bhagavad-Gîtâ*, a prescrit ce louchement mystique. Le Seigneur Krishna savait évidemment tout ce qu'il faut savoir sur l'art de l'auto-hypnose. Sa méthode simple n'a jamais été perfectionnée. Elle met l'extase mystique *à la portée de tous**. Le bruit d'un million d'hommes rassemblés emplissait l'air ; mais aucun son n'était capable de troubler le sommeil méditatif de ces contemplateurs de nez.

À un certain moment l'œil de la foi observa sans doute les grignotements du serpent démoniaque. Car tout d'un coup, et simultanément, tous les occupants des marches inférieures des ghats se précipitèrent à l'eau et commencèrent à se laver, à se gargariser, à dire leurs prières et à se moucher, à cracher et à boire. De nombreux agents de police abrégèrent leurs dévotions et leur bain, dans l'intérêt de ceux qui venaient ensuite. Dans une queue large de mille mètres, un million de gens attendaient. Les baignades ont dû se poursuivre, sans interruption, toute la journée.

Le temps passait. Le serpent continuait à grignoter imperceptiblement le soleil. Les hindous dévidaient leur chapelet et priaient. Ils accomplissaient les gestes rituels, plongeaient sous l'écume sacrée, buvaient et s'en allaient, pressés par la police, pour faire place à un autre contingent de la foule patiente. Nous ramions de long en large en prenant des clichés. L'Occident reste l'Occident.

En dépit du serpent, le soleil nous brûlait singulièrement le dos. Après deux heures passées sur le fleuve, nous décidâmes que nous en avions assez, et nous débarquâmes. Les ruelles étroites qui vont des ghats aux rues du centre de la ville étaient bordées de mendiants, plus ou moins sacrés. Ils étaient assis à même le sol, leurs sébiles devant eux ; les gens charitables jetaient dans chacune d'elles quelques grains de riz, en passant. À la fin de la journée, avec un peu de chance, les mendiants pouvaient avoir récolté un copieux repas. Nous nous frayâmes lentement un chemin dans les allées encombrées. En face de nous, un taureau sacré sortit d'une voûte. Près de lui, un mendiant sommeillait à son poste — ceux qui mangent peu dorment beaucoup. Le taureau baissa le mufle vers la sébile du dormeur et, d'un mouvement de sa langue noire, la nettoya : la charité de toute une matinée s'en était allée. Le mendiant sommeillait toujours. Pensif et ruminant, le totem hindou s'en retourna d'où il était venu et disparut.

Étant stupides et sans imagination, les animaux se conduisent souvent plus sagement que les hommes. Ils font efficacement et instinctivement ce qu'il faut au moment où il le faut. Ils mangent lorsqu'ils ont faim, cherchent de l'eau quand ils ont soif, font l'amour en sa saison, se reposent ou jouent quand ils en ont le temps. Les hommes sont intelligents et imaginatifs, ils regardent derrière eux et en avant ; ils inventent d'ingénieuses explications aux phénomènes qu'ils observent ; ils cherchent des moyens compliqués et détournés pour atteindre des buts lointains. Leur intelligence, qui a fait d'eux les maîtres du monde, les fait souvent agir en imbéciles. Aucun animal, par exemple, n'est assez intelligent ni assez imaginatif pour supposer qu'une éclipse est l'œuvre d'un serpent qui dévore le soleil. C'est là un genre d'explication qui ne peut venir que dans un cerveau humain. Et seul un être humain peut inventer des gestes rituels dans l'espoir d'influencer en sa faveur le monde extérieur. Tandis que l'animal, fidèle à son instinct, vaque tranquillement à ses occupations, l'homme doué de raison et d'imagination perd la moitié de son temps et de son énergie à faire des choses complètement idiotes. Avec le temps, il est vrai, l'expérience lui apprend que les formules magiques et les gestes rituels ne lui donnent pas ce qu'il demande. Mais, jusqu'à ce que l'expérience le lui ait appris — et il met étonnamment beaucoup de temps à apprendre —, l'homme, à bien des égards, se conduit de façon infiniment plus stupide que l'animal.

C'est à cela que je pensais en regardant le taureau sacré lécher la sébile du mendiant endormi. Tandis qu'un million de gens entreprennent de longs voyages, souffrent la fatigue, la faim et les désagréments de toute sorte, pour exécuter, dans une certaine étendue d'eau dégoûtante, quelques gesticulations au bénéfice d'une étoile immobile à cent cinquante millions de kilomètres, le taureau cherche sa nourriture et remplit son estomac de ce qu'il trouve. Dans ce cas, il est bien évident que le cerveau vide du taureau le fait agir avec bien plus de raison que ses maîtres.

Pour sauver le soleil (qui s'en chargerait, on en est sûr, fort bien tout seul), un million d'hindous se réunissent sur les rives du Gange. Combien seraient-ils, je me le demande, s'il s'agissait de sauver les Indes ? Une immense énergie, qui, orientée vers la politique, pourrait libérer et transformer le pays, est gaspillée au nom de superstitions imbéciles. La religion est un luxe que les Indes dans leur condition présente ne peuvent vraiment pas se permettre. Les Indes ne seront jamais libres tant que les hindous et les musulmans n'auront pas pour leur religion un enthousiasme aussi tiède que le nôtre pour l'Église anglicane. Si j'étais un millionnaire indien je laisserais toute ma fortune pour doter une mission athéiste.

Lucknow

À la fin du second jour de la conférence musicale panindienne, je me mis en grève. Habitué à la journée de trois heures de l'amateur de concerts européens, je me trouvai épuisé par les sept ou huit heures d'écoute quotidienne que m'imposaient les auteurs du programme de Lucknow. Il y avait chaque matin un long concert, un autre chaque après-midi, un troisième le soir. C'était trop. Après le second jour, je ne voulus plus y retourner. Toutefois, avant de me mettre en grève, j'avais eu seize heures de musique indienne — chez nous c'eût été suffisant pour entendre toutes les symphonies de Beethoven, avec quelques bons passages de Mozart et de Bach par-dessus le marché. Seize heures d'audition devraient suffire à vous donner au moins quelque idée d'une musique aussi peu familière.

Des musiciens professionnels, attachés pour la plupart à la cour des princes régnants, étaient venus à Lucknow de toutes parts. Il y avait de remarquables chanteurs et des musiciens renommés. Tous les instruments indiens étaient représentés, même l'harmonium qui, à mon grand étonnement et à ma grande horreur, était autorisé à ronfler et à gémir dans ce que l'on m'assurait être le sanctuaire même de la musique indienne. Je prêtai l'oreille à toute la virtuosité des Indes. Si j'y fus moins sensible qu'à l'exécution plus modeste du vieux musicien de Lahore, cela est dû, je pense, à des causes purement physiques. Il faut être tout près pour bien entendre la vina et la cithare. Toute l'expression et le sentiment qu'un interprète met dans son jeu s'évanouit dans la distance et l'on n'entend plus que le son discordant des cordes pincées. J'avais été surpris à Lahore par la richesse et la variété de ton de la cithare jouée par le vieux musicien. À Lucknow, où les concerts avaient lieu sous une grande tente, sa grêle monotonie me lassa. L'espace avait aspiré l'âme de la musique. Elle m'arrivait sèche et morte.

On parle avec beaucoup d'enthousiasme de l'emploi des quarts de tons dans la musique indienne. À Lucknow, j'écoutai attentivement dans l'espoir d'entendre une nouvelle et extraordinaire sorte de mélodie basée sur ces fameuses fractions. Mais j'écoutai en vain. Les gammes qui sont à la base de la musique indienne appartiennent à des types très familiers. La gamme pentatonique ou à touches noires, par exemple, semble être en faveur. Quiconque s'y connaît en ancienne musique européenne, n'aurait sans doute aucune difficulté à classer sous leurs noms spécifiques les différentes mélodies indiennes. Le quart de ton n'apparaît que dans la transition insensible d'une note de la gamme fondamentale à une autre. Le violoniste tzigane sentimental et le joueur de jazz font tout aussi libre usage des quarts de tons que les Indiens, et précisément de la même façon.

Il y avait à Lucknow une exposition de peinture panindienne, aussi bien qu'une conférence musicale. Quelques tableaux étaient anciens, d'autres contemporains. Parmi les anciens aucun n'offrait un intérêt très particulier. Les modernes, je le dis à regret, étaient incroyablement mauvais. Je n'exagère pas en disant qu'aucun des exposants contemporains, à Lucknow, ne montrait la moindre trace de talent artistique. Il me reste à supposer que, pour une raison ou une autre, les Indiens qui sont doués ne deviennent pas des artistes. Parmi les exposants de Lucknow, j'observai que la plupart étaient professeurs dans les écoles des beaux-arts gouvernementales, par conséquent, les derniers du monde en qui on s'attendit à trouver des artistes. Les autres étaient, en général, des amateurs patriotes qui pensaient que les Indes modernes avaient droit à un art national propre et qui s'étaient mis à le créer. L'intention était louable, mais en art, hélas ! les intentions et les grandes idées morales comptent très peu ; c'est le talent qui importe, et le talent, voilà justement ce qu'aucun d'eux ne possédait.

À l'hôtel de Lucknow, le café, au lieu d'être communément imbuvable, à la britannique, était fait de chicorée. Je le sirotai et, instantanément, toute la France fut présente. La France entière d'un seul coup, et à travers vingt ans de son histoire. Reims de l'année dernière avec Chamonix de 1907, Grenoble avant la guerre, Fontainebleau en 1925, Paris à toutes les dates, de l'avènement d'Édouard VII à nos jours. Dans sa propre sphère française, cette goutte de chicorée liquide eut un effet aussi miraculeux que la trompette du jugement dernier. Les morts se levèrent, furent visibles et se mirent à parler français. Ce fut une résurrection de paysages français, de monuments français. Des incidents oubliés se déroulèrent de nouveau pour moi dans un décor français : peines et plaisirs morts, hontes mortes et enthousiasmes éprouvés en terre de France surgirent, comme autant de pantins de leurs boîtes, de pierres tombales brusquement soulevées. J'achevai mon déjeuner en France et dans le passé, puis je sortis. Au bout des boulevards évoqués et fantomatiques s'élevaient en mirage les vestiges de la révolte indienne, et les palais de carton-pâte des rois de Oudh. Un agent indien, au visage bronzé et enturbanné, s'avança au milieu des spectres fragiles d'amis et d'êtres aimés. Peu à peu, les ressuscités moururent de nouveau ; les pierres tombales retombèrent sur les tombes encore une fois habitées. Le présent avait triomphé du passé. Au contact du dehors, le monde intérieur s'était écroulé. Je me disposai à apprécier des plaisirs immédiats. Mais j'attendais avec impatience le déjeuner du lendemain : la chicorée ramènerait sûrement le miracle. Ces résurrecteurs du passé, ces trompettes personnelles du jugement dernier, on peut y compter, si on n'en abuse pas, pour produire un effet invariable et constant. Il y a un certain air (de Souza, je crois) que je ne peux jamais entendre sans me rappeler une convalescence au collège, après les oreillons. Je me vois encore regarder par la fenêtre, et chantonner cet air-là interminablement, des heures durant, me sentant tout le temps profondément mais si délicieusement malheureux, Dieu sait pourquoi ! Il y a aussi une certaine odeur, encore plus mystérieusement émouvante, qui se mêle fortuitement à la fumée des feux de joie d'automne ; odeur due à la combustion de quelque saleté exotique mais qui est rarement mélangée aux ordures familières et dont je n'ai jamais pu préciser l'identité. Une drôle d'odeur douceâtre, comme la caricature malsaine d'un parfum. Une odeur qui, chaque fois que je la hume, me rappelle, d'une façon pressante et déchirante, quelque chose de ma vie passée, un incident majeur, une crise, un moment décisif que je sais profondément significatif et que je suis, chaque fois, impuissant à me rappeler. Quoi de plus irritant que de trouver un nœud à son mouchoir, de se souvenir que la commission est urgente, et d'être incapable de se rappeler ce que c'est. J'ai le sentiment que si seulement je pouvais savoir ce que l'odeur de ce feu de joie me rappelle, je serais sensiblement plus près de résoudre le problème de l'univers. Mes plus grands efforts ont toujours été vains. J'ai peur de ne m'en souvenir jamais.

Delhi

Le discours du vice-roi à l'ouverture de l'Assemblée législative fut surtout un commentaire officiel. Il contenait toutefois certains passages plus émouvants, aux « formules brèves et bien senties ». Avec un trémolo dans la voix légèrement étudié, son Excellence se déclara désolée que la réponse indienne au « geste généreux » de lord Birkenhead (c'étaient, je crois, ses propres mots) eût été si peu appropriée. Je ne sais plus s'il alla jusqu'à parler de la tâche que l'Angleterre s'était imposée, de préparer les Indes à se gouverner elles-mêmes. Tout ce que je puis affirmer, c'est que les notes dominantes de son discours résonnaient bruyamment du *Fardeau de l'homme blanc*[1].

Il fut un temps où j'aurais préféré à cet exposé un peu nasillard d'espoirs pieux et d'idéals élevés, un éclat plus brutalement « réaliste » à la manière de Mussolini. Mais il y a longtemps de cela. Je n'ai plus mon admiration de jeunesse pour le cynisme politique et je suis maintenant un partisan fervent de l'hypocrisie. Le politicien hypocrite reconnaît l'existence de valeurs plus hautes que celles de l'intérêt immédiat, national, économique ou de parti. Ceci admis, il ne peut pas permettre à ses actes d'être trop ouvertement contraires aux principes qu'il pro-

1. Allusion à un poème de Kipling.

fesse. Avec lui on peut toujours faire appel à de « meilleurs sentiments ». Mais le politicien réaliste, cynique, n'a pas de « meilleurs sentiments ». Un vice-roi mussolinien se contentera de dire : « Nous sommes ici avant tout pour notre propre intérêt, et non pour celui des habitants du pays. Nous avons des forces immenses à notre disposition et nous nous proposons d'en user sans merci, afin de conserver ce que nous avons conquis. Rien ne nous fera abandonner la moindre part de notre puissance. » À un tel homme, il est manifestement inutile de parler de démocratie, d'autodécision, de fraternité. Il ne professe pas le moindre respect pour ces idées ; pourquoi agirait-il comme s'il les respectait ? On peut toujours rappeler ses principes à un politicien qui professe des idées humanitaires. Il peut ne pas y croire sincèrement ou d'une manière absolue — quoique personne ne professe de principes sans y croire tant soit peu — mais, ayant fait cette profession de foi, il n'ose y contredire trop outrageusement par ses actes.

Plus il y a d'hypocrisie en politique, mieux cela vaut. L'hypocrisie en soi n'est rien, mais liée à la plus infime parcelle de sincérité, elle sert, tout comme le zéro à la droite d'un nombre, à multiplier tout ce qu'il peut y avoir de bonne volonté sincère. Les politiciens qui affectent des principes humanitaires sont forcés, tôt ou tard, de mettre leurs théories en pratique, et d'une façon bien plus absolue qu'ils n'en avaient jamais eu l'intention. Sans hypocrisie politique, pas de démocratie. « Pecksniff », si odieux qu'il puisse être en soi, est le gardien de la morale privée. Et s'il n'y avait pas les snobs intellectuels pour payer — en monnaie sonnante et trébuchante — le tribut que le philistinisme doit à la culture, les arts périraient avec leurs serviteurs affamés. Bénissons le ciel pour l'hypocrisie.

En relisant le précédent paragraphe, je me demande pourquoi je l'ai écrit. Sans hypocrisie, pas de démocratie : donc, que l'hypocrisie soit. Cela implique naturellement que la démocratie est une chose excellente, un idéal à rechercher passionnément. Mais la démocratie est-elle après tout réellement souhaitable ? Les nations européennes ne semblent certainement pas le croire en ce moment. Et même la volonté de disposer de soi n'est plus aussi populaire que dans le passé. Il y a bien des parties de l'ancien empire autrichien où l'on évoque les années de la domination des Habsbourg comme un âge d'or, et où l'on regrette sincèrement l'ancienne bureaucratie. Qu'est-ce d'ailleurs que la démocratie ? Peut-on dire que le gouvernement par le peuple existe quelque part, sauf peut-être en Suisse ? Le système parlementaire anglais ne peut certes pas être défini comme un gouvernement par le peuple. C'est un gouvernement d'oligarches pour le peuple et avec la consultation occasionnelle du peuple. Quand je dis que la démocratie est une bonne chose, est-ce que cela a une signification ? Est-ce que j'exprime là une opinion raisonnée ? Ou bien est-ce que je répète, par pure habitude, une formule creuse que l'on m'a serinée dans mon enfance ? Je me le demande. Et si je suis à même de me le demander avec un si parfait détachement, c'est que je suis né dans la haute bourgeoisie, que j'appartiens à la classe gouvernante d'une nation indépendante, riche, et extrêmement puissante. Si j'étais né Indien, ou si j'avais été élevé dans les taudis de Londres, je ne serais guère capable d'une incertitude aussi philosophique.

L'Assemblée législative prend de nombreuses résolutions. Le gouvernement s'occupe d'environ une résolution sur cent. Les Indiens ne sont pas très enthousiastes de leur jeune parlement. Il n'y a peut-être pas lieu de s'en étonner. Les politiciens indiens le trouvent commode, sans doute parce qu'ils peuvent s'exprimer avec plus de violence à la Chambre que dehors. La presse reproduit les discours violents. Tout cela est de la bonne propagande sans doute. Mais ce n'est rien de plus. Les membres du gouvernement le savent.

Quelques-uns ne se donnent même pas la peine de le dissimuler et conservent, au cours des séances de l'Assemblée, une attitude ironique de supériorité amusée et tranquille.

Les guerres de Troie ont eu leur Homère. Mais d'autres événements plus significatifs, d'autres villes beaucoup plus grandes, n'ont pas été célébrés et demeurent dans les ténèbres au-delà des frontières du petit monde lumineux de l'art. Les hommes, les lieux, les événements ne trouvent pas toujours et nécessairement les chroniqueurs qu'ils méritent. Shakespeare n'a ni son Boswell ni son Holbein. La Grande Guerre n'a pas — jusqu'à ce jour du moins — suscité de Tolstoï ou de Goya. Aucun Swift n'a réagi devant l'Amérique moderne. Enfin la Delhi contemporaine et les Indes nouvelles dont elle est la capitale, et qu'elle résume, n'a pas donné son Marcel Proust.

Combien de fois, à Delhi, ai-je pensé à Proust, et souhaité qu'il eût connu cette ville et ses habitants. Car la cité impériale n'est pas moins riche en comédie mondaine que Paris ; elle a une âme aussi fertile en snobismes, hypocrisies, préjugés, haines et jalousies. Je dirais même qu'à certains égards, la comédie de Delhi est intrinsèquement supérieure à celle que Proust a observée au faubourg Saint-Germain et qu'il a analysée avec tant de minutie. La comédie la plus belle (je parle en ce moment exclusivement en homme de lettres) est la comédie la plus sérieuse, la plus voisine de la tragédie. La comédie de Delhi et des Indes modernes, si délicieusement amusante qu'elle soit, est pleine de sous-entendus tragiques. Les querelles de races, les haines de couleur, l'assujettissement d'un peuple à un autre, tout cela se dissimule derrière les snobismes, les conventions et les mensonges, mais se trouve implicitement dans tous les gestes grotesques des comédiens. Quelquefois, à l'approche d'un orage, une maison, un arbre vert, un groupe de gens, illuminés par un faible rayon de soleil, se détachent dans un éclat quasi surnaturel sur un fond de nuages noirs et indigo. Les vestiges mourants des coutumes féodales, l'affaire Dreyfus, les tragédies d'un loisir excessif, tout cela forme l'arrière-plan orageux de la comédie proustienne. Les nuages sur lesquels se détache la Delhi impériale, avec tant d'éclat comique, sont beaucoup plus sombres, plus énormes, plus menaçants.

J'assistai, aux Indes, à plusieurs incidents qui auraient pu sortir directement de *À la recherche du temps perdu*, incidents triviaux mais gros des passions secrètes et des émotions que Proust découvrait toujours — quand elles s'y trouvaient — derrière les gestes les plus ordinaires, les mots les plus insignifiants et les plus inoffensifs. Ainsi je me rappelle l'attitude d'un voyageur indien dans un certain hôtel où le directeur, un Européen, avait coutume de se promener dans le restaurant, à l'heure des repas. Il surveillait le service, bavardait avec les clients, et au moment où ceux-ci se levaient pour sortir, il allait leur ouvrir la porte. Je remarquai que l'Indien ne laissait jamais au directeur le temps d'ouvrir la porte pour lui : quand il voulait quitter la salle à manger, il attendait que le directeur eût le dos tourné, puis il se précipitait vers la porte, tournait le bouton et se glissait dehors furtivement comme si le diable était à ses trousses. Et le diable en effet était à ses trousses, le diable sous la forme d'un soupçon désagréable : peut-être que s'il laissait au directeur l'occasion de lui ouvrir la porte, celui-ci ferait-il une exception humiliante à ses habitudes de courtoisie, et laisserait-il la porte ostensiblement fermée.

Je me rappelle un dîner à Delhi, dans lequel la gêne fut tout entière de l'autre côté. L'hôte était un politicien indien, les invités deux autres politiciens, un haut fonctionnaire anglais et nous. La réunion était cordiale. Quand on servit le rôti, les Indiens commencèrent à parler du temps qu'ils avaient passé en prison, pendant le mouvement de la Non-coopération. L'expérience n'avait pas été trop désagréable, elle avait au contraire été plutôt comique. C'étaient des hommes de haut rang ; il n'était que naturel qu'on les eût traités exceptionnellement bien. D'ailleurs, nous expliqua le plus âgé et le plus éminent des politiciens, parodiant les mots d'un Grand Moghol, « des flots de champagne avaient coulé entre moi et sir ..., le gouverneur de la province ». Ces flots, cela se devinait, ne tarirent pas, même dans la prison. La conversation était pleine de bonne humeur, ponctuée d'éclats de rire. Mais le fonctionnaire anglais écoutait avec un certain embarras. Il était, après tout, membre de la commission d'exécution qui avait envoyé ces hommes en prison ; et le fait qu'ils s'y étaient en somme amusés ne diminuait en rien sa responsabilité indirecte dans leur incarcération. Les commentaires des Indiens sur le gouvernement paternel et geôlier n'étaient pas moins amers pour être accompagnés d'un rire d'aimable ironie. Je n'aurais pas voulu être à la place du fonctionnaire ; sa position était terriblement délicate. En premier lieu il était l'invité ; ensuite le poste qu'il occupait depuis l'introduction des réformes Montford lui imposait officiellement une attitude particulièrement courtoise et bienveillante à l'égard des politiciens indiens. Sa raison d'être officielle était de faire fonctionner l'Assemblée législative; il était là pour graisser les rouages mal agencés et grinçants du gouvernement parlementaire indien. Il lui était interdit, aussi bien en sa qualité de fonctionnaire qu'en tant qu'homme privé, de protester contre les remarques des politiciens indiens. En même temps, comme membre de la commission exécutive britannique, il lui était non moins impossible de les admettre et de les partager. Il prit le seul parti possible, celui de s'abstraire aussi complètement de la conversation que s'il avait été absent. Je dois dire qu'il s'en tira merveilleusement bien; si bien, vraiment, qu'à un certain moment (le gouvernement en prenait à ce moment-là pour son grade) il parut sur le point de devenir invisible, de s'effacer totalement, tel le Chat de Cheshire[1]. J'admirai son tact et remerciai Dieu de ne pas avoir à en faire autant. Le sort de l'ICS officielle moderne n'est pas précisément enviable.

Et puis il y avait les maharadjah. La Chambre des princes — cette remarquable assemblée que fréquente chaque année un nombre de plus en plus restreint de chefs indiens — était réunie pendant que nous étions à Delhi. Durant une semaine, les Rolls-Royce furent bien plus nombreuses dans les rues que les Ford. Les hôtels fourmillaient de despotes accompagnés de leurs vizirs. Aux soirées du vice-roi on voyait des diamants si gros qu'ils semblaient des bijoux de théâtre. Il était impossible de croire que les perles de ces colliers, qui valaient des milliers de livres, fussent le produit naturel des huîtres! Comme Proust se serait royalement amusé des maharadjah! Des hommes plus follement orgueilleux de leur naissance que le baron de Charlus; fabuleusement riches

1. *Alice au pays des merveilles*.

et possédant en fait tout le pouvoir despotique dont le nom de Guermantes n'est que le pâle symbole héréditaire ; ayant toutes les idiosyncrasies et les excentricités des personnages de Proust et rien de leur crainte de l'opinion publique ; excessifs et démesurés comme aucun aristocrate de l'Occident moderne ne saurait l'être, réalisant, à la manière napoléonienne ou néronienne, les pauvres velléités potentielles de grandeur ou de vice en action qui demeurent à l'état latent chez ceux qui vivent dans la société et ne la dominent pas. Il les aurait étudiés avec un intérêt passionné surtout dans leurs relations — relations humiliantes et péniblement ridicules — avec les Anglais. Il aurait été charmé de voir un Rajpute, descendant du soleil, faire tout au monde pour se rendre agréable à un fonctionnaire, qui, bien que pauvre, insignifiant et sans éducation, n'en était pas moins son maître. Le spectacle d'une vertueuse matrone anglaise accomplissant son devoir en conversant poliment avec un Héliogabale au teint sombre, couvert de bijoux, célèbre par le nombre de ses concubines et de ses mignons, ne l'eût pas moins réjoui. Avec quelle fidélité il eût rapporté leurs paroles, avec quelle surprenante intuition il eût deviné le contrepoint secret de leurs pensées ! Il eût aussi été profondément intéressé par cette curieuse loi tacite qui décrète que les Européennes ne doivent danser en public avec aucun Indien d'un rang inférieur à celui du rajah. Et cela l'eût amusé, j'en suis certain, d'observer les effets extraordinairement lénifiants de la fortune et d'un titre royal sur les plus vifs sentiments antiasiatiques. La cordialité avec laquelle on parle au « cher » maharadjah Sahib et même parfois, de lui, est réjouissante. Mes propres aperçus trop distants, et trop hâtifs, des comédies royales indiennes, m'ont donné le désir d'y regarder plus à loisir, de plus près, et d'un œil psychologique plus perçant que celui que m'a chichement octroyé la nature.

Je me souviens de tant d'autres petites choses saisissantes dans un endroit perdu, la gratitude pathétique d'un jeune homme envers lequel nous avions été tout simplement polis ; et son hésitation à partager notre repas, de peur de ne pas savoir manger à l'européenne et de se déshonorer à tout jamais à nos yeux. Les manières extraordinairement cordiales et cavalières de certains Indiens cultivés, qui n'ont pas encore appris à accepter leur égalité avec les Européens qui les gouvernent, et qui sont toujours anxieux de l'affirmer bruyamment. La flagornerie singulièrement embarrassante des autres. La mordante férocité des commentaires que nous avons saisis dans les couloirs de l'Assemblée législative, et que faisaient les femmes de certains membres du gouvernement sur les orateurs indiens. En les écoutant, je me suis rappelé les propos tenus en Angleterre par la classe bourgeoise sur les ouvriers au moment de la grève des mineurs. Les gens dont la supériorité est précaire détestent passionnément les inférieurs qui la menacent.

Je ne dois pas non plus oublier — car Proust y eût consacré une vingtaine de pages — la sacro-sainte convention anglo-indienne de s'habiller pour le dîner. Du vice-roi au jeune employé qui, chez lui, prend son dîner au coucher du soleil, il n'est pas, aux Indes, un Anglais qui, solennellement, ne « s'habille ». On dirait que l'intégrité de l'Empire britannique dépend directement, comme par magie, de la mise d'un habit noir et d'une chemise empesée. Des hommes tout seuls dans les *dak-bungalows*, sur des cabotiers ou dans de petites cabanes au milieu de bois infestés de tigres, obéissent à l'impératif mystique, et chaque soir revêtent l'uniforme funèbre du prestige britannique. Les femmes, habillées des dernières créations françaises de Stratford-atte-Bowe, taquinent les conserves de poisson, tandis que des moustiques se repaissent de leurs bras et de leurs cous nus. C'est magnifique !

Plus étonnante encore, peut-être, est l'autre grave convention destinée à maintenir le prestige européen, la convention de trop manger. Cinq repas par jour — deux petits déjeuners, le repas de midi, le thé et le dîner — sont de règle d'un bout à l'autre des Indes. On ajoute souvent un sixième repas dans les grandes villes où il y a des théâtres et des bals pour justifier un souper tardif. L'Indien, qui fait tout au plus deux repas par jour, souvent un seul, trop souvent aucun, doit se déclarer battu. Gandhi, dans son autobiographie, rappelle ses erreurs de jeunesse, et comment — après quels effrayants combats avec sa conscience ! — il mangea de la viande. C'est un de ses condisciples qui l'entraîna dans le péché. La viande, disait spécieusement le tentateur, était le secret de la suprématie anglaise. Les Anglais étaient forts parce qu'ils mangeaient beaucoup. Si les Indiens se gavaient aussi royalement, ils chasseraient les Anglais des Indes. Ces arguments frappèrent Gandhi. Il écouta, se laissa convaincre. Il mangea de la viande au moins trois ou quatre fois. C'est peut-être pourquoi il s'en fallut de si peu qu'il chassât les Anglais des Indes. En tout cas, l'histoire prouve à quel point les Indiens sont impressionnés par nos prouesses gastronomiques. Notre prestige est lié à nos excès. Il faut, pour le salut de l'Empire, que le touriste vraiment patriote sacrifie son foie et son côlon et prépare le terrain aux apoplexies et aux futurs cancers de l'intestin. J'ai fait de mon mieux pendant mon séjour aux Indes ; cependant, au risque de miner notre prestige, de faire tomber toute la machine impériale en ruine autour de moi, j'ai de temps en temps, sans avoir l'air de rien, laissé passer un plat. L'esprit est fort, mais la chair, hélas! est faible.

Calcutta

Les ouvriers des industries indiennes se recrutent dans les villages. Dans les villages, la force de la tradition est grande et les règles de conduite sont religieusement et, par suite, implacablement imposées. Quand la pression du dehors est relâchée et que ces campagnards industrialisés se trouvent dans les bas-fonds des grandes villes, jouissant d'une liberté inaccoutumée, leur moralité menace ruines.

Le contact avec des étrangers, qui jouent le jeu de la vie selon des règles qui ne leur sont pas familières, tend à affaiblir en eux la force des commandements auxquels, au village, ils obéissent sans discussion. Car les morales, si excellentes et efficaces qu'elles puissent être, prises chacune séparément, se détruisent les unes les autres. Elles sont comme les araignées : des cannibales pour leur propre race. Mises ensemble dans le cerveau d'un homme simple, elles s'entre-dévorent, et le laissent sans morale du tout. Or, la vie des villes affaiblit à la fois le pouvoir du campagnard de résister aux tentations criminelles et multiplie les occasions de criminalité profitable. Au village où les actions de chacun sont connues de tous, l'honnêteté, la chasteté, la tempérance constituent la meilleure politique. Dans les bas-fonds d'une grande ville, où tout homme est, pour ainsi dire, anonyme et solitaire dans la foule, elles deviennent vite inefficaces. Trop souvent le paysan honnête, chaste et sobre, est, par la ville, transformé en ivrogne, voleur et débauché.

Le trouble qu'entraîne, même chez des gens bien

élevés, un brusque changement de milieu, se constate toujours et partout. Dès leur arrivée à Paris, de jeunes Anglais et de jeunes Américains se conduisent comme jamais ils ne songeraient à se comporter chez eux. Il faut bien avouer que les jeunes femmes en font autant. Les choses ont toujours été ainsi. Saint Boniface écrivant à l'archevêque de Canterbury se plaignait que : « *perpaucæ sunt civitates in Longobardia vel in Francia aut in Gallia, in qua non sit adultera vel meretrix generis Anglorum, quod scandalum est et turpitudo totius ecclesiæ vostræ*[1]. » C'était en l'an 745 ; mais on pourrait croire que le saint décrivait prophétiquement l'état des choses en 1926 ! Les Italiens modernes racontent l'histoire d'un étranger qui demandait à un ami florentin pourquoi on trouvait si peu de dames légères et complaisantes dans sa ville, si admirable par ailleurs. Le Florentin haussa les épaules : « Nous avons les Américaines », fit-il. L'histoire n'est sans doute pas vraie ; mais qu'on l'ait inventée est significatif.

Aux Indes, l'influence de la communauté à laquelle un individu appartient, avec sa religion traditionnelle et son code social traditionnel, a sur lui une importance infiniment plus grande qu'en Occident ; l'Indien ne sait pas vivre sans ces soutiens. Aussi le changement de milieu, quand il passe du village à la ville lointaine, a-t-il sur lui un effet bien plus grave que s'il s'agissait d'un Occidental.

Aux Indes, le développement de l'industrie s'accompagne d'un abandon de la vie communautaire, rurale. Jusqu'à présent, il est vrai, l'industrie n'a guère progressé aux Indes, et la vie rurale est demeurée, dans l'ensemble, à peu près intacte. Mais

1. « Il est peu de cités en Lombardie, Francia ou autres Gaules, qui égalent comme courtisanes ou adultères toute la corruption qui règne en votre Église. »

il y a déjà un commencement, et nous pouvons, d'après Calcutta, Bombay et Cawnpore, deviner ce que donnerait des Indes largement industrialisées. Cette vision prophétique n'a rien de particulièrement attrayant. Il est vrai que les conditions matérielles peuvent être améliorées ; j'aime à croire que chez une partie de la population, l'émancipation des entraves de la vie de communauté pourrait finir par être spirituellement salutaire. Jusqu'ici, tous ceux qui connaissent les bouges des villes industrielles indiennes vous le diront, cette émancipation n'a fait que du mal. Mais, avec le temps, le paysan devenu citadin apprendra peut-être à s'adapter à la liberté. Libéré des contraintes de la communauté, il apprendra peut-être à développer ses ressources personnelles d'une façon jusqu'ici inconnue dans les Indes rurales, où l'unité humaine a toujours été la communauté et non l'individu, homme ou femme.

C'est là un bel espoir, un espoir qu'en amoureux de la liberté et du changement, en ennemi juré de la fixité et des commandements tout faits, croyant en l'individu, et hérétique dès qu'il s'agit de groupes ou de communautés ou de foules, je chéris d'une tendresse particulière. L'hindouisme et le système du village indien ont été fort loués pour avoir préservé le peuple indien et le caractère indien qu'ils ont gardés intacts et identiques à travers des siècles de menace physique et de combat spirituel. Pour moi, ce résultat mérite plus de condoléances que de félicitations. L'immobilisme est effroyable. Mieux vaut, à mon sens, être détruit, devenir radicalement différent, voire méconnaissable que rester à jamais intact et identique en dépit des changements alentour. Mais ce sont là probablement des préjugés romanesques et stériles, issus d'idées fausses sur la fin et le but de l'existence humaine — la première erreur et la plus fondamentale est peut-être de croire que l'existence humaine poursuit un but au-delà de son propre prolongement et de sa simple reproduction. Pour qui admet que l'homme est sur terre pour découvrir, pour tout connaître et tout essayer, pour avancer (ne fût-ce que pour le seul plaisir d'avancer et de ne pas rester sur place) vers quelque perfection inaccessible, la conception indienne de l'existence est aussi peu satisfaisante que possible. Mais si l'homme (et cela est peut-être le cas) est né à seule fin de séjourner quelque temps sur terre, de procréer et de mourir pour faire place à ceux qu'il a engendrés, alors la communauté du village indien paraît une forme d'organisation sociale presque parfaite. Dans un village indien les hommes peuvent vivoter, procréer et mourir, sans avoir à perdre une parcelle de leur énergie à de vaines expériences, à la poursuite d'éblouissants feux follets, à la réalisation d'un progrès condamné d'avance par la nature et le tempérament destructeur de l'homme. La vie dans un village indien est profondément ennuyeuse. C'est le seul défaut véritable que j'y puisse trouver. Le changement, le renouvellement incessant des expériences, la poursuite de la connaissance sont choses intéressantes. C'est leur meilleure et peut-être leur seule justification.

Que les êtres humains puissent jamais totalement se passer du village indien ou de ses substituts paraît peu vraisemblable. L'homme a besoin de quelque chose où s'accrocher : une société stable, des conventions établies, une maison, un lopin de terre, des biens, une famille. Déjà, dans les parties du monde les plus complètement urbanisées et industrialisées, nous rencontrons des migrations de populations, des hommes et des femmes qui ne vivent jamais assez longtemps au même endroit pour s'y attacher et en subir l'empreinte, qui ne possèdent ni terre, ni bien tangible — sauf de l'argent, ce symbole pratique —, ils ont peu ou pas d'enfants et ne croient en aucune religion organisée. Ces gens sont forcés, par leur mode de vie, de compter énormément sur leurs propres ressources d'esprit et de volonté, sur leurs relations personnelles avec leurs compagnons — sur l'amour, le mariage, l'amitié, les liens de famille. En dehors d'eux-mêmes, ils ne peuvent s'appuyer sur rien de solide. L'effort qu'ils s'imposent à eux-mêmes est souvent plus que ne peuvent en supporter leurs propres ressources spirituelles et leurs relations. D'où un mécontentement, une vie morne et une profonde incertitude.

J'ai toujours eu la passion de la liberté individuelle. C'est une passion que le métier d'écrivain m'a permis de satisfaire. Un écrivain est son propre maître et travaille où et quand il lui plaît, et il est rétribué par une entité absolument impersonnelle, le public, avec lequel il ne lui est nullement nécessaire d'avoir le moindre contact direct.

Professionnellement libre, j'ai pris grand soin de ne pas m'encombrer de ces chaînes qui attachent à un coin de terre particulier. Je ne possède rien, à part quelques livres et l'automobile qui me permet de passer d'un campement à l'autre.

Il est délicieux d'être libre quand on a suffisamment à faire et à penser pour éviter de jamais s'ennuyer, quand le travail qu'on fait est agréable et semble (douce illusion !) de quelque utilité ; quand on a la vision nette de ce qu'on désire accomplir et la force d'esprit suffisante pour ne jamais trop dévier du but poursuivi. Il est délicieux d'être libre. Mais, parfois, je dois l'avouer, il m'arrive de regretter les chaînes dont je ne me suis pas chargé. L'envie me prend alors d'une maison pleine d'affaires, d'un coin de terre où pousseraient des choses. Je sens que j'aimerais connaître intimement un petit pays, et ses habitants, que j'aimerais les avoir connus depuis des années, toute ma vie. Mais on ne saurait être à la fois deux choses incompatibles. Qui désire la liberté doit sacrifier les douceurs de l'esclavage. Ce n'est, hélas ! que trop évident.

Toute note isolée d'une mélodie est en elle-même parfaitement vide de sens. Une mélodie est un organisme dans le temps, et l'ensemble, ou au moins une proportion considérable de l'ensemble doit être entendu dans un espace de temps voulu, avant que la nature de la mélodie soit appréciable. Il en va peut-être ainsi de la vie. Dans un moment donné, elle semble totalement dénuée de sens. Mais envisagée sur une longue période, elle semble se révéler comme un organisme existant dans le temps, ayant un but, allant dans une certaine direction. Dire que la vie n'a pas de sens est peut-être un mensonge si l'on considère la vie comme un tout, mais c'est la vérité quand il s'agit de l'instant. La note *la* est par elle-même insignifiante. Mais la note *la*, combinée d'une certaine manière avec un certain nombre d'autres notes, devient une partie essentielle de l'*Hymne à la joie* dans la symphonie avec chœur de Beethoven. On peut concevoir que le moment de l'existence du monde, dont chacun de nous a connaissance pendant la durée d'une vie humaine, est une partie essentielle d'un tout musical encore à développer. Les notes que, dans les souvenirs de l'histoire et dans la géologie, nous avons déjà déchiffrées, nous autorisent-elles à supposer que nous sommes en train de vivre une mélodie — une mélodie prolongée presque à l'infini ? C'est là affaire d'opinion.

Le génie de l'expérimentateur est un génie curieux et spécial. Armé d'une boîte à thé et de fil de fer, d'un peu de soie, de cire à cacheter et de deux ou trois pots de confiture, Faraday marcha à l'assaut des puissances mystérieuses de l'électricité. Il revint triomphant, leurs secrets capturés. Il suffisait de bien agencer la cire, les pots de verre et le fil de fer. Les puissances mystérieuses n'avaient plus qu'à se rendre. Aussi simple que cela... à condition que vous soyez Faraday.

Et si par hasard vous étiez sir J.-C. Bose, il serait si simple, avec quelques rouages d'horlogerie, quelques aiguilles et filaments, d'inventer des machines permettant de voir la croissance des plantes, les pulsations de leurs « cœurs » végétaux, les contractions de leurs nerfs, le processus de leur digestion ; ce serait si simple — bien qu'il ait fallu, même à Bose, de longues années de travail pour parfaire ses instruments.

À l'institut Bose, à Calcutta, le grand expérimentateur en personne nous servit de guide. Pendant un après-midi entier il nous promena de merveille en merveille. Il nous les expliqua l'une après l'autre, avec un enthousiasme, une abondance d'idées qui dépassait presque ses moyens d'expression et le faisait balbutier d'impatience dans son effort d'élucider les méthodes, évaluer les résultats et développer les inductions. Nous vîmes la croissance d'une plante s'inscrire automatiquement sur une plaque de verre fumé, à l'aide d'une aiguille. Nous vîmes la plante réagir brusquement à un choc électrique. Nous en vîmes une autre se nourrir : elle exhalait de toutes petites quantités d'oxygène. Chaque fois que l'accumulation de l'oxygène exhalé atteignait un certain degré, un petit timbre, rappelant celui qui signale la fin de la ligne dans une machine à écrire, résonnait automatiquement. Quand la plante était au soleil, le timbre se mettait à résonner fréquemment et régulièrement. À l'ombre, la plante cessait de se nourrir : le timbre ne résonnait plus qu'à de longs intervalles ou pas du tout. Une goutte de stimulant qu'on ajouta à l'eau dans laquelle trempait la plante, le fit retentir follement. On eût dit quelque dactylo cherchant à battre un record de vitesse. Près de la plante qu'on nourrissait à l'air libre, se trouvait un grand arbre. Sir J.-C. Bose nous raconta qu'on était allé le chercher très loin pour le mettre dans ce jardin. Transplanter un arbre adulte est en général fatal ; le choc le fait mourir et c'est ce qui arriverait à des hommes auxquels on couperait les bras et les jambes sans anesthésie. Bose chloroforma l'arbre. L'opération réussit pleinement. En se réveillant, l'arbre anesthésié reprit immédiatement racines à sa nouvelle place et prospéra. Mais une dose excessive de chloroforme est aussi fatale à une plante qu'à une grande personne. Dans l'un des laboratoires on nous montra un instrument qui enregistre les battements d'un « cœur » de plante. Par un système de leviers — analogue en principe à celui que le baromètre automatique nous a rendu familier, mais infiniment plus délicat et plus sensible — les pulsations par minute qui se produisent dans la couche de tissu immédiatement au-dessous de l'écorce extérieure de la tige, sont agrandies des millions de fois et automatiquement enregistrées en pointillés sur une plaque mobile de verre fumé. Les instruments de Bose ont rendu visible ce qui avait été, jusqu'à présent, impossible de voir, même à l'aide du plus puissant microscope. Les pulsations normales d'un « cœur » végétal, telles que nous les vîmes s'inscrire point par point sur la plaque mobile, sont très lentes. Il faut pratiquement une minute au tissu pulsatoire pour passer du maximum de la contraction au maximum de l'expansion. Mais un grain de caféine ou de camphre affecte le « cœur » d'une plante exactement de la même manière que le cœur d'un animal. On ajouta le stimulant à l'eau de la plante et presque aussitôt les ondulations de la courbe s'allongèrent sous nos yeux en même temps qu'elles se rapprochèrent les unes des autres ; les battements de « cœur » de la plante étaient devenus plus violents et plus rapides. Ensuite, nous administrâmes du poison : une dose mortelle de chloroforme fut mise dans l'eau. Le graphique enregistra une agonie. À mesure que le poison paralysa le « cœur », les hauts et les bas de la courbe finirent par ne former qu'une ligne horizontale également distante des deux points extrêmes d'ondulation. Mais tant qu'il resta de la vie dans la plante, cette ligne médiane ne se traça pas de façon continue. Elle se hérissait de dents irrégulières ; elles étaient le symbole visible des spasmes d'une créature qu'on assassine et qui défend sa vie désespérément. Au bout de quelques instants les zigzags cessèrent, les pointillés formèrent une ligne droite : la plante était morte. Le spectacle d'un animal mourant nous impressionne péniblement : nous le voyons se débattre — et par sympathie, nous ressentons quelque chose de sa souffrance. L'agonie invisible d'une plante nous laisse indifférents. Pour un être qui aurait des yeux un million de fois plus sensibles que les nôtres, la lutte d'une plante agonisante serait visible et, par suite, angoissante. L'instrument de Bose nous dote de cette acuité visuelle bien supérieure à celle d'un microscope. La fleur empoisonnée se meurt littéralement sous nos yeux. Ses derniers moments ressemblent si cruellement à ceux d'un être humain que ce spectacle nouvellement révélé nous bouleverse d'une sympathie que nous n'avions jamais ressentie.

Les âmes sensibles qu'une visite aux abattoirs a converties au végétarisme, feront bien de ne pas approcher de l'institut Bose si elles ne veulent pas voir leurs menus s'appauvrir encore. Après avoir assisté au meurtre d'une plante, elles voudraient sans doute se mettre à une diète strictement minérale. Mais ce nouveau renoncement serait aussi vain que le premier. L'autruche, l'avaleur de sabres, le fakir mangeur de verre, sont tout aussi cannibales que les clients d'une rôtisserie, et ils ôtent la vie aussi fatalement que le font les végétariens. Les premières recherches de Bose sur les métaux — recherches qui ont montré que les métaux répondent aux stimulants, sont sujets à la fatigue, réagissent au poison à peu près comme les organismes végétaux ou animaux — ont dépouillé de leur dernier espoir les pratiquants consciencieux de l'*ahimsa*. Ils sont forcés d'être cannibales pour la simple raison que tout, y compris l'« inanimé », tout est vivant.

Cette dernière affirmation peut sembler — telle est la force des préjugés invétérés — absurde et inadmissible. Un peu de réflexion suffit à démontrer qu'elle est, au contraire, *a priori*, vraisemblable. La vie existe. Même les plus stricts, les plus rigoristes des physiciens sont forcés, bien qu'à regret, d'admettre ce fait horriblement gênant. La vie existe de façon manifeste dans une petite partie du monde que nous connaissons. Comment s'y est-elle mise ? Deux réponses sont possibles : ou bien elle fut, à un moment donné, introduite brusquement du dehors, et par une sorte de miracle, dans un monde jusqu'alors inanimé, ou bien elle était, munie de conscience, inhérente aux moindres particules de matière, et passa graduellement de l'état latent à des formes de plus en plus complexes et parfaites. Dans l'état actuel de nos connaissances — ou de notre ignorance, entendez cela comme vous voudrez — il semble que la seconde réponse ait plus de chances d'être correcte. S'il en est ainsi, on peut alors s'attendre à ce que la matière inanimée se conduise de la même façon que la matière considérée comme animée. Bose a prouvé que c'est ce qu'elle fait. Elle réagit aux stimulants, ressent la fatigue, et peut être tuée. Il n'y a rien là qui doive nous étonner. Si cette conclusion heurte notre sens des convenances, c'est tout simplement que, pendant des générations entières, nous avons eu l'habitude de regarder la matière comme quelque chose de mort : une masse transportable et dont l'unique attribut réel est l'espace. Le mouvement et l'espace peuvent aisément être mesurés et soumis au traitement mathématique. La vie, non, spécialement dans ses formes les plus hautes et les plus conscientes. Refuser la vie à la matière, et ne s'attacher qu'à ses qualités mesurables était une sage politique qui a porté ses fruits. Rien d'étonnant à ce que nous en ayons fait une habitude. Les habitudes deviennent vite une partie de nous-mêmes. Nous les acceptons au même titre que nos mains et nos pieds, que le soleil, que le fait de tomber en bas des escaliers et pas en haut, que les couleurs et les sons. Rompre avec une habitude physique peut être aussi pénible qu'une amputation ; remettre en question l'utilité d'une habitude de pensée bien établie est considéré comme un outrage, une indécence, un sacrilège affreux.

Crains dans le mur aveugle un regard qui t'épie.*

On pouvait passer cela à un poète : il est permis de sourire à une aimable et juvénile fantaisie. Mais quand on en vint aux expériences de laboratoire et aux graphiques, on comprit que les choses devenaient sérieuses. Il était temps de protester.

Moi je ne proteste pas. Comme je ne suis qu'un littérateur et non un de ces physiciens dont l'intérêt professionnel est de tenir la matière à sa place, dotée seulement des attributs qui la soumettent aux mathématiques, je suis enchanté. J'aime la matière, je la trouve miraculeuse, et je me réjouis quand surgit un homme consciencieux, tel que Bose, pour lui décerner un nouveau certificat de mérite.

Dans les ouvrages de philosophie, on traite généralement la matière avec mépris comme quelque chose de massif et de brut. En revanche, les métaphysiciens ne peuvent jamais rendre un hommage assez éclatant à la subtilité de leurs propres esprits. Mais en réalité — s'il est permis d'employer ce terme philosophiquement grossier — c'est à la matière et non à l'esprit qu'appartiennent les attributs de subtilité, de finesse et de complexité. Le tableau que notre esprit se fait du monde et de ce qui le compose est une ébauche symbolique ayant avec l'original à peu près autant de rapports qu'une idole de la Nouvelle-Guinée avec le corps humain. C'est précisément parce qu'elle est aussi élémentaire et aussi simple que cette image mentale nous convient. La réalité — je demande encore une fois pardon — est infiniment trop compliquée pour notre compréhension. Il nous faut simplifier. Mais une fois simplifiées, nous ne devons pas prétendre que nos systèmes philosophiques et religieux et nos hypothèses scientifiques, ces visions papoues du monde, sont subtiles ; elles ne le sont pas. Elles sont grossières, comparées à l'original, et c'est là, précisément, ce qui pour nous en fait la valeur. D'année en année notre image du monde est de plus en plus complexe. On observe dans l'original des détails inaperçus et on les incorpore symboliquement dans le tableau. Si l'esprit de l'homme se développe et devient plus subtil c'est dû au fait que, pour chaque génération nouvelle, le tableau mental du monde et de ses particularités est progressivement plus complet et plus élaboré. Nos pensées, nos sentiments aussi sont plus subtils, plus diversifiés que chez les Anciens. À notre postérité, dans un million d'années, nos subtilités paraîtront sans doute d'une lourdeur barbare. C'est seulement lorsque l'esprit aura entièrement compris la matière et sera par suite aussi délicat, aussi complexe, aussi varié et aussi riche qu'elle — c'est seulement alors que la perfection sera atteinte. Autant dire jamais !

Sur le Hoogli

Le bateau descend doucement le Hoogli, entre les rives fangeuses et les palmiers. De temps à autre, nous dépassons un village ou une grande fabrique, blanche de jute. Au-dessus de la plaine du delta, le ciel est énorme et peuplé de nuages majestueux. Après tous ces mois vécus sous un bleu perpétuel et immaculé, il est délicieux et rafraîchissant de voir des nuages. Je comprends maintenant l'inspiration de ces tableaux moghols qui représentent des princesses et des grands seigneurs contemplant des nuages. Une saison sèche aux Indes vous fait souhaiter une trêve à la monotonie d'un temps trop parfait. Contempler les nuages, du moins quand l'approche des pluies rend cela possible, doit être une distraction exquise, surtout quand elle est accompagnée (comme dans les tableaux moghols) de tendre badinage, d'absorption de sorbets, et d'un énorme *hookah* fumé lentement.

Les nuages sont les messagers d'un monde au-delà des frontières des Indes ; ma joie en les voyant est symptomatique. Car, à dire la vérité, je suis content de quitter les Indes. J'y ai retrouvé de vieux amis, j'en ai fait de nouveaux ; j'ai vu des choses charmantes et intéressantes, beaucoup de beauté, beaucoup d'étrangeté, beaucoup de grotesque et de ridicule. Mais, malgré tout, je suis content de m'en aller. Car les Indes sont plus déprimantes qu'aucun pays que j'aie jamais connu. Ce n'est pas de l'air qu'on y respire, c'est de la poussière et de la désespérance. Le présent n'est pas satisfaisant, l'avenir est douteux et menaçant. Il y a plus d'un siècle et demi que les Indes sont sous l'occupation des forces occidentales. Eh bien, cinq générations de paix et de gouvernement établi n'ont pas rendu le pays, dans son ensemble, plus prospère qu'au temps de l'anarchie ; d'après certaines autorités, telles que Digby, elles l'ont même appauvri. En tout cas, on admet que des millions d'hommes y passent toute leur vie à avoir faim. La coutume et la superstition sont encore presque aussi fortes que jamais et, après un siècle et demi de gouvernement occidental, neuf Indiens sur dix ne savent ni lire ni écrire, et le dixième, celui qui le sait, déteste l'Européen qui le lui a appris. Ceux qui sont instruits et au courant de la politique professent des principes démocratiques : mais leurs instincts sont profondément et presque inextricablement aristocratiques. Théoriquement, ils désirent pour leur pays le progrès, au sens occidental du terme ; mais, pratiquement, l'ambition de la plupart d'entre eux est de s'assurer un emploi tranquille sans risque ni responsabilité.

Pendant ce temps, des montagnes de travail inutile, de dure fatigue et de souffrances superflues se font de plus en plus hautes. Des millions et des millions d'êtres naissent et vivent péniblement — à quelle fin ? Dieu sait qu'il est déjà assez difficile d'en trouver la raison où que ce soit, en Orient ou en Occident. Mais aux Indes on ne peut concevoir aucune réponse à cette question, tout au moins en termes d'existence terrestre. Il a fallu inventer la métempsycose et construire avec une effrayante logique la doctrine du *karma* pour que les maux des Indes, accumulés et innombrables, puissent recevoir une explication satisfaisante.

Le bateau continue à suivre le courant. Les nuages semblent nous faire signe et nous montrer la route, là-bas… Demain, nous serons en mer.

Rangoon

L'enceinte de la pagode du Shwedagon contient les plus beaux spécimens du monde de ce que j'appellerai le style forain de l'architecture et de la décoration. L'immense flèche, en forme de cloche, dorée du haut en bas, et brillant, du côté du soleil, d'insoutenables reflets, se dresse au milieu ; autour d'elle sont groupées des centaines de petites chapelles subsidiaires, soigneusement ciselées, scintillant comme la caverne d'Aladin sur la scène, avec leur mosaïque criarde de verre colorié, doré et peinturluré, ou bien sombres de la teinte naturelle de leurs pinacles et de leurs pignons de bois de teck, se détachant sur l'or brillant de la pagode. On se croirait à une foire sacrée, à un Luna Park dédié à la plus grande gloire de Gautama, mais plus fantastique, plus follement amusant même qu'aucune invention pour dimanches et fêtes. Nous gardions, après une première visite, le souvenir de quelque chose de si curieusement improbable, ressemblant de façon si comique et si délirante à un rêve, que nous ne pûmes nous empêcher d'y retourner le lendemain pour nous assurer que nous l'avions bien réellement vu.

Sur l'Irraouaddy

Les anciens géographes s'imaginaient qu'il y avait un fleuve dont le cours faisait le tour de la terre. En remontant l'Irraouaddy à partir de Mandalay, je souhaitais que leur chimère eût été réalité. Comme il aurait été délicieux d'aller à l'infini sur cette lente et confortable pirogue à vapeur, glissant paisiblement à travers tous les climats et toutes les nations, toutes les villes du monde, et tous les phénomènes naturels ! Les rives défilent, la terre s'ouvre et se referme comme un éventail et fait le paon, avec ses plaines, ses avenues et ses jetées fuyantes. Tournant délibérément, les montagnes montrent tantôt une face, tantôt une autre, tour à tour vêtues de crépuscule rose ou d'ombre sur fond d'étoiles — ou de vert, ou, dans le lointain, voilées de pourpre et d'indigo. De temps en temps des villes et des villages vous font des signes divers. Sur des promontoires saillants, des tronçons d'anciennes tours, d'anciens temples s'inclinent et mirent dans l'eau leur splendeur irrévocablement morte. Et tout le temps que le fleuve symbolique s'écoule, les voiliers, les radeaux, les petits canoës approchent, passent, s'éloignent et s'évanouissent comme autant de vies et d'amours. C'est le voyage fluvial parfait, tel qu'il devrait être, tel qu'il serait sûrement si les anciens géographes avaient raison et que la terre fût vraiment ceinturée d'une rivière cosmique.

Les nappes supérieures de l'Irraouaddy feraient certainement partie de ce grand fleuve imaginaire. Elles sont en leur genre parfaites. Entre Mandalay et Bhamo, j'avais continuellement à l'esprit ces étranges et magnifiques pages où Edgar Allan Poe décrit le « Domaine d'Arnheim ». Il y a bien des années que j'ai lu ce conte : mais je me souviens nettement du fleuve de cristal par lequel on arrivait au domaine, je me souviens de la plage blanche, des vertes pelouses en pente, des arbres en fleurs, des bois, de toutes ces beautés naturelles arrangées avec tant d'art. Car le domaine d'Arnheim était un chef-d'œuvre de l'art du jardin-paysage; c'était la nature, mais ordonnée : c'était le chaos non-humain du monde animé par l'esprit de l'homme. Les collines et les jungles de la haute Birmanie sont sauvagement innocentes de toute intervention humaine, mais le hasard a souvent réussi à les grouper intelligemment et artistiquement autour de leur fleuve central. Ici, un certain soir de calme, l'eau et la plaine, les montagnes lointaines et le limpide ciel verdâtre devinrent tout à coup un pur Claude Lorrain; la pagode blanche à l'arrière-plan, sur le bord du fleuve, fut un fragment de l'ancienne Rome, une ruine de Carthage. Claude Lorrain nous poursuivit pendant des kilomètres; et tandis que notre bateau à vapeur passait à travers ses paysages, un parfum frais et délicieux, provenant des fleurs de tabac au loin, errait assez opportunément dans l'air. On eût dit que l'esprit de son art trouvait une nouvelle expression affectant un autre sens que la vue.

À un autre endroit, les collines se rapprochèrent, l'étroite bande de plaine, étendue entre le fleuve et le pied des collines, était couverte de tecks, d'un vert immense et profond. C'était la fin de l'après-midi, les arbres brillaient dans la chaude lumière égale; derrière eux les collines étaient empourprées. Il y eut un moment où la vision qui s'encadrait dans la fenêtre ouverte fut un Constable vigoureux et rayonnant. Et dans les défilés où le fleuve s'ouvre un passage à travers une chaîne de collines, et où l'épaisse jungle descend fourmillante jusqu'au bord de l'eau, chaque tournant démasquait un tableau riche et fantastique — le tableau d'un artiste encore à naître mais destiné, c'était clair, à devenir quelqu'un.

Mais tout paysage n'est pas une œuvre d'art, et le voyage sur l'eau n'est pas invariablement délicieux. C'est ce que, hélas! nous découvrîmes quand nous descendîmes le fleuve de Mandalay à Rangoon. À mesure que nous avancions, le temps devenait de plus en plus lourd : le bétail et les peaux dont était chargé notre bateau à vapeur puaient violemment ; le paysage était presque aussi mauvais que la nourriture. Des deux côtés du fleuve, large d'un kilomètre, le pays était presque partout plat et dénudé. Nous voyageâmes pendant une journée entière à travers les pâles et arides collines des puits de pétrole de la Birmanie. Une immense fumée noire, visible pendant toute une matinée de navigation, coupait le ciel en deux. Il y avait alors une grève : les Birmans qui protestaient — avec raison, paraît-il — contre les méthodes et les façons de cinéma des instructeurs américains du Wild West. Ils avaient commis un meurtre et mis le feu à quatre ou cinq millions de litres de pétrole. Une race fougueuse que ces Birmans, même un peu trop fougueuse peut-être. Enfin de quelque côté qu'aient été les torts dans cette affaire de meurtre et d'incendie, cette banderole de fumée noire contribua certainement à animer un peu le paysage. Je la regrettai quand elle acheva de disparaître devant nos yeux.

La monotonie était toutefois rompue de temps en temps. À Pakkoku, par exemple (Pakkoku, que la dame française qui était sur notre bateau s'obstinait à appeler « Pas Cocu » — sans doute parce que son mari l'était manifestement), il y avait un acrobate qui faisait des choses extraordinaires sur la corde lisse. Dans une autre ville, dont j'ai oublié le nom moins significatif, nous nous arrêtâmes plusieurs heures pour embarquer quelques vingtaines de tonnes de cacahuètes. Elles étaient dirigées sur Rangoon et de là, à ce que j'appris, sur Marseille, où, en temps voulu, elles devaient être transformées en huile d'olive pure, superfine, de Provence. Dans un autre village, un peu plus en aval, ce furent des cymbales laquées, guère moins d'un millier ! Pour consommation nationale, je suppose. C'étaient de charmants instruments en forme d'immenses coquetiers : un pied, une tige et un bol, au-dessus duquel le parchemin était tendu. Quelle cargaison de bonheur birman potentiel emportions-nous là, sous ces diaphragmes tendus ? Mais il n'en transpira rien sur le bateau. Ce fut un voyage odieux, et quand nous atteignîmes enfin Prome, d'où part le train pour Rangoon, c'est avec un sentiment de profond soulagement que nous débarquâmes. Il y avait près du quai deux grands arbres presque dénudés, qui se dressaient contre le ciel, chargés de fruits répugnants et innombrables : des chauves-souris endormies. Le soleil se couchait. Quand le jour s'éteignit, les chauves-souris commencèrent à s'agiter. Les prétendus végétaux s'ouvrirent et lentement étirèrent une aile de peau. Il y eut un soudain froissement de branches ; deux des sombres fruits suspendus se rejoignirent et, la tête en bas, se mirent à faire l'amour.

Bhamo

Entre la rue principale de Bhamo et la berge du fleuve, ou de ce qui sera, après les pluies, la berge du fleuve — car, pendant la saison sèche, l'eau en est séparée par une plage sablonneuse d'au moins une centaine de mètres — s'étend une petite plaine d'environ un hectare. C'est un petit espace de terrain foulé, poussiéreux et qui serait totalement nu sans la présence d'un arbre immense, au milieu. C'est un bel arbre, dont l'apparence n'a rien de tropical ; il ressemble à un chêne, avec ses longues branches presque horizontales commençant à cinq ou six mètres du sol. Exactement l'image de ces grands arbres qui, dans les eaux-fortes de Callot, abritent un campement de bohémiens, protègent du soleil les archers tandis qu'ils s'exercent à l'arc sur saint Sébastien, ou servent de potence commode pour des victimes de guerre. Mais ce n'est pas seulement l'arbre qui me rappelait Callot : c'était son cadre, tout l'ensemble du décor. Le fleuve, dans son lit large d'un kilomètre, et les champs réguliers au-delà, faisaient à l'arbre solitaire cet arrière-plan nu, interminable, que Callot avait en prédilection. Toute l'agitation qu'il y avait immédiatement au-dessous de l'arbre et autour de lui soulignait à sa manière l'arrière-plan désert. Des chevaux et de petites mules étaient à l'attache à côté de leurs bâts chargés. Des hommes portaient des fardeaux, ils allaient et venaient ou se regroupaient près des bêtes patientes. Au premier plan, d'autres hommes mangeaient, assis sur leurs talons sous le gros arbre, tandis que sur un feu voisin, des aliments cuisaient. Et sur ce fond d'étendue nue et plate sous un ciel vide, s'agitait une vie innombrable et fourmillante. Ç'aurait pu être la levée d'un camp de bohémiens, ou les derniers vestiges de la Foire de l'Impruneta, ou bien un bivouac militaire, extrait des *Miseries of War*. Ç'aurait pu être... En fait, il s'agissait du départ d'une de ces caravanes qui, chargées de coton, de soie de Birmanie, de jade et de rubis, s'en vont par-dessus les monts jusqu'en Chine.

Située comme elle l'est, à moins de trente kilomètres de la frontière de la Chine, Bhamo est plus qu'à moitié une ville chinoise. À l'extrémité nord de ses faubourgs se trouve le temple. Les Chinois s'y rendent pour prier, brûler des cierges et de l'encens, formuler leurs vœux et découvrir, grâce à l'équivalent religieux du pile ou face, si les dieux sont disposés à les réaliser. Ils y vont aussi pour boire du thé et jouer, voire même pour y fumer tranquillement une pipe d'opium. C'est en tout cas ce que faisait un individu spectral, pendant que nous circulions dans le temple. Près de lui ses compagnons jouaient activement aux dés ; les yeux blancs, la face couleur d'ivoire, il se tenait à part, distant, comme s'il habitait — et c'était vrai — un autre monde.

Les cours intérieures, le véritable sanctuaire du temple, étaient d'une chinoiserie extravagante. Ces toits découpés, ces grands auvents relevés aux coins comme des cornes, ces hauts et minces piliers, ces ors et ces rouges, ces crépuscules peuplés d'images dorées, sereines ou grotesques — tout cela, on s'en rendait compte, aurait pu être dessiné par lady Orford, et avait l'air d'un pastiche *dix-huitième** de l'art chinois. Fantastiques toutes ces choses éminemment drôles, bonnes même à leur façon. Mais cette façon était plutôt ennuyeuse. En revanche, si l'intérieur du temple n'était qu'une extravagance mandchoue, son extérieur avait la beauté simple et suprêmement élégante d'une époque plus reculée. Le portique du temple était une petite construction blanche, ornée de stuc, tout à fait simple. Deux panneaux de briquetage soutenaient les angles de la façade, et, comme les pilastres ornementaux de notre architecture classique, servaient à souligner le mouvement vertical de la ligne. Un toit de tuiles, bas et discrètement relevé aux coins, rendait souple et vivante la rigide ligne horizontale. Au fond, au centre, un de ces porches circulaires, que les Chinois aiment tant, donnait accès aux cours intérieures du temple. Au-dessus et de chaque côté, deux fenêtres carrées éclairaient l'étage supérieur. Et c'était tout. Mais les proportions étaient si parfaites, la porte et les fenêtres si bien à leur place, le toit légèrement infléchi si gracieux, que la petite construction était un chef-d'œuvre. Son élégance simple et sûre me rappelait l'Italie — les petits pavillons ornés de stuc sur la Brenta, les villas toscanes et romaines, toutes ces maisons sans prétention mais belles, mais vraiment nobles, qui ornent la campagne italienne. Cette construction chinoise, classique, était le produit d'un art ancien et traditionnel lentement perfectionné. Ici en Birmanie, où l'architecture nationale est une architecture de cirque ambulant et de Luna Park, elle semblait doublement belle. Et quand nous sortîmes dans les rues nous rencontrâmes la même beauté accomplie et classique en vente dans toutes les boutiques chinoises à deux ou trois *annas* la pièce. Les petites tasses à thé en porcelaine, vernies de blanc à l'intérieur et d'un vert d'œuf d'oiseau à l'extérieur, sont la vaisselle au meilleur marché et l'une des plus belles du monde. Les marchands chinois la donnent pour presque rien. Et ces bols, pareils à des fleurs à huit pétales, décorés de coqs et de roses, jaunes, vermillon pâle et verts, sur un fond verni d'un blanc doux, combien nous en demanda-t-on ? Je ne sais plus — certainement cela n'arrivait pas à six pence pièce. Leur beauté vaut une petite fortune.

Nous dépensâmes un shilling et revînmes au bateau chargés des produits charmants de siècles de patience humaine, d'adresse et de génie. Dans nos cabines, nous dépaquetâmes notre shilling de civilisation chinoise et l'examinâmes à loisir : on en demeurait confondu.

Sur l'Irraouaddy

Ma lecture sur l'Irraouaddy fut *The glass Palace Chronicle of the Kings of Burma*. Ce curieux ouvrage a été préparé en 1829 sur l'ordre du roi Bagyidaw, qui nomma un comité composé d'érudits les plus renommés pour compiler à l'aide de tous les documents existants une chronique définitive et péremptoire. Le résultat est la plus savante édition d'un conte de fées qui ait probablement jamais été publiée.

La fantaisie birmane a une saveur toute particulière. Au cours du règne des bons rois, par exemple, on constate à plusieurs reprises des pluies de gemmes, phénomène que je n'ai pas mémoire d'avoir rencontré dans l'histoire fabuleuse d'aucun autre peuple. Et que de choses remarquables se produisaient quand mourait un roi ! Quelquefois cela se réduisait à une fumée s'élevant au-dessus du palais. Mais le pays s'en tirait rarement à si bon marché : une mort royale produisait généralement des effets d'un caractère beaucoup plus troublant. Les planètes, et même les Pléiades, se mettaient à traverser le disque de la lune, ou bien demeuraient stationnaires jusqu'à des sept mois d'affilée. Parfois le fleuve remontait son cours et la lumière jaillissait de la terre. Parfois — mystère que le traducteur ne condescendit pas à dévoiler — le *deinnatthé* coïncidait avec le *thingyan*. Mais c'est peut-être à la mort du roi Hkanlat que se produisit l'incident le plus fâcheux : « Vers l'époque de sa mort un ogre parcourut tout le pays en riant, pendant sept jours entiers; et ceux qui entendaient l'ogre rire n'osaient plus dormir. » Vive le roi ! Les Birmans doivent avoir proféré ce souhait consacré avec une ferveur bien particulière !

Ces incidents, relevés au hasard dans l'histoire birmane, sont suffisants, je pense, pour indiquer le caractère général de cette chronique. C'est un recueil d'anecdotes fabuleuses. Mais le charme du fabuleux s'affadit assez vite et il serait impossible de lire plus de quelques pages de ce *Glass Palace Chronicle*, si ce n'était pour les solennelles sottises que ses savants auteurs y ont introduites. Ces hommes de science ont collationné les diverses sources de leur chronique avec la plus louable habileté ; ils ont pesé la crédibilité des différents textes ; ils ont appliqué les principes de la Haute Critique aux documents anciens et ont eu le courage d'écarter même de vieux textes quand ils offensaient la raison ou la tradition faisant autorité. Avec quelle science, quelle sage critique, ils abordent, par exemple, l'histoire de cette princesse Naga qui eut une aventure avec le prince Soleil, à la suite de quoi elle pondit un certain nombre d'œufs, lesquels, éclos, donnèrent les uns des enfants humains, les autres, chose étonnante, du fer et des rubis. Les commentaires des savants sont trop longs et d'une science trop compliquée pour qu'on puisse les citer en entier. Mais voici ce qu'ils écrivent au sujet des œufs de la princesse Naga :

> Quant à l'affirmation qu'un être humain naquit de l'union du prince Soleil et d'une femelle Naga, les seuls exemples analogues relatés dans les livres sont dans le *Bhuridatta Yataka*, la naissance d'un être humain de la race du père, né de l'union d'un prince humain avec une femelle Naga, et la naissance d'un Naga de la race du père, issu de l'union de Dhattharattha, le roi Naga, avec la princesse Samuddaja ; et dans le *Mahawamsa*, des récits comme celui de la naissance du prince Sihabahu, de la race de la mère, issu de l'union de la princesse humaine, fille du roi Vangaraja, avec un lion. Même s'il y eut vraiment union entre le prince Soleil et la femelle Naga, c'est un esprit ou un Naga qui aurait dû naître ; c'est-à-dire une créature de la race du père ou de celle de la mère. Donc, qu'il soit né un enfant humain, et non un esprit ou un Naga est chose contraire à la raison, et c'est là un point en contradiction avec les livres.
>
> Quant à l'assertion qu'un œuf d'or soit éclos au pays de Mogok Kyappyin et soit devenu pierre, fer ou rubis, ce pays de Mogok Kyappyin étant choisi parmi les

cinquante-six endroits où se trouvent des pierres précieuses sur la surface du Jambadapa, il faut se demander si, en d'autres endroits aussi, les différentes espèces de gemmes, pierres, fer, rubis, or, argent et perles ne furent pas également dues à l'éclosion d'un œuf de Naga.

Or, concluent avec énergie ces hommes de science :

> Il n'y a pas dans les livres le plus petit rappel ni la moindre trace du fait que dans aucun de ces cinquante-six endroits un œuf de Naga soit éclos et soit devenu pierre, fer ou rubis.

Voilà qui est écrasant, qui est absolument concluant. La femelle Naga et tous ses œufs doivent être rejetés. La raison et l'autorité exigent que nous acceptions un récit plus probant de l'origine du jeune Pyusawhti, ce prince qui, avec un arc magique, tua le Grand Sanglier, le Grand Oiseau, le Tigre Géant et le Monstrueux Écureuil Volant.

Imaginons un comité de Scaligers et de Bentleys réunis pour éditer des contes pour enfants. On confronte la chronique du *Petit Chaperon rouge* de Perrault avec celle de Grimm, les différences sont notées, la crédibilité des deux versions discutée. Et quand cette petite affaire a été suffisamment élucidée, une longue discussion s'engage, terriblement savante, sur les problèmes obscurs, complexes et ardus que soulève le *Chat botté*. Quelle langue parlait le Chat ? Était-il noir, couleur d'écaille, couleur de pain d'épice ou bien tigré ? Scaliger penche pour la langue latine et la couleur écaille. Bentley, dont les arguments ont plus de poids, préfère le noir et l'hébreu. Cela est une amusante fantaisie. Mais si nous passons du *Petit Chaperon rouge* et du *Chat botté* aux *Fables de l'Ancien Testament*, cette fantaisie devient une réalité. Et l'on s'aperçoit qu'en

Amérique il y a encore des gens capables de discuter le premier chapitre de la *Genèse*, les histoires de Noé et de Josué, avec toute la profonde gravité de pandits birmans argumentant sur le prince Soleil et les œufs de la femelle Naga.

La Malaisie

Penang

Penang a un certain air sicilien. C'est une sorte de Palerme, privée de l'architecture et des bois d'orangers, qui sont charmes méditerranéens, mais riche d'une opulence tropicale de huttes d'osier, d'enfants nus, de cocotiers et de jungle. En nous promenant sur la crête, nous nous sommes trouvés à un certain point au bord d'un ravin presque à pic sur la forêt. Nous étions dans un repli des collines — à l'abri de la brise marine. Il faisait prodigieusement chaud; et du fourré d'un vert dense au-dessous de nous, montait une épaisse vapeur presque irrespirable dont l'odeur était semblable à la première bouffée d'air chaud et sucré qui emplit vos narines et se condense en buée sur les verres de vos lunettes dès que vous ouvrez la porte de la grande serre des palmiers de Kew-Gardens. Cette fois, plus d'erreur possible : nous étions vraiment sous les tropiques.

Nous nous trouvions à Penang, le dernier jour des fêtes du jour de l'an chinois. Les temples étaient envahis par une foule composée essentiellement de femmes et de petites filles. Elles étaient richement vêtues, de façon exquise. Des épingles d'or et des fleurs étaient plantées dans leurs cheveux d'un noir de jais. Leurs boucles d'oreilles et leurs bracelets étaient de ce jade transparent qui atteint, chez les Célestes, un prix, à nos yeux, fantastique.

Et quelle beauté ! quel charme elles ont ! Leur visage était d'ivoire poli, leurs yeux, pour nous du moins, étrangement inexpressifs, éclairaient d'un noir brillant cette peau si pâle. Les charmantes et perverses créatures qui passent dans les tableaux de Marie Laurencin ont la même blancheur unie des joues et du front, le même regard d'oiseau, noir et brillant. Les longs cous fragiles des Chinoises, cela aussi est du Marie Laurencin, comme leurs mains exquises et fines. Mais les beautés de Marie Laurencin ont de longues jambes et une grâce de mouvements dont ces charmantes Célestes sont tristement dépourvues. Les mains des chinoises sont généralement très belles, et leurs gestes sont d'un raffinement merveilleux, d'une traditionnelle et artistique élégance. Mais la démarche des femmes chinoises est curieusement dépourvue de grâce. C'est un trottinement, charmant et touchant dans son absurdité, mais sans la moindre dignité. Leurs mains font des gestes classiques et de cour : leur démarche est vulgairement rococo. Elles sont, pour ainsi dire, de la première Renaissance de la tête à la taille, et bibelot Louis-Philippe au-dessous. Le port impérial des femmes indiennes semble tout à fait inconnu chez les Chinoises, mais c'est que les Indiennes, comme les paysannes italiennes qui se tiennent comme des reines, sont accoutumées à porter des fardeaux sur la tête. Pour autant que je sache, il n'en est pas ainsi des Chinoises. Rien n'embellit la démarche comme le balancement d'une jarre de six gallons sur le sommet du crâne. Il y a beaucoup d'Européennes qui, de même que les Chinoises, auraient tout à gagner à cet exercice quotidien. Il corrigerait aussi bien la mollesse et la lourdeur occidentale que le trottinement oriental.

Entre Penang et Singapour

Notre voyage de Penang à Singapour commença de nuit. Nous fûmes emportés dans l'obscurité à travers l'invisible forêt. Le bruit des insectes dans les arbres était pareil à un échappement de vapeur. Il perçait le grondement du train comme une aiguille percerait une motte de beurre. Je croyais l'homme prééminent au moins dans l'art de faire du bruit, mais un millier de cigales équatoriales couvriraient le bruit d'une aciérie et, avec quelques renforts, feraient concurrence à une mitrailleuse.

Le matin nous révèle la forêt, silencieuse maintenant dans la lumière. La voie ferrée était une sorte de tranchée ouverte jusqu'à la terre rouge dans les couches de végétation envahissante. De chaque côté du train, ses parois s'élevaient à cinquante mètres de hauteur. En les regardant, je me demandais où, dans cette végétation compacte, les insectes assourdissants trouvaient à se loger.

Il n'y a pas de touriste que ne hante le désir de « sortir des sentiers battus ». D'abord parce qu'il veut faire quelque chose que les autres n'ont jamais fait. Le besoin d'être unique, d'une façon ou d'une autre, augmente au fur et à mesure de la standardisation. Des agents de publicité américains, payés pour être psychologues, ont compris ce trait pathétique de la nature de leurs contemporains. Dans ce qu'on nomme, je ne sais pourquoi, les « meilleures revues » américaines, vous trouvez de pompeuses annonces d'autos, de pardessus, de radios, de papier à lettres, de chocolats, dont le mérite hors ligne est leur

« exclusivité ». Ce mot-là attire un million d'acheteurs qui chérissent comme un chef-d'œuvre leur trésor fait en série ; ils sont fiers — aussi longtemps du moins qu'ils ne rencontrent pas trop d'acheteurs du même produit — d'être les seuls à posséder quelque chose d'« exclusif ». Le touriste ressemble au lecteur d'annonces. Il veut, pour son argent, ce que personne n'a eu. Tout le monde a été à Rome, mais peu de gens sont allés à Nepi. Java est bien connue, mais qui a atterri à Ternate ou à Lombok ? C'est bien agréable de pouvoir, dans un salon, là-bas, en Occident, se lever et dire avec négligence : « Dernièrement, quand j'étais au centre de la Papouasie… »

Ce n'est pourtant pas uniquement le désir de faire quelque chose d'unique qui rend le touriste si anxieux de quitter « les sentiers battus ». Ce n'est pas le plaisir anticipé de se vanter de sa performance. Le romantique incorrigible qui est en chacun de nous, croit, avec une foi à toute épreuve, qu'il trouvera hors des sentiers battus quelque chose de bien plus remarquable ; il pense que ce qu'on ne voit qu'avec peine et difficulté est, pour cette raison même, ce qui mérite le plus d'être vu. Tout voyageur poursuit un fantôme qui, perpétuellement, lui échappe ; il espère sans cesse découvrir un nouveau mode de vie qui soit en quelque sorte fondamentalement différent de ceux qui lui sont familiers. Il s'imagine capable, dès qu'il la rencontrera, d'entrer magiquement en contact avec cette existence merveilleuse, de la comprendre et d'y participer. Dans les endroits que tout le monde connaît, sur les sentiers battus, il ne trouve jamais ce qu'il cherche. Sur les sentiers battus, quelle que soit la partie du monde où ils conduisent, les hommes et les femmes vivent toujours à peu près de la même façon et nul sésame ouvert ne donne accès à leur être caché. Mais peut-être hors des sentiers battus, dans les petits coins perdus où les hôtels sont exécrables, où l'on trouve des crapauds dans la salle de bains — peut-être dans les endroits où il n'y a pas d'hôtel du tout, mais seulement des refuges pleins de mille-pattes — peut-être dans les endroits où l'on doit dresser sa tente et emmener des porteurs chargés de provisions et de munitions pour une excursion de quelques semaines — peut-être là où il n'y a que jungle et sangsues, serpents, précipices et vampires, et parfois un Pygmée avec un chalumeau et des flèches empoisonnées… Peut-être… Mais au milieu des crocodiles et des cannibales, le secret vous échappe encore. La vie, là aussi, reste fondamentalement la même. Les hommes et les femmes sont aussi difficiles à connaître. Et même un peu plus, somme toute, car notre connaissance des Pygmées est rudimentaire, et le petit peuple est craintif.

C'est par ces méditations que j'apaisai le désir de sortir des sentiers battus que le spectacle de la jungle avait évoqué en moi. Être dévoré par des sangsues pour courir à la poursuite de quelque chose d'aussi désespérément inaccessible que le bout de l'arc-en-ciel, cela en valait-il la peine ? Évidemment non. Et je remerciai le ciel et l'Empire britannique pour le chemin de fer FMS. Mais je continuai à souhaiter voir l'autre côté de cette cloison de verdure. Je continuai à croire, en dépit de mes propres reniements, qu'il y avait de l'autre côté quelque chose de miraculeux et d'extraordinaire. En attendant, le train filait vers Singapour. Un garçon du wagon-restaurant vint avertir que le déjeuner était servi.

Un peu plus tard mes désirs furent calmés, pour l'instant tout au moins, par la disparition de ce qui les avait provoqués. La jungle brusquement s'évanouit et fit place à d'interminables plantations de caoutchouc. Même parvenue à maturité, une plantation de caoutchouc a l'air misérable. Quand elle commence à pousser, elle fait mal à voir ! De petits arbres affreusement décharnés, plantés par files régulières, bordaient la voie ferrée sur des kilomètres, pendant presque tout le reste de la journée. Nous roulâmes littéralement à travers des centaines de kilomètres de Dunlop potentiels, de balles de golf latentes, de futures bouillottes. Je ne possède pas d'actions dans les caoutchoucs, et je suis grand consommateur de pneus et de semelles de crêpe. Bien qu'admirant l'énergie de ceux qui l'ont vaincue, je regrettais la jungle. Ici ou là le train coupait une étendue de terrain, autrefois jungle mais pas encore plantation. La forêt avait été brûlée. Un grand espace désolé s'étendait devant nous. Les fûts morts des arbres étaient encore debout, les troncs calcinés gisaient le long du sol — cadavres et squelettes de la forêt. On les arrachera bientôt, on les enlèvera — et on plantera les graines brésiliennes. En 1932 ou aux environs, un nouveau million de galoches et de poires malthusiennes pourront être répandues sur le monde reconnaissant.

Singapour

Quand les forêts sont abattues, domestiquées et devenues parcs et jardins, ce pays tropical semble être, sous son ciel perpétuellement nuageux, une région tempérée de l'Europe. De nos fenêtres nous avions vue sur des pelouses en pente, ornées çà et là de grands arbres ombreux qu'on aurait pu prendre pour des ormes et des chênes. Les nuages voguaient indolemment au-dessus de nos têtes. Une brume légère pointillait les lointains délicatement vagues. Nous pouvions nous imaginer un parc dans une vallée de la Tamise, mais une vallée de la Tamise, à y regarder de plus près, en plein délire, rêvant de palmes et d'orchidées, où l'air était aussi chaud que le sang. Nous venions d'entrer brusquement dans une Angleterre équatoriale.

Batavia-Java

Près de la porte de Penang, un vieux canon d'airain est à demi enfoui dans la boue. Il n'a pas d'histoire, il n'a rien d'ornemental. Jamais pièce d'artillerie plus ordinaire ne provint d'un arsenal du dix-huitième siècle. Le monde est plein de vieux canons comme celui-là. En bonne règle, il y a beau temps qu'il devrait être soit fondu, soit planté la gueule en bas pour servir de poteau indicateur, ou bien monté sur une petite brouette de bois et abandonné aux intempéries à la porte d'un musée. La destinée en décida autrement. Au lieu d'avoir à subir les outrages généralement réservés à ses congénères, ce vieux lance-boulets fut transformé en dieu ! Il repose là, dans la boue, enguirlandé de gardénias, d'orchidées et d'une pleine serre de fleurs en papier. Tout autour de lui, des lanternes de papier à longues cannes, et, devant sa gueule, l'encens ne cesse de brûler. Sous les arbres, deux ou trois colporteurs se sont installés pour la journée, comme les marchands de livres de messe, de saints et de cierges en plâtre, à l'ombre d'une cathédrale. Les adorateurs du Canon-Dieu sont nombreux : ils font un bruyant commerce d'offrandes et de souvenirs. Grand est le Canon des Bataviens.

Les Javanais étaient jadis hindous comme le sont encore leurs voisins de Bali. Mais maintenant, comme les autres peuples de la Malaisie, de Sumatra et de la péninsule, ils sont mahométans. De nom, du moins, car leur monothéisme n'est guère autre chose qu'un vernis recouvrant des cultes bien plus anciens, et beaucoup plus appropriés à la vie tropicale. Le pur monothéisme est sans doute la dernière des religions qui viendrait à l'esprit des hommes habitant près de l'équateur. Dans une jungle tropicale, seul un aveugle sourd-muet pourrait être monothéiste ! Les forêts sont effroyables : elles fourmillent d'innombrables petits mystères ; des choses indistinctes surgissent dans la pénombre ; des sons inexplicables brisent le silence. Quiconque a des yeux et des oreilles ne peut manquer, dans une jungle, de se mettre à croire aux esprits, aux spectres et aux démons. Les Malais peuvent se dire musulmans, mais de cœur et de tempérament ce sont encore des animistes.

Mais ce ne sont pas qu'aux esprits seulement qu'ils font leurs dévotions. Dieu seul est Dieu, et Mahomet est son prophète. C'est entendu. Seulement, un canon est cylindrique et, bien avant de devenir musulmans, les Javanais étaient des adorateurs du principe reproducteur de la nature. Un phallisme immémorial s'est cristallisé autour du vieux canon, faisant du gros tube d'airain une puissante divinité, qu'on se rend propice à l'aide de fleurs et de petites lanternes et dont on obtient les faveurs à force d'encens. Les hommes s'approchent et, debout devant le symbole sacré, implorent silencieusement assistance. Les femmes, qui souhaitent la maternité, s'assoient sur le dieu prostré, se frottent contre ses flancs vert-de-gris, et prient pour avoir des enfants. Parfois même, dit-on, à la nuit tombée, on aperçoit des femmes blanches, de vraies dames, qui descendent de leurs autos à la porte de Penang et courent sur l'herbe jusqu'à l'endroit où repose le dieu. Elles laissent tomber quelques gardénias et une supplique, elles touchent la gueule inerte du dieu... Puis elles se sauvent vite dans le crépuscule, tremblant d'être reconnues, d'être surprises en flagrant délit d'adoration devant l'autel d'un dieu qu'ont adoré mille générations avant même que l'on ait songé à Adam, et auprès duquel les dieux de Zoroastre et des Védas, de Moïse, du Christ et de Mahomet, sont de simples parvenus !

Batavia

« En matière de commerce », a-t-on dit,

« En matière de commerce l'erreur des Hollandais
Est de donner trop peu et de trop demander. »

Mais, ou bien les choses ont changé depuis que ces lignes furent écrites, ou bien les Hollandais ne considèrent pas que vendre de la nourriture soit un commerce. En Hollande, il y a des restaurants où, pour un prix remarquablement modéré, on peut manger non seulement bien plus, mais bien mieux que n'importe où au monde. Le déjeuner à cinq shillings du Restaurant royal de La Haye est à la fois gargantuesque et délicieux. Les hors-d'œuvre seuls suffisent à rassasier un étranger pas encore habitué à l'ordinaire hollandais. Quand arrive le sixième ou septième service, il repousse sa fourchette et se retire, laissant les athlètes olympiques de la mâchoire et de l'estomac maîtres incontestés du terrain. Les propriétaires du Royal réservent aux plus aventureux de ces héros — ou héroïnes — un repas à dix shillings. Quand vient le dessert, il est sans doute l'heure de s'habiller pour le dîner.

Mes expériences gastronomiques en Hollande me faisaient escompter dans sa colonie de Java une non moins fabuleuse profusion. Mais je fus déçu, ou peut-être rassuré, en constatant que les hôtels ne préparaient pas leurs repas pour des géants, mais simplement pour des hommes et des femmes d'une capacité à peu près double de l'ordinaire. Le seul trait vraiment rabelaisien du régime javanais est la Table de Riz. Il faut voir la Table de Riz et y manger pour y croire. Sans la collaboration du gosier, la foi seule ne saurait en venir à bout. Je ne m'attends nullement à ce que les gens qui n'ont jamais goûté à la Table de Riz croient à mes dires. Quand Marco Polo revint de la cour du Grand Khan, bourré d'histoires véridiques et de statistiques exactes, ses compatriotes le surnommèrent ironiquement « Marco Milione ». Pour l'amour de la vérité, concernant la Table de Riz, je suis prêt à être, avec le vieux Marc Million, traité de menteur. Voici donc la stricte mais incroyable vérité.

C'est l'heure du déjeuner. Vous entrez dans la salle à manger de l'hôtel. Un garçon, un petit vieux jaune, qui ressemble plutôt à un aimable orang-outang qu'à un homme, rasé, un foulard d'indienne serré autour de la tête, vous conduit à votre place et s'informe de ce que vous désirez manger. Vous repoussez le menu du banal déjeuner à l'européenne. « *Ane Rice Tafel for mich* », dites-vous, transposant allemand et bas écossais en ce que vous croyez, bien à tort, être la langue de la Hollande. L'aimable petit homme-singe file en souriant ; on le dirait content que ses clients choisissent la Table de Riz. Vous attendez. Peu après, l'ordre transmis à l'office par le petit homme-singe produit son effet. Un garçon se dresse à côté de vous portant un énorme chaudron de riz. Vous en remplissez votre assiette. Il s'en va. Un autre prend immédiatement sa place, et vous offre de la soupe de poissons. Vous arrosez votre riz. L'homme peut disposer. Un plat de côtelettes succède à la soupière. En levant les yeux, vous remarquez que le porteur de côtelettes est à la tête d'une longue procession de garçons javanais qui forment une file droite et serrée, à travers toute la salle, de votre table à la porte de la cuisine. Chaque fois que vous vous êtes servi, la procession avance d'un pas et l'on vous présente un nouveau plat. Je me suis donné la peine, une fois, de compter le nombre de plats qui m'avaient été offerts. Il y en avait eu vingt-six. Mais ce jour-là, les garçons avaient été particulièrement surmenés et je ne pense pas que j'aie eu tous les plats auxquels j'avais droit. Il y avait, après les côtelettes, deux autres sortes de viande, deux sortes de volaille, des espèces de saucisses, du poisson frais, du poisson sec, des bananes grillées, plusieurs espèces de légumes, simples et assaisonnés de cari, deux variétés de salade, des noix frites, de nombreux pickles, de la confiture, un drôle de pain sans levain et diverses choses encore dont je ne puis en ce moment me souvenir. Vous mélangez consciencieusement tous ces ingrédients au riz dans votre assiette — une auge serait un récipient bien plus approprié —, vous enfoncez fermement votre serviette sous votre menton et, penché en avant, vous enfournez dans votre œsophage des pelletées de l'énorme tas de nourriture fumante.

Mais la Table de Riz est vraiment le seul trait particulier du régime hollandais des Indes orientales. Sur la table du petit déjeuner, vous pouvez trouver des mets de choix aussi déplacés que du fromage d'Edam, du pain d'épice et du saucisson de foie gras. Mais vous n'y trouverez ni le porridge, ni les viandes bouillies, ni les œufs, le poisson, les toasts, les scones et les confitures du petit déjeuner anglo-saxon. Le thé de l'après-midi est strictement du thé : on boit mais on ne mange pas. Le dîner est parfaitement normal et le souper de minuit inconnu. Dans l'Empire britannique, les hôtels ignorent évidemment la Table de Riz, mais la quantité globale de nourriture qu'ils servent dans le courant de la journée et que consomment leurs clients, est indiscutablement supérieure à celle qui forme la base quotidienne de la Très Grande Hollande. À l'exception peut-être des Américains, les Anglais sont, j'en ai peur, les plus gros mangeurs du monde. En Italie, on nous appelle «*il popolo dei cinque pasti*» — le peuple aux cinq repas.

Les Français et les Italiens mangent normalement un peu plus de la moitié de ce que consomment les Anglais aisés. Les Arabes et les Indiens environ le tiers ou le quart. Quand on constate que l'efficience mentale et corporelle peut être obtenue et conservée avec ces petites quantités-là, on en conclut que la moitié au moins de ce que nous mangeons est affaire, non de faim ou de besoin, mais de pure gourmandise, de goinfrerie non refrénée.

La gourmandise est un des sept péchés capitaux, mais pour une raison quelconque — peut-être parce qu'il est aujourd'hui si courant dans la meilleure société — c'est un péché rarement dénoncé. La lascivité est universellement déplorée; la colère, avec son cortège de violences l'est aussi par une majorité, du moins dans les pays occidentaux et démocratiques. Mais la gourmandise, le péché mignon de notre époque — car jamais dans l'histoire du monde on n'a vu autant d'hommes et de femmes manger aussi immodérément — la gourmandise passe presque inaperçue. Par contre, au Moyen Âge, quand les vivres étaient rares et que trop manger était singulier et remarquable, la gourmandise été carrément dénoncée. La paix, la prospérité, la colonisation de pays nouveaux, l'invention des glacières, la facilité des transports, toute l'agriculture moderne, ont fait abonder les vivres — du moins en Occident. La gourmandise, étant universelle, est rarement remarquée, et toute la fureur des moralistes se tourne contre d'autres péchés, spécialement contre la luxure.

Or la gravité d'un péché s'évalue à l'aide de différents critères que nous faisons intervenir quand nous portons notre jugement, soit séparément, soit en bloc. Il y a en premier lieu le degré de tort que le péché peut faire à la société où vit le pécheur. Par exemple le péché de colère, quand il entraîne des crimes, est nuisible à la société où vit l'homme coléreux — il est donc grave. L'avarice est particulièrement détestée parce qu'elle mène au larcin, et à des actes malhonnêtes dont souffrent les voisins de l'avare. Ainsi de suite. La méthode est aisément applicable à chaque péché.

Mais le péché n'est pas exclusivement une question sociale ; on peut aussi évaluer sa gravité d'après le tort mental ou physique (et un mal physique est toujours un mal moral aussi !) qu'il fait au pécheur lui-même. Le premier des devoirs d'un individu est, par définition, je pense, de tirer tout le meilleur parti possible des dons qu'il possède, de développer ses facultés latentes, et de se maintenir au plus haut degré d'efficience. Son premier devoir, en un mot, est d'être lui-même. La majorité des êtres humains vivent dans des conditions qui les empêchent d'être eux-mêmes. Un taudis est, pour ainsi dire, un péché originel, commun à tous ses habitants et dont ils ne sont pas individuellement responsables. Mais il y a une importante minorité d'hommes et de femmes qui ne sauraient invoquer cette sorte de péché originel pour s'excuser de n'avoir pas été pleinement eux-mêmes. Ils sont personnellement responsables, car enterrer des talents, paralyser le développement de ses propres capacités, compromettre la pleine activité de son esprit et de son corps, cela est péché. C'est plutôt pour cette raison qu'à cause du mal que cela peut faire à d'autres, que les différentes formes de paresse, de concupiscence, d'intempérance et d'orgueil complaisant sont des péchés.

Les circonstances historiques peuvent modifier, à certaines époques, la gravité des péchés. C'est ainsi que dans une société guerrière dont l'existence même dépend du courage et de la férocité des individus qui la composent, le péché de colère n'est pas un péché grave ; et les crimes qui peuvent s'ensuivre n'encourent point de blâme sévère. Nos ancêtres saxons étaient capables de tuer un homme pour quelques shillings : le châtiment correspondait au crime et, pour l'époque, il était proportionnel au péché. Plus tard, dans l'histoire de l'Europe occidentale, il fut un temps où le péché de luxure devint bien plus grave qu'il ne l'avait encore été. Avant l'introduction des maladies vénériennes, une luxure modérée pouvait nuire à la société, mais pas gravement. Elle ne faisait en tout cas pas grand mal, physiquement ou moralement, au luxurieux. Physiquement ignorant de la maladie, un Grec modérément lascif était presque innocent du péché. Les chrétiens, d'abord tout aussi ignorants de la maladie, revêtirent artificiellement l'instinct d'une aura de culpabilité personnelle et sociale. Mais quand, plus tard, les croisés revinrent d'Orient avec leurs déplorables souvenirs de voyage, le plaisir devint bien réellement un crime. Une simple défaillance devint alors suffisante pour défigurer hideusement un homme et lui apporter la folie, la paralysie ou la mort, et il ne souffrait pas seul : il tuait sa femme aussi bien que lui-même et condamnait ses enfants à la cécité, à la surdité ou la difformité. Le mercure et l'arsenic ont fait beaucoup pour atténuer la culpabilité personnelle d'une luxure modérée. Sa culpabilité sociale est en train de succomber devant le divorce et les préservatifs, et diminue avec le déclin graduel de l'intolérance chrétienne. Les progrès de la médecine et du bon sens finiront peut-être par nous rendre aussi innocents que les anciens Grecs.

C'est, ainsi que je l'ai déjà indiqué, une combinaison de circonstances historiques — une combinaison de prospérité industrielle, de colonisation et d'impérialisme, d'agriculture scientifique et de moyens de transport — qui a rendu possible notre gloutonnerie moderne. Elle échappe au blâme, dans les pays de langue anglaise en tout cas, parce qu'elle est universelle dans des milieux respectés, parce que ses effets fâcheux sur la société ne sont pas aussi rapidement manifestes que ceux de l'avarice ou de la colère, et parce qu'elle ne prélève pas sur l'individu un impôt immédiat, comme font un libertinage excessif ou un usage immodéré des drogues. Mais bien qu'ils ne se manifestent pas dès l'abord, les effets de la gourmandise n'en sont pas moins déplorables. Une proportion considérable de l'énergie mentale ou physique (car c'est la même) dont on dispose est épuisée par le cours d'une digestion interminable et inutile. Une constipation plus ou moins chronique vient diminuer la vitalité en envoyant dans le sang un courant de poison putréfiant. Le corps est gonflé de venin, l'esprit est assombri par la mélancolie et la malveillance qui sont les fruits spirituels de la constipation. Le glouton souffre et, par suite, fait souffrir ceux qui l'entourent. Et après quarante ou cinquante années de gourmandise, le cancer apparaît et la victime de la gloutonnerie doit dire un long et cruel adieu au théâtre de son vice. C'est la syphilis qui, du libertinage, même modéré et occasionnel, a fait un péché. Le cancer qui laisse indemne le sauvage et le sobre Oriental, mais assaille avec une violence toujours croissante l'Occidental trop nourri, est le dernier gage payé, le cadeau d'adieu d'une vie de gourmandise.

Bon nombre de nos valeurs dites « spirituelles » et transcendantales pourraient et, peut-être, devraient être réévaluées en termes d'hygiène. Si, comme axiome de départ, le premier devoir de l'homme est de tirer le meilleur parti de ses aptitudes, d'être aussi complètement lui-même que possible, nous pouvons réinterpréter une grande partie de la morale et de la religion et y voir des règles sanitaires destinées à procurer et à maintenir l'efficience spirituelle. Il est évident que certains péchés atteignent l'homme dans sa santé et, par suite, le rendent incapable de faire ou d'être tout ce qu'il pourrait. Il devient un fardeau pour lui-même et une gêne pour ses proches. Il est inutile d'insister sur ce point. Mais le vice compromet d'autres modes de saine existence en dehors de l'existence physique. Le péché est visité par des châtiments plus subtils que la constipation, les maladies vénériennes et leurs désagréables conséquences sur le plan spirituel. Il y a, par exemple, des potentialités humaines qui ne peuvent s'accomplir en actes que si l'esprit est calme. Pour ceux qui vivent dans l'agitation, certaines formes de bonheur serein et durable, de développement intellectuel et créateur sont impossibles. Or, c'est précisément l'abandon excessif à ces inclinations naturelles nommées « péchés » qui tend à maintenir l'esprit en état d'agitation. Il empêche l'homme de concrétiser ce qu'il porte en lui de plus précieux peut-être, les potentialités de pensée et de bonheur. Paresse, avarice, débauche, colère, sont hygiéniquement malsaines ; elles assombrissent l'esprit et le troublent, l'irriguent de boue en l'agitant. Une activité raisonnable, digne d'estime, la maîtrise de soi, une chasteté sans excès sous peine d'être nuisible, une humilité libre des craintes, des désirs et des espoirs vulgaires qui remplissent la vie des présomptueux — tout cela est hygiéniquement fondé, puisque l'homme qui les pratique est capable de réaliser des potentialités qui demeureraient forcément latentes et à jamais stériles si le vice maintenait son esprit en état d'agitation perpétuelle.

Le mysticisme, qui cultive de façon systématique

le calme mental, la poursuite d'un bonheur serein, voulu et conscient, peut être, en toute satisfaction, pris comme règle de santé. Les mystiques attribuent leur bonheur et leur puissance créatrice à leur union avec Dieu. L'hypothèse est pour le moins inutile. Des athées et des épileptiques ont reçu des inspirations qu'on n'a jamais attribuées au Saint-Esprit. Tout état de transe, du « sentiment d'une présence » à la perte totale de conscience, peut être artificiellement provoqué au laboratoire. L'amateur de drogues, l'épileptique, le mathématicien ou l'artiste brusquement « inspiré », le psychologue expérimental, ne diffèrent du mystique religieux que par leur attitude envers les expériences mystiques qui leur sont communes. Le mystique religieux cultive ses expériences qu'il croit divines et s'en sert pour se procurer bonheur et sérénité. Les autres les acceptent simplement comme de curieuses sensations, comme le vertige ou le hoquet, et n'essaient pas d'utiliser leurs expériences dans la vie courante. En quoi ils ont tort.

Nous ne nous trompons guère, il me semble, en supposant que les mystiques religieux ne s'unissent pas vraiment à cet être impossible, un Dieu à la fois tout-puissant et personnel, fini et infini. Mais cela n'ôte rien à la valeur du mysticisme comme voie vers la santé parfaite. Personne ne s'imagine entrer en communication directe avec la divinité quand il fait sa gymnastique suédoise ou se lave les dents. Si nous prenons l'habitude du Muller et du Pepsodent, c'est parce qu'ils nous tiennent en forme. Nous devrions, pour cette même raison, prendre l'habitude du mysticisme aussi bien que de la vertu. Une vie raisonnable et vertueuse, la pratique de l'art de la méditation et de la mémoire nous permettraient de déterrer tous nos talents cachés et d'atteindre, en dépit des circonstances, un bonheur serein, inclusif ;

nous parviendrions, en un mot, à être complètement et parfaitement nous-mêmes.

L'hygiène est sans aucun doute une excellente chose. Mais je commence à me demander, en relisant ces lignes, pourquoi j'ai jugé nécessaire d'insister sur l'exclusion totale de Dieu dans mes propos sur l'hygiène. Affaire de tempérament, en partie, je suppose. Mais surtout, comme toujours, affaire de préjugés irraisonnés, fruits d'habitudes mentales acquises dans mon enfance. Les hommes qui ont reçu une certaine sorte d'éducation peuvent voir la divinité partout, du moins sa possibilité. Ceux dont la formation a été différente passent leur vie entière à stériliser, à boucher hermétiquement leur univers pour empêcher le moindre germe de divinité d'y pénétrer et de s'y développer dangereusement. Il leur faut un cosmos bactériologiquement pur. Pas de vie ; de l'hygiène, mais de Dieu, à aucun prix. À le regarder objectivement, ce préjugé ne me paraît pas mériter plus de respect que son contraire. Au fond, il est probablement beaucoup moins respectable.

Le fait que les hommes ont eu sur Dieu des idées absurdes et évidemment fausses ne justifie pas notre effort pour éliminer Dieu de l'univers. Les hommes ont eu des idées absurdes et fausses sur presque tous les sujets imaginables. Ils ont cru, par exemple, que la terre était plate et que le soleil tournait autour d'elle. Nous n'en concluons pas que l'astronomie n'existe pas.

Croire que Dieu est une personne, et qu'un véritable contact personnel entre lui et un être humain peut être établi, n'est probablement pas fondé. Étant nous-mêmes des personnes, nous sommes tentés de voir toutes choses en termes de personnalité. L'homme inculte et d'intelligence moyenne tend, tout naturellement, et comme une chose qui va de soi, à interpréter un orage en termes de sentiments humains. La science fournit une interprétation différente et plus satisfaisante. Tous nos contemporains occidentaux, hommes et femmes, ont reçu, en héritage, des habitudes d'esprit scientifique et connaissent au moins les rudiments des sciences physiques : on leur a appris à penser à la nature en termes de loi impersonnelle, et non en termes de passion anthropomorphique. Le plus stupide des Européens ou des Américains ne s'imagine plus aujourd'hui qu'un orage est une manifestation de la colère divine. Mais chez les peuples élevés autrement, seuls les penseurs de génie arrivent à concevoir la tempête comme un accident purement impersonnel. Il n'y a pas de science de la religion bien établie. L'éducation n'offre presque aucun avantage à l'Occidental stupide, en matière de religion, sur ses frères sauvages de l'Orient. Son instinct naturel le porte à considérer Dieu comme une personne. On ne lui a pas appris à modifier cette opinion première et spontanée comme on l'a fait pour sa façon première et instinctive d'interpréter l'orage. On rencontre parfois, parmi les peuplades primitives, des hommes de génie qui savent par intuition la vérité sur les orages. Dès qu'il s'agit de Dieu, nous sommes tous plus ou moins des primitifs : seuls les plus grands génies religieux ont une certaine connaissance — encore est-elle de nature personnelle, intuitive, difficilement communicable — de la vérité sur Dieu. Il est significatif que Bouddha, que l'on ressent comme le plus puissant, intellectuellement, de tous les grands chefs religieux, ait complètement rejeté et dépassé l'idée d'un dieu personnel. Il se peut que d'ici deux mille cinq cents ans, la majorité des humains parvienne à la position prise par Gautama il y a deux mille cinq cents ans. Nous aimons nous déclarer « modernes » ; en fait nous sommes, en grande majorité, des primitifs plus barbares que les anciens.

Les serviteurs indiens ne sont guère autre chose que des meubles ambulants. Ils sont effacés et ne demeurent en votre présence qu'une espèce d'utilité abstraite et dépersonnalisée — ou d'inutilité, selon les cas. Mais en Birmanie et dans toute la Malaisie où les serviteurs sont des Chinois ou des Malais, vous vous apercevez que la machine qui fait votre lit, traîne votre pousse-pousse, ou vous sert à table, est un être humain et n'éprouve nul désir de supprimer ce fait. Son œil est critique et les expressions de son visage commentent vos paroles et vos actes. Quand vous marchez dans les rues vous avez l'inconfortable sensation de passer en jugement et d'être condamné à la dérision perpétuelle. Aux Indes, une Européenne ne s'aperçoit généralement pas que la machine qui la sert est un homme ; l'objet est assurément asexué. Le Birman, le Chinois, le Malais ne connaissent pas les castes. Ils se considèrent les égaux de tout individu, homme ou femme, et ne donnent pas dans cette confortable assurance d'asexualité. Découvrir de l'humanité — et de la plus « humaine », de la trop humaine espèce — là où vous avez pris l'habitude de ne voir qu'un outil pratique, est quelque peu déconcertant.

À Weltevreden, le Gambier Park est un endroit consacré aux plaisirs des indigènes. À la porte d'entrée, on paie suivant sa nationalité : les Javanais, cinq cents, les Orientaux étrangers (Chinois ou Arabes) quinze cents et les Européens un demi-gulden. Nous reconnûmes l'équité du tarif car dans un pays tropical, les indigènes sont toujours les plus pauvres. Endossant le fardeau de l'homme blanc, à raison de cinquante cents chacun, nous entrâmes. L'obscurité épaisse, presque palpable, d'une nuit aggravée de nuages tropicaux était tempérée par quelques rares lampes électriques et par les lanternes troubles des vendeurs d'eau minérale. Des flaques d'eau reflétaient leur lumière : il avait plu. La nuit avait un air et une odeur de serre chaude. Il semblait étrange de marcher à ciel ouvert. Il devait certainement y avoir un toit de verre au-dessus de nos têtes, des parois de verre autour de nous. Où donc se cachaient les conduites d'eau chaude ?

Le bruit des tambours et des xylophones de bambou qui faisaient une incohérente et interminable musique de robinet mal fermé, nous attira vers la pelouse. Là, brillamment éclairés, une vingtaine de jeunes couples javanais dansaient gravement. Personne ne parlait. Ils évoluaient sans mot dire. Cela me rappelait les allées et venues silencieuses d'un aquarium, les sourdes extases des pieuvres embrassées, les batailles sous-marines féroces mais non perceptibles. C'est un peuple étrangement silencieux que ces Javanais. Peut-être quelque Triton venu des profondeurs muettes où règne le corail, a-t-il été le premier colon de l'île ? Nous avons regardé un certain temps les Tritons muets dans leurs jupes ou leurs pantalons de batik, les silencieuses, mais je le crains, plutôt peu respectables néréides. Puis, comme on se lasse vite des poissons rouges, nous nous mîmes à la recherche de distractions plus entraînantes.

Mais le silence restait le mot d'ordre. Cinquante mètres plus loin, il y avait un cinéma en plein air. Une foule aussi muette que les poissons, tout comme les jeunes danseurs, se tenait debout ou accroupie devant un écran lumineux où allaient et venaient dans un silence épileptique les hommes-poissons d'un drame cinématographique. Et de quel drame ! Nous arrivâmes juste à temps pour voir un homme, en tenue de soirée impeccable, comme disent les romancières, briser une porte à coups de hache, tirer sur plusieurs autres individus, puis embrasser malgré elle une dame éplorée, également en robe de bal ; pendant ce temps surgissait un autre homme ; il ne cessait d'aller et venir d'un endroit à l'autre, tantôt dans des voitures culbutant dans des précipices, tantôt dans des trains que des misérables parvenaient à envoyer tête baissée dans des rivières — inutilement, du reste, car le jeune homme pressé sautait toujours à temps des voitures fatales et trouvait tout aussitôt un autre moyen de locomotion encore plus rapide. Nous n'avons pas assisté à la conclusion ; mais il était archi-évident que l'homme pressé allait trouver quelque aéroplane qui irait docilement s'écraser sur le toit de la maison où la dame éplorée était en train d'être embrassée malgré elle. Il bondirait alors dans la maison, et arriverait juste à temps pour empêcher la perpétration d'un viol longuement différé. (Notons en passant qu'un viol au cinéma traîne toujours providentiellement en longueur ; le criminel en prend si bien à son aise que les héros ont invariablement le temps d'arriver à toute allure de Salt Lake City à New York avant que la vertueuse résistance de l'héroïne puisse être vaincue.) Le chenapan recevrait alors une balle de revolver et le jeune héros et la dame éplorée s'étreindraient longuement avec délices par-dessus son cadavre.

Les violentes imbécillités de l'aventure vacillaient en silence sur fond de nuit équatoriale. Silencieusement, les Javanais regardaient. À quoi pensaient-ils ? Quels commentaires intimes leur inspirait cette exhibition de civilisation occidentale ? Je me le demandais. En Afrique du Nord, aux Indes, je m'étais déjà posé la question. Il y a là plusieurs races, des peaux de bien des nuances : il y a là les colonies de nombreuses nations blanches, les protectorats, les territoires sous mandats, il y a là des pays dits libres, qui accordent des « concessions », en somme une grande variété d'institutions politiques et de peuples assujettis. Mais il n'y a qu'un seul Hollywood ! Arabes et Mélanésiens, Africains et Indiens, Malais et Chinois, tous voient les mêmes films. Le drame policier joué à Tunis est celui qu'on joue à Madras. Peut-être, au cours de la même soirée, en Corée, à Sumatra, au Soudan contemple-t-on les sept mêmes émouvantes pellicules d'amour maternel et d'adultère. Les mêmes millionnaires malhonnêtes commettent les mêmes escroqueries pour l'amusement d'un auditoire birman à Mandalay, d'un auditoire maori en Nouvelle-Zélande. Partout sur le globe, les producteurs d'Hollywood sont les missionnaires et les agents de propagande de la civilisation blanche. Ce n'est que par les films que le membre d'une race assujettie, auquel on n'a rien appris, et qui n'a pas voyagé, fait connaissance avec la civilisation supérieure qui l'a conquis et le gouverne.

Et qu'en apprend-il ? Quelle est-elle, cette civilisation fameuse des hommes blancs que révèle Hollywood ? On se sent presque honteux devant de telles questions. Le monde introduit par le cinéma est un monde de sottise et de criminalité. Quand ses habitants ne sont pas en train de voler, d'assassiner, de filouter ou de tâcher de perpétrer un viol (trop lentement nous l'avons vu, pour pouvoir aller souvent jusqu'au bout) ils pleurnichent sur des bébés ou sur de chères vieilles maisons ; ils sont fantastiquement et stupidement respectables, d'une manière calculée pour apporter le maximum d'embêtements au plus grand nombre de gens ; ils se promènent dans des halls de marbre, ou parcourent éperdument et sans but la surface du globe dans des véhicules prodigieusement rapides. Quand ils gagnent de l'argent, c'est toujours de la façon la moins honorable, la plus improductive et la plus nuisible à la société : par la spéculation. Leur politique est exclusivement une question d'intrigues personnelles — généralement amoureuses. Leur science consiste en recettes mystérieuses pour faire de l'argent, recettes qui sont invariablement dérobées par des canailles non moins soucieuses de gain que le savant héros lui-même. Leur religion est faite de devises de mirlitons, de pasteurs à cheveux blancs, de mères indulgentes, de pères lecteurs de Bible, puritains et durs, et de jeunes filles qui, après avoir mal tourné (Dieu merci les viols réussissent quelquefois) et été trahies, se prosternent devant des crucifix avec leur bébé illégitime dans les bras. Quant à leur art, c'est un ramassis de jeunes gens en salopettes et lavallières, en train de peindre dans une soupente des portraits de femmes dignes de figurer sur la couverture d'un journal illustré. Et leur littérature est le verbiage ampoulé des sous-titres.

Voilà le monde de l'homme blanc tel que les films le révèle, monde de fourbes et de faibles d'esprit, d'anormaux et de filous. Un monde grossier, arriéré, enfantin. Un monde sans finesse, sans les moindres besoins intellectuels, qui ignore l'art, les lettres, la philosophie, la science. Un monde où abondent moteurs, téléphones et revolvers automatiques, mais où il n'y a pas la moindre trace d'une idée moderne. Un monde dans lequel les hommes et les femmes ont des instincts, des désirs et des émotions, mais pas de pensées. Bref, un monde où l'on a laissé de côté tout ce qui fait la force de l'Occident moderne, sa supériorité politique et, j'aime patriotiquement à le croire, sa supériorité spirituelle sur l'Orient ; tout ce qui en fait un hémisphère où l'on est fier d'être né et heureux de retourner. Aux races sujettes de l'Est et du Sud, Hollywood nous présente comme un peuple de criminels et de pauvres d'esprit. La totale ignorance du monde où vivaient leurs maîtres, que conservèrent les sujets des hommes blancs jusqu'à l'invention du cinéma, était assurément préférable. Il leur était alors possible de croire que la civilisation des Blancs était quelque chose de grand et de merveilleux — quelque chose de plus grand et de plus extraordinaire même peut-être que ce qu'elle est effectivement. Hollywood a changé tout cela. Dans le monde jaune, marron ou noir, il a répandu des tableaux grotesquement mutilés de notre civilisation. Il a publié un journal de nos faits et gestes, mais lourdement censuré. Il en a exclu les articles de politique et de science, les livres, les essais, les rapports des sociétés savantes ; et là où devraient être les reproductions des œuvres d'art, il y a un blanc. Il n'a accepté que les faits divers, le feuilleton, les comptes rendus des procès de divorce. Les hommes blancs se plaignent que l'attitude des races de couleur ne soit plus aussi respectueuse qu'autrefois. Comment s'en étonner ?

Ce qui m'étonne, moi, c'est ce respect qui persiste encore. Là, au milieu de cette foule silencieuse d'éventails javanais, je m'étonnai, quand le spectacle fut au comble de sa stupidité, que tous, d'un commun accord, ne se tournent pas vers nous pour se moquer et nous huer, avec une colère pleine de mépris et de désir de meurtre. Je m'étonnai qu'ils ne parcourent pas la ville en criant tous en chœur : « Pourquoi serions-nous plus longtemps gouvernés par ces imbéciles ? » et en tuant tous les hommes blancs sur leur passage. L'écœurante idiotie qui vacillait là, dans les ténèbres, suffisait à justifier n'importe quel éclat. Par bonheur pour nous, l'Oriental est patient et endurant. Il est prudent aussi ; car il sait, comme le dit Hilaire Belloc, que :

Quoi qu'il arrive, nous possédons
Le fusil Maxim, tandis qu'eux non,

« nous », c'est-à-dire les Blancs.

Les fusils Maxim peuvent empêcher les actes, ils ne sauraient arrêter la pensée. Les gens de couleur pensent beaucoup moins de bien de nous qu'autrefois, bien qu'ils soient trop prudents pour agir selon leurs sentiments. Le cinéma n'est évidemment pas seul responsable de cet état de choses. Le progrès de l'instruction chez les indigènes, le spectacle peu édifiant de la Grande Guerre, tout ce qui fut dit sur le droit des peuples à disposer d'eux-mêmes, et sur le caractère sacré des nationalités, les promesses de libération qui ne furent jamais tenues, tout cela y a fort contribué peut-être plus que tout. Mais la part d'Hollywood dans l'affaiblissement du prestige de l'homme blanc est loin d'être négligeable. Un peuple dont les tares mentales et morales sont étalées par ses propres agents de propagande, ne saurait s'attendre à ce qu'on le vénère ! L'Europe entière et l'Amérique mériteraient d'être mises sous le protectorat des Basutos, des Papous et des Pygmées Andamans si les films représentaient la vie telle qu'elle est. Par bonheur c'est pure fiction. Nous qui venons de l'Occident, nous le savons bien. Mais le pauvre Indien sans instruction l'ignore. L'Indien regarde les films, croit que les choses en Occident sont vraiment ainsi, et il ne voit pas pourquoi il devrait être gouverné par des criminels imbéciles. Dégoûtés de ce spectacle idiot, nous nous glissions à travers la foule quand l'étrange silence d'aquarium des Javanais fut coupé d'un petit rire railleur et nonchalant. Rien de plus. Juste un petit rire ; un mot ou deux de commentaires ironiques en malais, et puis, de nouveau, un silence de carpe. Encore quelques années de propagande d'Hollywood, et nous ne sortirons peut-être plus tout à fait aussi facilement d'une foule orientale.

Garoet

En cette saison de l'année — qu'il me faut, puisque nous sommes en mars, appeler le printemps bien qu'à Java celui-ci ne soit jamais qu'un plein été plus ou moins pluvieux — en cette saison, la station montagneuse de Garoet ressemble au paradis, de l'aube au déjeuner, et à l'Écosse tout l'après-midi. Chaque matin, au réveil, le ciel est d'un bleu pâle, la chaîne dentée des volcans, en face de votre fenêtre, toute rose d'aurore, la vallée et les premiers plans d'un vert miraculeux. Au cours de la matinée, les nuages se forment. Des blanches montagnes de vapeur, aux contours plus fantastiques encore que les rochers de Java, s'édifient derrière les volcans, s'élèvent de plus en plus haut dans le ciel, détachant de leurs cimes des îlots blancs qui s'en vont flotter dans la voûte céleste. Puis, après un merveilleux spectacle d'ombre et de lumière, lent et silencieux mélange d'illuminations ineffables et d'extinctions solennelles, le ciel tout entier se couvre de vapeurs, blanches et ensoleillées d'abord, puis brusquement grises jusqu'à ce que le paysage, au-dessous, demeure triste et sans vie. Ponctuellement, vers quatorze heures, les premières gouttes commencent à tomber et c'est un déluge ininterrompu jusque tard dans la nuit. La vallée, les volcans, les palmiers et les bambous tout proches disparaissent derrière des rideaux de pluie grise. Il fait presque froid. De votre véranda, vous pourriez pratiquement vous imaginer quelque part dans la lande de Rannoch.

Mais qu'importe Rannoch l'après-midi si, toute la matinée, c'est dans l'Éden que vous vous promenez ? Éden en vérité, car tout ce pays d'une impossible beauté n'est qu'un vaste jardin — mais un jardin sur lequel, hélas ! est tombée lourdement la malédiction du travail. Au paradis, les touristes s'émerveillent mais les jardiniers travaillent constamment. Les Blancs, les cousins des touristes, se chargent d'y veiller.

À Garoet, tous les matins, nous nous sommes promenés parmi ces parterres paradisiaques. Chaque pente était disposée en terrasse et plantée de riz. Toutes les terrasses en cette saison étaient inondées. Étages sur étages, des gradins détrempés s'élevaient du fond de la vallée aux flancs de la colline. Ils épousaient ses contours amoureusement et soulignaient avec art l'avance et le retrait des pentes ondulées. Certaines terrasses, maintenues par de petits murs d'argile brillaient comme des miroirs. Parfois le riz perçait déjà, et la surface de l'eau reflétait d'innombrables pousses d'émeraude. De petits torrents jaillissaient des conduites de bambou, éclaboussant tout sur leur passage.

Mais tous les champs n'étaient pas sous l'eau. Certains contenaient des plantations de canne à sucre, dans d'autres on venait juste de couper le maïs. Nous longions les petits sentiers sinueux du jardin montagneux. D'énormes papillons, aux ailes brunes tachées de pourpre éclatante, des papillons d'un bleu métallique, des papillons orange, à queue d'hirondelle ou encore somptueusement lugubres, comme découpés dans du velours noir, passaient et repassaient rapidement dans un fort battement d'ailes comme un vol d'oiseaux. Dans les haies, des fleurs d'hibiscus pendaient la gueule ouverte et leurs longs pistils se balançaient comme des langues de velours rouge. Un buisson étoilé de petites corolles multicolores fleurissait en bordure de chaque sentier. Mais les Javanais étaient plus rutilants encore que les papillons et les fleurs. Ils déambulaient avec ostentation dans leurs batiks aux dessins fantastiques, ou travaillaient aux champs. La campagne en fourmillait. Tous les cinq ou six cents mètres, nous rencontrions un village — une centaine de petites maisons de bambou, de chaume et de nattes, perchées sur de longues échasses au-dessus de leurs viviers artificiels (car presque chaque maison de Java a son étang fangeux) et grouillantes de cuivre vivant. Dans leurs cages suspendues à l'extrémité de longues cannes de bambou, des oiseaux apprivoisés gazouillaient. Et dans des cages plus grandes, à quelques pieds seulement au-dessus du sol, nous pouvions voir à travers des barreaux de rotin, non plus des oiseaux, mais — à notre surprise — de grandes brebis couleur de pie, à raison d'une prisonnière par cage.

Jamais je n'ai vu de pays où la population est plus dense qu'à Java. À une cinquantaine de kilomètres de Londres, on peut marcher une demi-heure sans rencontrer âme qui vive et sans voir une maison. À Java on ne peut un seul instant perdre de vue l'homme et ses travaux. Les champs sont remplis de laboureurs actifs ; les villages ne sont jamais à plus de dix minutes l'un de l'autre. Authentiquement paradisiaque, le paysage est fort loin de ressembler à des « ombrages solitaires » ; comparé à Java, le Surrey est dépeuplé. Et, pour une fois, les statistiques confirment l'impression reçue. Guère moins de quarante millions d'individus vivent sur l'île — la population de l'Italie dans un pays montagneux qui a la moitié de sa superficie.

Les après-midi pluvieux, quand j'avais le loisir de cesser d'admirer béatement la fabuleuse et incroyable beauté du paysage, j'étais obsédé par l'idée de cette énorme population. Je me rappelais ces vers de Byron — si Byron est bien réellement l'auteur de *Don Leon*, ce poème « curieux » dans tous les sens du terme —, ces vers classiques où toute la théorie de la surpopulation est brièvement et brutalement résumée :

Viens, Malthus, et dans une prose cicéronienne
Montre comment augmente une population lascive
Jusqu'à ce que le produit du sol soit épuisé
Et que la Marmaille expire faute d'aliments.

Quand la marmaille commencera-t-elle à expirer à Java, je ne saurais le dire. Déjà, dans ce qui est peut-être le pays le plus fertile du monde, on commence à importer des vivres. Mais cela ne veut pas dire grand-chose. Les méthodes de l'agriculture peuvent être améliorées, de nouveaux terrains défrichés. Dans l'avenir, qui sait, Java pourra peut-être nourrir quatre-vingts ou cent millions d'hommes au lieu de quarante seulement.

Ce qui m'intéresse dans ce problème général, c'est le cas particulier d'un enfant doué qui naîtrait dans les plus basses couches d'une population surabondante. Quelles chances a-t-il de vivre d'abord, de se développer et de faire valoir ses dons ensuite ? La marmaille *tout court** est l'étoffe dont est fait notre monde. Elle peut mourir. Mais à moins que cela n'arrive dans de telles proportions que l'édifice de la société soit tout entier menacé, le monde n'en sera guère changé. Des gosses bien doués, d'autre part, ont en eux de quoi changer le monde d'une façon ou d'une autre. Supprimer leurs dons, par la mort ou toute autre fâcheuse circonstance, c'est priver le monde de son principe vital de développement et de renouvellement.

Le sort d'un être humain né dans les bas-fonds d'une population, qu'elle soit excessive ou restreinte, n'est guère enviable la plupart du temps. La société organisée pèse sur lui de toutes ses couches amoncelées ; il est enterré vivant sous un tombeau vivant dont l'intérêt est de l'ensevelir. L'Occident, où le niveau de la vie courante est relativement élevé, où l'état est riche et où l'humanitarisme est un principe de gouvernement, offre quelques possibilités à un gamin particulièrement doué. L'éducation d'État constitue en quelque sorte le levier et la poulie qui peuvent soulever la pierre du sépulcre. Un enfant très doué — pourvu que ses dons soient appropriés aux examens — peut de bonne heure se frayer un chemin dans la vie et sortir de la fosse où il est né.

Mais en Orient l'éducation obligatoire n'existe pas. L'État n'est pas basé sur des principes d'humanité, et, le fût-il, serait trop pauvre pour donner aux gamins intelligents la machinerie coûteuse qui soulève la pierre tombale... Les pauvres gosses, du reste, n'ont probablement même pas conscience du moindre désir de sortir de leur tombe. Les bandelettes de l'antique tradition les enveloppent comme un suaire; ils ne peuvent pas bouger et n'ont pas envie de se débattre. Considérez d'ailleurs le poids de la pierre tombale. En Chine, aux Indes, c'est une vraie pyramide qui repose sur eux. En admettant qu'il survive à son enfance — et dans une ville orientale, trois cents à neuf cents enfants sur mille meurent avant la fin de leur première année — comment le petit malheureux, si doué qu'il soit, pourrait-il espérer soulever à lui seul cette pyramide? Des chœurs de Miltons silencieux, d'entiers régiments d'innocents Cromwells sont en train de pourrir tranquillement dans les tombeaux vivants de la Chine et des castes inférieures des Indes.

Java, comme tous les autres pays de la Malaisie, n'a pas eu de civilisation propre et sa tradition barbare, si différente des splendides histoires de la Chine et des Indes ne nous autorise pas à la croire fertile en hommes de valeur. Pourtant qui sait quel génie peut se trouver par hasard enseveli sous les épaisses couches de sa population? La pyramide qui repose sur la tombe du talent ne compte guère moins de quarante millions de pierres. Si j'étais un patriote javanais, je ferais subrepticement enlever de la porte de Penang le fameux canon trop efficace de Batavia, et je le précipiterais dans la mer.

Buitenzorg

Dans notre Nord, en hiver, il y a des jours immobiles ; pas un souffle de vent, pas un rayon de soleil, et, du matin au soir, une lumière uniforme sous un ciel grisâtre ; il y a des jours où la campagne dépouillée semble s'enflammer, ou sur le point de s'enflammer avec l'intensité d'une couleur réprimée. C'est comme si une lumière brune, couleur de terre, s'efforçait de percer chaque motte de labour ; l'herbe hivernale boude le vert émeraude ; l'œil le plus attentif prend les haies et les arbres sans feuilles, presque noirs à première vue, pour de simples lanternes opaques dont la lumière étrange, forte, vacillante, rouge bordeaux, brille presque en vain.

Dans les jardins botaniques de Buitenzorg je me surprends à me souvenir — malgré la verdure écrasante, les palmiers et les fleurs fantastiques — d'un paysage hivernal en Angleterre. Car l'énergie de cette lumière sombre, que j'ai essayé de décrire et qui est si caractéristique de nos paysages en décembre, se retrouvait dans ces jardins tropicaux. Sous le ciel d'une blancheur cadavérique, les couleurs tellement plus fortes potentiellement que celles de nos paysages plus raréfiés, brillaient d'un éclat sombre, voilé et pourtant violent, comme offensées d'être supprimées. Nous marchions avec enchantement, horrifiés presque, sous les arbres énormes, au feuillage lourd et comme gonflé d'un excès de vie colorée, sombre et morbide. Quand le soleil apparut enfin, avec quelle exultation effrénée, sauvage, immodérée, les jardins répondirent à son salut! Les feuilles fermes et brillantes reflétaient sa lumière comme du métal poli. De chaque arbre pendaient, selon la forme, la taille et l'âge de la feuille, une multitude de sequins étincelants, de faux et de cimeterres, de dagues et de petits lingots, une centaine de variétés d'éclat de soleil incolore et éblouissant. Lorsque les feuilles n'étaient pas atteintes par le soleil, leur couleur, rayée par la lumière traversant les nuages, étincelait de toute son intensité : le violent bleu-vert émeraude du feuillage équatorial.

Pour un certain type d'esprit ingénieux, l'unique fonction de l'art décoratif appliqué est de faire ressembler un objet à un autre objet totalement différent. L'étui à aiguilles en forme de harpe de Wordsworth est classique. La même ingéniosité perverse a engendré et continue d'engendrer quantité de monstres aussi absurdes.

J'ai personnellement un faible pour ces absurdités. J'aime le faux marbre en stuc, le lavabo en forme de harpe, les boîtes de biscuits qu'on prendrait pour les œuvres complètes de Shakespeare entourées d'un ruban brodé. Ma tendresse pour ce genre de choses m'a préparé à ressentir une admiration toute particulière pour la flore de l'équateur. Car le charme spécial et particulier de la botanique tropicale vous conduit à vous demander s'il ne s'agit pas, en fait, de zoologie, d'arts et métiers ou de religion primitive. Il y a, en Malaisie, certains lis dont les pétales sont réduits en tentacules crispés de sorte qu'ils se balancent sur leurs tiges comme des araignées parfumées. Il y a des palmiers dont les fruits sont des porcs-épics végétaux. Le dessert, à Java, est un composé d'oursins écarlates et de pommes de terre au four ; ouvrez les premiers, ils contiennent un œuf de pluvier durci et dépouillé de sa coque ; quant aux pommes de terre, elles apparaissent garnies d'une crème pourpre, parfumée au sherry, à la térébenthine et au chocolat. À Singapour on trouve des orchidées qui pourraient être des pigeons et d'autres dont vous vous écartez instinctivement comme si c'était des têtes de serpent. Les jardins de l'équateur abondent en arbustes qui fleurissent d'ex-voto dédiés à la Grande Mère, et qui ont pour fruits des œufs de Pâques coloriés, des lingams ou des swastikas. Il y a des arbres dont les troncs sont arc-boutés d'une façon si fantastique qu'on croirait voir des spécimens d'architecture d'un gothique décadent, des banians disposés comme les piliers d'une nef de basilique ; des *fici-elastiæ* qui traînent les cordes et les haltères d'une chambre des tortures. Il y a des feuilles vernissées de rouge et des feuilles d'une pourpre brillante qu'on dirait faites de drap américain ou de cuir breveté. Il y a des feuilles découpées dans du buvard rose : des feuilles chinées comme la couverture d'un cahier d'écolier ; des feuilles dont le vert est strié de blanc ou de rose, comme des esquisses si élégantes, si hardies, si foncièrement « modernes », que ce sont manifestement des échantillons envoyés de Paris par des magasins d'ameublement dernier cri.

En mer

En mer je succombe à mon péché mignon : je lis. Tant et si bien que les îles frangées de sable et couronnées de palmes, les immenses nuages marmoréens qui semblent à jamais suspendus sur la ligne de démarcation entre le chaos et la forme achevée — vrai délire de sculpteur —, les couchants de feux de Bengale et d'émeraudes, de primevères et de glace à la vanille, de sang et de noir de fumée, les aurores où une mer d'encre réfléchissant à sa surface bleu-noir les roses de l'Orient devient couleur de vin, les étoiles dans un ciel de suie, les éclairs nocturnes d'orages lointains au-dessous de l'horizon, la phosphorescence verte de l'eau — tous ces incidents charmants d'un voyage dans les mers tropicales glissent devant moi lentement, presque inaperçus. Je suis absorbé par la bibliothèque du bord.

Les bibliothèques de bord doivent, je suppose, être achetées au mètre ou au kilo ! Des quintaux de littérature, des mètres de romans remplissent les rayons. La clé du maître d'hôtel libère de leur cage vitrée des livres qu'à terre on ne voit jamais, qu'on n'imagine même pas : des histoires de cow-boys et de suaves héroïnes américaines, toujours dans le Grand Plein Air, des romans plus sérieux et plus touchants sur des héros incompris, qui ont les apparences contre eux, et sont soupçonnés, oh ! tout à fait injustement, de cohabiter avec de pures jeunes filles, et qui sont d'une vertu trop fière pour s'expliquer, jusqu'au moment où ils se trouvent, eux, les héroïnes et tous les gens intéressés, dans une situation parfaitement insoutenable ; des romans sociologiques sur la Jeune Fille Moderne, les Pauvres, Londres la nuit, et Une honnête journée de travail pour un honnête salaire ; d'innombrables histoires impossibles, qui finissent, au lieu de commencer, par de longs et lents baisers et des préparatifs pour la noce. Quels voyages extraordinaires ! En naviguant sous les tropiques, je les lus à raison de trois volumes par jour, et découvris que c'était un véritable cours d'éducation libérale.

Il arrive parfois, chose étonnante, qu'on rencontre un vrai livre, enseveli comme une gemme dans la boue spirituelle de la bibliothèque du bord. Un vrai livre. La découverte vous donne un coup. On éprouve le même sentiment que le gros Cortez ou Robinson

Crusoé devant des traces de pas humains, ou que le docteur Paley quand il rencontra dans le désert son demi-chasseur symbolique. Qu'est-ce que cela ? Comment est-ce venu jusqu'ici ? Est-ce accidentellement ? Intentionnellement ? Dans certains cas les questions admettent des réponses spécieusement satisfaisantes, pour les œuvres de George Eliot par exemple, si communes dans les mers orientales — et que l'hypothèse d'une nouvelle publication, à trop fort tirage et restée en stock, suffit à expliquer.

Peut-être le prix modique de la collection « Everyman » est-il aussi responsable de plus d'une édition de l'*Histoire* de Macaulay. Et l'on ne s'étonne pas outre mesure en voyant Anatole France sur les bateaux de la Rotterdam Lloyd ; les Hollandais sont polyglottes et croient en la culture. Prodigieusement même, ainsi que je l'avais découvert au cours d'une de mes pérégrinations antérieures. J'avais rencontré au Kashmir une jeune et charmante Hollandaise qui revenait d'un voyage d'exploration de six mois dans le Turkestan chinois. Nous avions été présentés, nous nous étions mis à causer et elle m'avait parlé intelligemment de mon dernier roman, dans un anglais impeccable. J'avais été extrêmement flatté, mais anéanti. Si jamais je vais dans le Turkestan chinois, j'ai grand-peur d'en revenir aussi profondément ignorant du roman hollandais contemporain qu'avant de me mettre en route. Toutefois, si la présence de *Thaïs* chez les Hollandais était explicable, celle du livre d'Edmund Gosse, *Diversions of a Man of Letters* dans la bibliothèque d'un petit vaisseau australien, était presque effarante. Et comment diable le *Howard's End* de E.M. Forster avait-il pu se glisser dans la navigation côtière de Birmanie et de Malaisie ? Comment Mark Rutherford devint-il un des passagers entre Sandakan et Zamboanga ? Et pourquoi, oh ! pourquoi, Mgr Berkeley arrivait-il de

Singapour avec son homonyme, presque éponyme, du *Rosary* [1] ? Le premier ahurissement passé, je bénis la présence de ces volumes, et quand j'avais besoin d'une petite récréation dans mes études sur le roman populaire, c'est à eux que je demandais repos et détente.

Un des vrais livres que je dénichai dans une bibliothèque de bord, fut *Ma vie et mon œuvre*, d'Henry Ford. Je ne l'avais jamais lu ; aussitôt commencé il me fascina. Il est assez facile dans un livre d'appliquer un bon sens destructif à l'actuelle constitution de l'organisme social, puis, en faisant appel au bon sens constructif, de composer avec les débris épars un tout satisfaisant. Sans système préconçu et dans une faible mesure, c'est une chose que j'ai faite moi-même. Je sais combien cela est aisé. Mais quand Ford s'est mis à appliquer le bon sens aux méthodes alors en usage dans l'industrie et les affaires, ce n'est pas dans un livre qu'il l'a fait, mais dans la vie. Ce n'est qu'après avoir démoli et reconstruit dans la réalité qu'il se décida à exposer dans un livre la théorie de son énorme succès.

C'est quelque part entre les tropiques et l'équateur que je lus son livre. Dans ces parages, et à qui vient à peine de sortir des Indes et de la « spiritualité » indienne, de la saleté et de la religion indienne, Ford semble plus grand que Bouddha. En Europe, en revanche, et sans doute plus encore en Amérique, la Voie de Gautama a toutes les apparences de la Voie du Salut. On est tout à fait favorable à la religion jusqu'au jour où l'on visite un pays véritablement religieux. Ce jour-là, toute la sympathie va aux égouts, aux machines et au minimum de salaire. Voyager c'est découvrir que tout le monde a tort. Les philosophies, les civilisations qui, de loin, vous

1. Roman de Florence Barclay.

semblent bien supérieures à la vôtre, vues de près, sont toutes, à leur façon, aussi désespérément imparfaites. Apprendre cela — et cela ne s'apprend qu'en voyageant — mérite, il me semble, toute la peine, toute l'absence de bien-être, et tous les frais d'un tour du monde.

Miri, Sarawak

Il était sur le point de pleuvoir quand nous levâmes l'ancre à Miri. Le ciel gris était suspendu à quelques mètres à peine au-dessus de nos mâts ; en dessous, la mer était d'huile grise et, entre le plafond de vapeurs mouvantes et le sol lentement soulevé, l'air était aussi irrespirable que la buée d'un bain fumant. Derrière la houle, à un demi-mille environ, s'étendait la côte. Les forêts d'un vert sombre arrivaient jusqu'à la mer, et dans de petites clairières conquises sur les arbres, nous apercevions quelques douzaines de bungalows européens, une trentaine de tours Eiffel en miniature, marquant la place des puits de pétrole auxquels Miri doit son existence, et quelques réservoirs de pétrole de forme cylindrique, qui ressemblaient à autant de blanches tours de guet, échelonnées le long de la côte. En mer, en face de ces clochers blancs, un bateau à vapeur avait jeté l'ancre. Il embarquait un chargement de pétrole. Une canalisation sous-marine amène la richesse de Miri dans de gros réservoirs qui l'emportent vers le monde extérieur — vers le monde réel. Derrière le sombre promontoire, immédiatement sur la droite, nous pouvions voir, lointaine et brillamment ensoleillée, une ligne de montagnes aux crêtes fantastiquement déchiquetées.

Ciel gris, mer grise, forêts, nappes de pétrole dans

la forêt, maisonnettes perdues parmi les arbres éternellement enchevêtrés, et, par-derrière, là-bas dans la brume chaude, les cimes abruptes de Bornéo. C'était lugubre et menaçant, abyssal et irréel, le paysage d'un rêve — d'un mauvais rêve. Et la pluie se mit à tomber ; quelques gouttes chaudes, d'abord, puis une averse ; les montagnes devinrent leurs propres fantômes, reculèrent de plus en plus et s'évanouirent. L'averse fut vite un déluge, et le rivage voisin, les puits de pétrole et les bungalows de poupées, et même la forêt vert sombre disparurent. Murés par l'eau qui tombait, nous nous trouvions au centre d'un petit univers dont les limites extrêmes n'étaient pas à deux cents mètres de distance. C'était un monde animé, car, en dépit de la pluie, notre vapeur continuait à décharger sa cargaison dans les allèges qui l'attendaient. Une grande partie de cette cargaison consistait en cochonnaille, sous une forme potentielle et encore vivante, destinée à l'alimentation des coolies chinois qui travaillaient dans les champs de pétrole. Les cochons étaient séparément et étroitement emballés dans des paniers de rotin en forme de saucisses, forme sous laquelle leurs occupants allaient bientôt être changés. Ces saucisses d'osier avec leur contenu de charcuterie vivante, visible entre les barreaux, étaient par paquets de dix, balancées par la grue et lâchées sur l'allège. Là, trois ou quatre coolies déliaient le ballot et, par étages superposés, entassaient tous les paniers sur le ponton mouvant. Le chargement fini, il devait bien y avoir là six ou sept couches de cochons empilés. On n'entendait guère de cris sortir de ces paniers et les cochons s'y débattaient à peine, car lorsque vient le jour du déchargement, les Chinois ont soin de mettre une dose d'opium dans le déjeuner des cochons. Ce n'est que lorsque la grue les laissait choir avec une violence particulière que les animaux drogués s'agitaient, ou poussaient un grognement. En général, ils restaient tout à fait tranquilles, sommeillaient et faisaient peut-être de beaux rêves au cours de l'opération qui les lançait en l'air, les laissait tomber et les précipitait ou les roulait à leur place sur, entre, ou sous leurs compagnons.

Le spectacle était curieux et, bien que non spécialement agréable, certainement moins lamentable que celui qu'offre d'ordinaire le maniement des animaux par les hommes. Les cochons étaient secoués dans tous les sens, sans doute ; mais plongés comme autant de Quinceys dans l'extase de l'opium, ils n'en avaient pas conscience. Ils étaient étroitement empilés — bien plus serrés en vérité que s'ils avaient été libres et à même de se débattre — mais, allongés dans leurs saucisses de rotin, ils n'étaient ni écrasés ni étouffés. Dans un espace où vingt cochons non emprisonnés eussent à peine tenu et où les hurlantes victimes se fussent trouvées aussi mal à l'aise que possible, il y en avait une centaine convenablement empilés. À l'aide d'opium et de paniers, les Chinois ont résolu un problème d'humanitarisme aussi bien que d'économie.

Labuan

Il y avait eu maille à partir entre les passagers du pont et l'équipage. Nous, les Olympiens du salon, nous n'en avions été avertis que par de vagues et lointaines rumeurs. Le fait était cependant si vrai que lorsque nous fîmes escale à Labuan, le capitaine jugea nécessaire de régler deux de ses matelots malais — les deux principaux coupables — et de les congédier. Ceux-ci prirent leur paye, et l'un d'eux s'en alla tranquillement. L'autre refusa de partir.

Nous le vîmes à une phase ultérieure de l'affaire.

C'était un jeune homme au visage pareil à celui d'une statue de bronze, au corps classique, et vêtu avec la plus grande élégance malaise. Un superbe spécimen d'humanité. Mais il refusa purement et simplement de quitter le bateau.

Le capitaine envoya chercher la police des docks. Deux agents, fort élégants dans leur uniforme kaki, vinrent à bord ; ils regardèrent le jeune homme qui, accroupi dans un coin sombre, ruminait amèrement ses griefs : puis, après l'avoir bien regardé, ils s'écartèrent. Un peu plus tard, quatre autres agents les rejoignirent. Alors, se tenant à distance respectueuse, les six représentants de la loi et de l'ordre supplièrent gentiment le jeune homme de les suivre sans protester. Rien ne lui serait fait, assuraient-ils ; tout ce qu'on lui demandait, c'était de quitter le navire. Il avait droit au retour gratuit à Singapour. L'homme ne répondait rien ; il se bornait à gronder comme un tigre. Découragés, les agents vinrent déclarer au capitaine qu'ils allaient chercher le Résident en personne, l'affaire étant trop sérieuse pour qu'ils s'en chargent tout seuls. Ils filèrent tous ensemble. Toujours accroupi dans son coin, le jeune homme continuait à mastiquer sa chique d'âpre et enivrante rancune.

Nous commencions, nous autres, qui ne connaissions pas la Malaisie, à nous impatienter — car ce garçon entêté retardait notre départ — et à nous étonner qu'on ne prît pas à son endroit des mesures décisives. Et nous ne parvenions pas à comprendre l'appréhension visible des passagers du pont et de l'équipage, l'expression inquiète des officiers du bord. Dans nos pays, les hommes estiment la vie, la leur sinon celles de leurs semblables. Les criminels les plus endurcis se rendent d'ordinaire tranquillement quand ils se trouvent acculés. Tuer, et tôt ou tard être tués ou pendus, leur serait facile. Mais le respect et le désir de la vie les tiennent trop fortement ; plutôt que de résister par la violence, ils préfèrent s'avouer vaincus et se résigner aux conséquences pénibles de la défaite. Un Malais, au contraire, se met aisément dans un état d'esprit où la vie, la sienne comprise, lui semble sans valeur, où le plaisir le plus aigu, le devoir le plus impérieux consiste à tuer et à être tué. Notre jeune rebelle accroupi dans son coin et remâchant sa colère, se préparait activement à faire l'*amok* à la première provocation de ses ennemis. Les six agents, les passagers du pont, l'équipage, les officiers, tous savaient cela. Les officiers avaient même de bonnes raisons pour le savoir particulièrement bien ; il n'y avait pas longtemps que, sur un bateau appartenant à la même compagnie que la nôtre, un matelot malais avait fait l'*amok*, à propos d'une chose absurde et sans importance, et il avait tué sur sa route une bonne douzaine de personnes, dont le capitaine du paquebot. Il paraît que ce vieux capitaine était un brave gentleman à la barbe blanche comme neige et aux principes chrétiens. On l'avait appelé quand les choses s'étaient gâtées et il avait trouvé le Malais un couteau au poing et couvert de sang. Au lieu de prendre son revolver le capitaine usa de persuasion. Il sermonna le Malais, le conjura d'être raisonnable et de laisser son couteau tranquille. Le Malais riposta en le lui enfonçant dans le ventre. Tant qu'on ne l'eut pas tué, le pont du bateau ressembla au dernier acte d'une tragédie de l'âge élisabéthain.

Nous ne connaissions pas encore cette histoire. L'ignorance est une bénédiction. Et nous regardions notre Malais comme quelqu'un dont la plaisanterie dure un peu trop, tout en nous demandant pourquoi tout le monde le prenait si ridiculement au sérieux.

Enfin le Résident arriva. Il avait mobilisé la force : pas moins de neuf agents. C'était le moment critique :

l'anxiété générale était à son comble. Ce jeune démon serait-il expulsé du navire sans qu'il y eût de sang répandu ? Les poches du veston du capitaine, remplies d'armes à feu, pendaient lourdement ; les pantalons du Résident faisaient des bosses autour des hanches. Montrer prématurément les armes eût infailliblement fait éclater la rage folle du Malais. Les sortir trop tard n'aurait pas été moins fatal. Et faire feu dans un navire petit et plein de gens était en soi un danger. La situation, pour qui la comprenait et avait la responsabilité de ses suites, était désagréablement irritante. Nous qui ne savions rien, nous nous amusions. Et, par bonheur, notre attitude se trouva être juste l'attitude qu'il fallait : le drame finit en farce, sans effusion de sang.

Quand les neuf agents se penchèrent pour le saisir, le Malais leur fila entre les mains et, escaladant l'échelle d'un bond, il sauta sur le pont-promenade. Il avait probablement dans l'idée que s'il devait faire l'*amok*, mieux vaudrait tuer des passagers chrétiens de première classe que des musulmans de troisième classe et des adorateurs du diable. Mais il n'avait pas tout à fait réussi à s'échauffer jusqu'à la température de l'*amok*. Arrivé sur le pont supérieur, ayant les forces de la loi et de l'ordre sur les talons, il lança un regard tout autour de lui, mais ne fit rien. Le capitaine et le Résident échangèrent quelques mots. Il restait là, obstiné ; il continuait à secouer la tête. Sans doute attendait-il l'inspiration divine qui allait le précipiter sur les infidèles qu'il tailladerait et poignarderait, en extase. Mais l'esprit du meurtre saint était lent à descendre. Le Résident vit que c'était le bon moment ; il fit signe à ses hommes, et simultanément les neuf agents bondirent sur le Malais. Celui-ci fit un geste pour saisir son poignard dans sa ceinture, mais l'esprit du meurtre était venu trop tard. Les neuf hommes le tenaient solidement. Un instant plus tard, il avait les menottes aux poignets.

L'expression d'angoisse disparut de tous les visages. On alluma des cigarettes, les gens se mirent à sourire, à rire, à bavarder. Et même le captif aux mains enchaînées recouvra brusquement sa bonne humeur. Le jeune sauvage féroce qui avait été sur le point de tuer et de se faire tuer fut transformé en un joyeux garçon dès qu'il ne lui fut plus possible de faire l'*amok*. Il parlait aux agents, il riait ; et ceux-ci, tant était profond leur soulagement, riaient avec lui, lui tapaient sur l'épaule, l'aimaient. On l'emmena presque comme un héros, par la passerelle. Au milieu de son escorte, suivi par tous les enfants et les badauds de la ville, il descendit la route, vers le poste de police — et fut, ce jour-là, l'homme le plus important de Labuan.

Cet incident fut pour nous presque divertissant. Il l'eût été singulièrement moins si on nous avait raconté auparavant l'histoire du bon vieux capitaine, poignardé avec une douzaine d'autres personnes sur son propre bateau, à cinq milles de Singapour.

Citoyen d'un pays paisible où, chaque année, quarante millions d'habitants commettent moins de meurtres qu'on n'en commet dans la seule ville de Chicago, je fus brusquement et vivement frappé par le caractère artificiel et précaire de tout ce qui, dans notre civilisation, nous semble le plus solide, le plus fondamental, de tout ce que nous considérons comme acquis. Il suffit qu'un seul individu se refuse à jouer le jeu de l'existence selon les règles établies, pour que les joueurs consciencieux soient plongés dans l'épouvante et l'affolement. Il y a une loi qui interdit la violence, qui défend de se faire justice à soi-même. Cette loi, la plupart de nous l'observent — si bien qu'un très grand nombre de gens traversent l'existence en considérant le bon ordre et la non-violence comme entrant dans les desseins de la nature. Lorsque surgit dans leur orbite quelqu'un qui joue le jeu comme au bon vieux temps, à la bonne franquette — autrement dit sans règle aucune —, ils sont consternés, ne savent plus que faire et se sentent perdus.

La guerre a certainement contribué à modifier l'attitude des hommes envers les règles ; mais beaucoup moins qu'on aurait pu s'y attendre. Les hommes sont allés au front, non pas, ainsi que nos généraux aiment à le déclarer dans leurs discours aux écoliers, parce que « l'homme est un animal combatif », mais parce qu'ils étaient d'honnêtes citoyens. C'était le devoir du soldat de frapper et de tuer les ennemis de sa patrie ; il le faisait pour obéir à un ordre et sans que son caractère habituel de paisible citoyen en fût autrement altéré. Si l'on songe que pendant quatre ans la moitié des hommes d'Europe passèrent leur temps à essayer de s'entre-tuer, on ne peut que s'étonner qu'après la guerre le nombre des violences et des crimes n'ait pas augmenté dans des proportions bien plus considérables encore. Cela prouve combien l'habitude de jouer selon la règle est chez nous profondément enracinée. En Amérique, la plus grande partie de la population n'est séparée que par deux générations à peine de l'époque médiévale des pionniers, l'habitude de jouer selon des règles définies n'a donc pas eu le temps de s'enraciner aussi profondément que dans les pays où la violence du Moyen Âge, sans frein ni répression légale, remonte à plus de cinq cents ans. Le lynchage, le Ku Klux Klan, les grèves meurtrières sont des institutions américaines, la conséquence de l'histoire de l'Amérique. En Angleterre où les hommes renoncèrent il y a deux ou trois cents ans au droit de se faire justice à eux-mêmes, de telles choses seraient à peu près inconcevables. Le crime lui-même est moins sanguinaire de notre côté de l'océan, et le grand banditisme, qui a rempli les villes américaines de voitures blindées et de revolvers à répétition, nous est totalement inconnu. Notre histoire nous a favorisés. À quel point elle nous a favorisés, c'est ce que cet incident ridicule mais potentiellement tragique de Labuan m'a fait comprendre à fond.

Autant que je sache, on ne trouve pas de beaux tableaux de paysages tropicaux. Il y a, à cela, deux bonnes raisons, dont la première est qu'aucun grand peintre n'a jamais travaillé sous les tropiques. Sans doute, les temples de Ceylan, les ghats de Bénarès, le port de Penang, les palmiers et les volcans fantastiques de Java sont annuellement reproduits sur cinquante mille aquarelles. Mais ce sont des aquarelles d'amateurs. Nous les avons tous vues. C'est avec cela qu'on fabrique les oléographies. Si leurs auteurs ne tiraient pas de joie de cette occupation innocente, la loi devrait les interdire. Les tropiques et l'Orient sont abandonnés aux amateurs. En effet, tous les touristes qui les visitent emportent une boîte de peintures. Mais combien de professionnels sérieux et compétents ne se sont jamais joints aux touristes ? Il est vraiment difficile de dire qui d'entre eux a jamais passé l'équateur. Les professionnels de valeur sont généralement pauvres, et peut-être leur pauvreté est-elle responsable en partie de leur ignorance des tropiques. Cependant la pauvreté n'est pas une barrière infranchissable quand un artiste est déterminé. Je crois que les peintres n'affrontent pas les tropiques parce qu'ils les savent impossibles à rendre. Cette impossibilité intrinsèque est bien la raison pour laquelle il n'existe aucun bon tableau de paysage tropical.

Il est significatif que le paysage qu'un amateur enthousiaste déclare éminemment pittoresque, riche, et fait pour être peint — selon l'expression favorite des vieilles filles à aquarelles — soit le paysage que les professionnels sérieux évitent avec le plus grand soin. Turner est un des rares paysagistes qui ait jamais choisi des sujets « pittoresques ». Les autres ont toujours préféré méditer devant un décor plus simple et moins théâtral. L'Italie offre de prodigieuses beautés ; mais les Anglais, obstinément, continuent à peindre dans les calmes et familières campagnes de leurs îles natales ; les Français ne se sont jamais aventurés au-delà des arides collines de Provence ; les Flamands ont trouvé leurs sujets aux environs d'Anvers, dans un rayon d'une centaine de kilomètres ; les Hollandais se sont attachés à leurs polders et à leurs estuaires. Étrange à première vue, ce phénomène est aisément explicable. Un paysage « pittoresque » (qui possède, par définition, les qualités d'un tableau peint par l'homme) est un paysage qui s'impose au peintre. Ses magnificences écrasantes, son aspect spontanément dramatique, son ordonnance naturelle, ne laissent à celui-ci qu'un rôle passif d'instrument enregistreur. C'est exactement ce qu'il faut à des amateurs. Un paysage pittoresque les dispense de tout geste créateur personnel : il leur suffit de s'asseoir et de copier fidèlement. Mais le véritable artiste ne tient pas à ce qu'un sujet s'impose à lui ; il veut s'imposer à son sujet. Il ne veut pas être dispensé de tout effort personnel. Il se sent, au contraire, poussé par son génie à faire le geste créateur qui sait tirer du chaos du monde un cosmos humain et ordonné — qui transforme la nature en art. C'est pourquoi il fuit le pompeux, le pittoresque, l'imposant, le dramatique. Il veut un sujet simple, presque neutre, où il peut imprimer ses propres idées humaines de composition et d'harmonie, sa propre conception de la grandeur et du drame. Les paisibles dunes anglaises n'ont pas de formes aussi précises que les paysages prodigieux des monts Albains ; les Flandres et la Seine-Inférieure sont plus malléables pour ainsi dire, plus soumises à la volonté de l'artiste que la baie de Naples ; l'intellect digère plus aisément Delft que Tivoli. Il est vrai que Turner pouvait avaler l'Italie et en faire de l'art ; mais il était, lui, une espèce d'autruche spirituelle. La plupart des peintres préfèrent un régime moins substantiel.

Ce qui est vrai de l'Italie, l'est, *a fortiori*, des paysages tropicaux. Le pittoresque de la plupart des parties « à peindre » de l'Orient tropical est tellement excessif que l'artiste sérieux doit en face d'elles se sentir comme malmené, dépouillé de son initiative, sous la dictée. Il éprouverait de la joie à contempler Java ou Bornéo mais jamais il ne songerait à les peindre. S'il était en quête de sujets, il s'en retournerait à Essex ou en Normandie.

Les paysages des tropiques ne sont pas seulement trop pittoresques pour qu'on en fasse de beaux tableaux, ils sont aussi trop riches. Dans cette partie du monde les choses ont une manière à elles d'encombrer inextricablement le terrain. Dans un tableau, il n'y a pas assez de place pour la profusion de la réalité tropicale. Le peintre de l'habituel décor tropical devrait commencer par laisser de côté dans son œuvre les neuf dixièmes de ce qu'il verrait. C'est ce que faisait généralement Gauguin, un des rares peintres qui ait pratiqué les tropiques. S'il ne l'avait pas fait, il n'y aurait pas eu moyen de voir les bois à cause de la profusion désordonnée des arbres.

Les différents aspects du monde tropical attendent encore leurs interprètes. Une centaine de peintres admirables nous ont appris à connaître les paysages européens vraiment tels qu'ils sont. L'essence artistique de l'Orient tropical reste encore à distiller. Java attend son Gainsborough et son Constable ; Bénarès, son Canaletto. Il y a une quantité de chasseurs dans les forêts malaises ; parfois avec leur fusil, ils emportent un album à croquis. Mais le Corot qui nous dira comment ces forêts doivent être vues n'a pas encore circulé parmi leurs ombres vertes infestées de sangsues. Nous sommes forcés de voir les tropiques à travers des photos d'amateurs, leurs pseudo-peintures à l'huile, ou les affiches de compagnies de Reckitt[1], montagnes pourpres, plages dorées ou argentées — l'affiche des compagnies de navigation (qui est du moins l'œuvre d'un professionnel) est à sa façon remarquablement véridique. Quand je vis fumer l'immense *Laconia* dans le port de Labuan, j'aurais pu me croire dans une station de métro à Londres, en train de regarder l'annonce d'une croisière hivernale dans les mers du Sud. Mais il y a quelque chose à tirer des tropiques de plus subtilement et essentiellement réel que des aquarelles d'amateurs et des affiches de bateau — quelque chose que nous distinguons vaguement, mais à quoi aucun œil professionnel ne nous a encore appris à donner des contours définis. Les paysages anglais étaient beaux avant que naisse Gainsborough, et les hommes étaient sensibles à leur beauté ; mais c'est Gainsborough qui rendit leur charme clairement visible, qui leur donna nom, et définition.

Les meilleurs tableaux des tropiques se trouvent dans les livres. Dans les livres de Conrad ou d'Herman Melville, dans un bon passage de H.M. Tomlinson, et même dans ce pleurnicheur de Loti, il y a plus de la véritable essence, de la réalité profonde des tropiques que dans aucun tableau existant des lieux qu'ils décrivent. Mais la description, même la description faite par des écrivains accomplis est insuffisante et inadéquate. Il ne sert à rien de pratiquer des évocations symboliques sur ceux qui n'ont jamais vu

1. Affiches d'une firme de bleu à laver.

les réalités qu'on veut évoquer. Si vous parlez de « visions de flocons moutonneux contenus dans un grain de blé » à quelqu'un qui a mangé du pâté de mouton, cela peut encore aller. Mais vous pouvez être sûr que jamais un pur végétarien ne sera capable, à l'aide de cette seule formule, de confectionner un plat familial. L'art de l'évocation est un art admirable. Mais si dans l'esprit du lecteur, il n'y a rien à évoquer, c'est en vain qu'on y fait appel. Inutile de siffler un chien qui n'est pas là. L'évocation symbolique ne suscitera jamais, dans l'esprit de quelqu'un qui passe sa vie dans Bayswater, une vision exacte des tropiques. Non, le seul moyen de les rendre visibles à ceux qui n'y sont jamais allés — aussi bien qu'à ceux qui y sont allés — serait de les distiller dans les tableaux. La chose n'a pas encore été faite, et il me paraît probable, pour les raisons que je viens de donner, qu'elle ne le sera jamais.

Kudat-Bornéo

Les paquebots venant de Singapour font escale dans tous les ports principaux au nord du Bornéo britannique. Mais le touriste qui suppose qu'il pourra étudier là, sur place, ces êtres romantiques, « les sauvages de Bornéo », se fourvoie complètement. Nous avons bien vu pourtant deux indigènes à Kudat. C'étaient de petits êtres sales qui se hâtaient craintivement le long de la rue quasi métropolitaine de ce petit port moribond, comme s'ils étaient pressés de se retrouver dans leurs forêts. C'étaient là de bien pauvres spécimens; nous dûmes toutefois nous en contenter. Ils furent notre unique rencontre avec de vrais sauvages, avec de vrais aborigènes de Bornéo. En dehors d'eux nous ne vîmes que des Chinois.

Sauf quelques rares Anglais, ce sont les seuls habitants des ports. Labuan et Jesselton, Kudat et Sandakan, sont de simples colonies chinoises. Et derrière les ports, dans le pays qui a été conquis sur la forêt, on en trouve encore. Ils cultivent, avec les Javanais, les grandes plantations des compagnies, et quelques lopins de terre qui sont leur propriété. Partout les boutiquiers et les marchands sont chinois. Il en est de même dans tout l'archipel et dans la péninsule malaise. C'est bien moins au capital européen qu'au travail et à la persévérance chinoise qu'est dû le développement des Indes orientales. Abolissez les Chinois, et la colonisation européenne deviendra impossible, ou, du moins, elle sera simplement une colonisation platonique et honoraire. On peut bien planter des drapeaux sans le secours des Chinois — mais non du caoutchouc. Cela fait plaisir sans doute, cela réjouit le cœur de voir les grandes ailes bleues et rouges battre à la brise tropicale. Mais cela fait encore plus de plaisir de toucher de beaux dividendes. Et pour ce plus vif plaisir, les Européens doivent remercier les Chinois.

Sandakan

Sandakan, de même que Jesselton, Kudat et, je suppose, toutes les autres villes de la côte au nord de Bornéo, est une colonie chinoise gouvernée par quelques hommes blancs qui habitent les bungalows des environs. C'est un endroit pittoresque ; son magnifique port naturel est gardé, à l'entrée, par un grand rocher rouge, comme un second Gibraltar. C'est à la fois le port et la capitale d'un petit hinterland de bosquets de cocotiers et de plantations de caoutchouc et de tabac. Il y a un club et un golf, ce qui désigne Sandakan, sinon comme faisant partie de l'Empire britannique, du moins comme étant sous son protectorat. Si on l'examine en détail et de près, on s'aperçoit que notre vaste Empire consiste en quelques vingtaines de milliers de clubs et de terrains de golf, disséminés, à intervalles plus ou moins réguliers, sur les deux cinquièmes de la surface du globe. De grands blonds se réunissent au club, ou poursuivent une boule blanche parmi les clairières de la jungle ; des moricauds plus ou moins foncés servent du whisky et portent des crosses. La carte est peinte en rouge. Et pour un voyageur quelconque, voilà l'Empire britannique. Mais revenons à Sandakan. Outre un club et un golf, elle possède quatre rouleaux compresseurs et une route magnifiquement pavée, de onze kilomètres de long. À la onzième borne, la route, barrée par un mur de forêt qui semble impénétrable, se termine brusquement. Vous descendez de voiture, puis, en examinant ce mur de verdure, vous vous apercevez qu'il est fendu par une étroite crevasse : c'est un sentier. Vous vous y glissez de biais, et vous êtes aussitôt englouti par la forêt. Le ventre de la baleine de Jonas n'était sûrement ni plus chaud, ni plus sombre, ni plus humide. Le monstre de la jungle, il est vrai, ouvre parfois la gueule pour bâiller ; une trouée entre les arbres, et vous apercevez alors un peu de ciel et le soleil qui darde dans les profondeurs un trait jaune et dur. Mais ces bâillements sont rares et brefs. La plus grande partie de notre promenade dans le ventre du monstre végétal se fit dans un crépuscule étouffant, et dans le silence. De loin en loin un oiseau lançait quelques notes — à moins que ce ne fût quelque démon de la forêt sifflant méditativement, tandis qu'il ruminait quelque piège idiot, démoniaquement subtil et ingénieux, pour terrifier les hommes qui violaient son domaine.

Jusqu'à mi-route du pôle, la nature est convenable.

Strictement rationnée, elle se conduit comme il faut. Mais, nourrissez-la trop bien, donnez-lui de fortes doses de cette tonique lumière tropicale, abreuvez-la de pluie tropicale, et la voici hors d'elle-même. S'il avait été obligé de passer quelques années à Bornéo, Wordsworth aurait-il aimé la nature autant que sur les rives de Rydal Water ? Si l'*Excursion* avait eu lieu à travers l'Afrique équatoriale et non dans le Westmorland, j'ai idée que le doux panthéisme de notre vieux William aurait subi quelque atteinte.

C'est avec un immense soulagement que je sortis de la gorge verte de la jungle et remontai dans notre voiture. Le chauffeur chinois mit le moteur en marche, et nous nous en allâmes très lentement (les voitures, à Sandakan, se paient à l'heure et non au kilomètre, et la prudence des chauffeurs est merveilleuse). Nous refîmes nos onze kilomètres à une allure positivement majestueuse. Je rendis grâce à Dieu pour les rouleaux compresseurs et Henry Ford.

Les Philippines méridionales

Les Hollandais et les Anglais n'ont jamais été d'assez ardents chrétiens pour juger nécessaire la conversion forcée et en masse des populations qu'ils ont colonisées. Les Espagnols, au contraire, croyaient réellement détenir le flambeau de la chrétienté catholique ; ils furent partout des croisés aussi bien que des pirates, des missionnaires aussi bien que des colonisateurs. Partout où ils sont allés, ils ont laissé derrière eux leur religion, et avec elle (car on n'enseigne pas une religion sans enseigner bien d'autres choses) leur langue et quelques-unes de leurs coutumes.

Les Philippines ont été espagnoles pendant plus de trois cents ans. Elles furent négligées, il est vrai, gouvernées à distance à travers le Mexique ; elles n'en demeurèrent pas moins espagnoles. C'est un fait dont vous prenez conscience aussitôt débarqué dans l'île de Sulu, la plus méridionale et qui se trouve être la moins hispanisée et la moins chrétienne des Philippines. À Zamboanga vous en devenez certain. À Manille, c'est solidement implanté dans votre esprit. Le paysage est un paysage familier des tropiques ou des Indes orientales. (Sulu est une Java en miniature d'une impossible beauté.) Mais le monde où vous venez d'entrer — et vous vous en rendez compte instantanément — ne ressemble en rien à ce que vous avez déjà rencontré dans l'Orient équatorial. C'est l'Espagne — certes diluée, défigurée, greffée sur la barbarie malaise et revêtue d'américanisme — mais l'Espagne sans aucun doute. Les Hollandais ont occupé Java pendant plus de trois siècles. Leurs colonisateurs ont librement épousé des indigènes ; beaucoup d'entre eux se sont définitivement établis à Java, y ont vécu, y sont morts en y laissant leur descendance. Java est restée javanaise. La population a conservé ses costumes, sa langue, sa religion. Même dans les villes, même dans les ports cosmopolites, elle n'est en rien hollandaise, de même que les Malais de la péninsule, les Dyaks et les Dusuns de Sarawak et du nord de Bornéo ne sont en rien anglais. Si nous avions été anglicans aussi passionnément que les Espagnols étaient catholiques, le citadin malais porterait maintenant le pantalon de golf en coton, parlerait cockney et le dimanche chanterait des cantiques. Mais — heureusement ou malheureusement, je n'en sais rien — nous n'étions que tièdement anglicans. Le Malais continue à porter le pagne, à parler malais, à adorer Allah, les fantômes et les démons immémoriaux de ses forêts natales.

En débarquant à Jolo (qui se prononce Holo), la capitale de l'île Sulu, nous nous trouvâmes dans une petite ville espagnole en décadence. On y voyait des jardins publics ornés de fontaines et d'un groupe de statues modernes allégoriques et comiquement sublimes. Des chants nasillards sortaient d'une église ; nous y entrâmes et vîmes un chœur de petits gamins chocolat auxquels un maître de chapelle, également chocolat, enseignait les hymnes et les répons. Des dames philippines, vêtues comme les beautés qu'on représente à l'envers des couvercles des boîtes de cigares, se faufilèrent devant nous. Leurs longues jupes traînantes étaient retroussées d'un côté pour montrer le jupon de dessous. Leurs corsages de mousseline empesée étaient d'étonnantes reliques du dix-huitième siècle. Largement échancrés, ils laissaient voir de bruns décolletés. Leurs énormes manches bouffantes faisaient penser à des ailes de papillons ou aux nageoires de quelque poisson tropical encore plus invraisemblable qu'à l'ordinaire. Les jeunes filles et les jeunes femmes avaient les cheveux relevés mais leurs aînées, au contraire, les laissaient tomber sur leurs épaules en longues cascades noires. Exceptés les Philippins et ceux qui étaient vêtus des plus élégants complets de toile blanche, les hommes, quant à eux, portaient — selon leur tribu ou leurs affinités nationales — soit des maillots collants à ceinture voyante, une petite veste de toréador et une bandane de couleur sur la tête, soit, passant d'un extrême à l'autre, des pantalons plus oxfordiens qu'à Oxford, plus mexicains qu'au Mexique, en soie de couleurs voyantes (rose pâle, verte, jaune orange), une large ceinture généralement agrémentée d'un énorme kriss, une veste de toréador encore plus magnifique, et sur la bandane, un chapeau colossal.

Costumes fantastiques, mais qui ne sont certainement pas d'origine indigène, ce n'est qu'aux Philippines que les Malais s'habillent en toréadors ou en cow-boys. Le moins original des peuples, leurs modèles sont empruntés à leurs conquérants et ennemis. L'habit de gala des Sulus et des farouches Maures altiers, qui furent les plus redoutables ennemis des Espagnols, est sorti d'une garde-robe hispano-mexicaine. Et cette extraordinaire fanfaronnade, ces attitudes pompeuses — espagnoles elles aussi. Et jusqu'à la langue. Évidemment la population rurale ne l'a jamais apprise. Mais elle vibre noblement dans les rues et les boutiques de la ville. Les Philippins ne sont du reste pas les seuls à la parler. Nous étions allés le long de la jetée de bois branlante, où, perchés au-dessus de la mer, les marchands chinois ont leurs boutiques et leurs habitations. Nous allâmes y acheter de ces énormes huîtres perlières qui font la célébrité de Sulu. Après de longues recherches nous en trouvâmes dans l'arrière-boutique d'un Chinois — de vraies montagnes de coquilles nacrées et brillantes. Nous emparant du trésor, nous nous mîmes à les trier et en choisîmes tout à loisir. Vint le moment de payer. Nous retournâmes vers le Chinois. Il ne savait pas l'anglais. Nos deux ou trois mots de malais ne servirent à rien. De désespoir nous essayâmes l'espagnol. Il répondit. Anglais et Céleste Jaune, nous poursuivîmes notre petit marchandage en charabia castillan.

Manille

Manille est la capitale d'une colonie américaine. C'est un fait qu'il ne me fut pas longtemps permis d'ignorer. Je n'étais pas à terre depuis trois heures que déjà neuf reporters, représentant toute la presse locale, anglaise et espagnole, m'avaient interviewé. On me demanda ce que je pensais de Manille, de la race philippine, des problèmes politiques de l'île. À quoi je ne pus répondre qu'en demandant à mes interlocuteurs ce qu'ils pensaient *eux* de tout cela — et en les assurant, après leurs réponses, que je partageais leur avis. Tous déclarèrent mes opinions d'une sagesse extraordinaire.

Quand ces histoires-là m'arrivent — heureusement cela est rare, ailleurs qu'aux États-Unis — je m'étonne toujours de la curieuse échelle des valeurs que dans notre monde absurde on applique aux hommes et aux choses. Prenez, par exemple, le cas d'un littérateur (je suis moi-même un littérateur, de sorte que ceci m'intéresse). Le littérateur me paraît investi d'une auréole d'importance et de valeur tout à fait disproportionnée. Les littérateurs pullulent dans le *Who's Who*. Dans ce remarquable ouvrage ils sont plus nombreux qu'aucune autre célébrité, exceptés peut-être, les membres de la Chambre des pairs et les barons. Presque aucun écrivain, dont l'ouvrage s'est vendu à cinq mille exemplaires et a bénéficié d'un compte rendu favorable dans le supplément littéraire du *Times*, n'y manque. Un observateur impartial arrivant de la planète Mars pourrait être amené, en étudiant le *Who's Who*, à supposer qu'une langue bien pendue est la qualité la plus importante que puisse posséder un habitant de cette planète-ci. Mais est-ce vrai ?

L'art et l'artiste ont pris dans notre monde moderne une terrible importance. On parle d'art avec respect, presque avec révérence, comme de quelque chose de sacré ; tout adolescent aspire à devenir un artiste aussi régulièrement, aussi inévitablement qu'un enfant aspire à être mécanicien. L'art est une de ces choses mises en circulation pour combler le vide laissé dans l'esprit populaire par le déclin des religions établies. Le prêtre, dont les fonctions de confesseur ont passé au notaire ou au docteur, a légué à l'artiste son prestige mystique, sa dignité de gardien des sacrements. D'où le nombre énorme de noms littéraires dans le *Who's Who*. D'où les troupeaux de reporters qui se précipitent pour demander à l'écrivain en voyage son opinion sur des sujets où il est nécessairement incompétent. On laisse tranquille le savant obscur dont le bagage intellectuel est peut-être incomparablement supérieur à celui du littérateur. Le public, incapable de comprendre ce dont il parle, ne lui porte nul intérêt. Il faut qu'il ait fait quelque découverte sensationnelle pour que les maîtresses de maison lui ouvrent leur salon, et que les journalistes viennent l'attendre à la gare. L'homme d'affaires est à peine plus estimé (à moins bien entendu d'être immensément riche) que l'homme de science. Pour beaucoup de gens un homme qui fait des vers (même des vers exécrables) et peut donner son opinion sur l'impressionnisme dernier cri est forcément plus intelligent qu'un ingénieur de premier ordre, qu'un officier de valeur ou que le créateur d'une grande industrie. Les docteurs, les directeurs d'usines, les fonctionnaires gouvernementaux et les magistrats traversent les mers sans courir le moindre risque d'être saisis à l'arrivée par une foule de reporters. Ils peuvent être plus intelligents que l'homme de lettres, ils peuvent être des hommes de plus de valeur, faisant œuvre infiniment plus utile que lui, ils peuvent être, par leurs connaissances spéciales, qualifiés pour parler avec autorité des choses que les reporters aiment à discuter : on les laissera débarquer tranquillement. Leur travail manque du prestige qui s'attache à l'art ; de plus c'est un travail privé, qui se fait en un lieu donné et pour un temps déterminé. L'œuvre du romancier est publique ; elle existe simultanément en des milliers d'endroits ; on peut y revenir pendant longtemps — aussi longtemps (si sa vogue est durable) que la pulpe de bois ne se désagrège pas. Simple spectateur de ce monde et en aucun cas acteur, je me contente de regarder ce que font les autres, d'y réfléchir, mais je n'agis pas personnellement. J'éprouve la plus profonde admiration pour ceux qui le font, ceux qui imposent leur volonté malgré les réticences rencontrées et ne se contentent pas de manipuler des idées, ceux qui manient les hommes directement et non de façon impersonnelle comme le fait l'écrivain à l'aide de mots dociles. Je les admire et les envie, mais je n'aspire pas à devenir leur rival. Né spectateur, je ferais un pitoyable acteur. J'ai un certain talent pour diriger ma lorgnette et faire les commentaires appropriés. Je n'en ai aucun pour jouer moi-même. Il vaut mieux se contenter de faire ce que l'on sait faire que de se rendre ridicule en essayant de faire ce que l'on ne peut pas faire. Si j'étais chargé de quelques-uns de ces travaux pratiques importants et nécessaires pour que le public puisse assister à la comédie en tout confort et sécurité, je ferais comme ce roi birman dont il est écrit dans le *Glass Palace Chronicle* : « À l'usage de ses concubines, il composa le *Paramatthabinda*, afin qu'elles puissent avoir connaissance de l'esprit et des qualités de l'esprit, de la matière du nirvana, des formes de l'être et de la personnalité. Il ne voulait même pas entendre parler des affaires des villages, ni du royaume. Chaque fois qu'une enquête était nécessaire, ou un acte d'autorité, ou l'établissement d'un article de loi, il priait son fils Uzana, héritier présomptif, de s'en charger. »

J'admire Uzana, mais comme je comprends, comme je me sens en sympathie, en fraternelle communion avec son pauvre père ! Combien il est plus agréable, infiniment, pour quelqu'un qui est né avec l'esprit spéculatif et la langue bien pendue, de bavarder avec ses concubines sur le nirvana et les qualités de l'esprit, que de s'encombrer des affaires des villages ! Uzana était sûrement le meilleur des deux ; mais son père, l'auteur distingué de la *Métaphysique au harem* et de *Kant pour concubines*, a sans doute été celui que tout le monde souhaitait connaître, qui recevait des lettres de femmes étrangères et lointaines, qu'on invitait à dîner, qu'on interviewait au débarcadère, qu'on photographiait se promenant dans un parc avec un ami. C'est à lui que toutes ces choses devaient arriver ; et lui — car je suppose qu'il avait réellement et sérieusement médité sur les qualités de l'esprit et les formes de la matière — lui, devait chaque fois s'en étonner, et, songeant à Uzana, se sentir embarrassé, voire un peu honteux, comme s'il était un imposteur.

Le Pacifique

Shanghaï

J'ai vu des endroits dont l'activité était aussi intense et la population aussi dense que dans la ville chinoise de Shanghaï, mais je n'en ai vu aucun dont l'activité et la densité de population m'aient aussi fortement impressionné. Dans aucune ville, de l'Ouest ou de l'Est, je n'ai rencontré cette sensation de vie concentrée, vigoureuse, richement agglomérée. Le vieux Shanghaï, c'est *l'élan vital** de Bergson à vif, pour ainsi dire, totalement à découvert, c'est la vie même. Rien de plus intensément vivant ne saurait être imaginé. Il y a autant de gens — très probablement davantage — à superficie égale à Londres ou à Lahore, à Glasgow ou à Bombay, mais il n'y a pas autant de vie. Chaque individu chinois a, vous le sentez, plus de vitalité que n'importe quel Indien ou Européen. En Chine, l'organisme social est plus intensément vivant que celui des Indes ou de l'Occident. À moins que ce ne soit la vitalité de l'organisme social — une vitalité accumulée et économisée à travers des siècles de coutume et de tradition anciennes — à moins que ce ne soit la vivacité et la force intense de la civilisation chinoise qui donnent aux individus chinois l'air de posséder une surabondance de vie excédant la richesse vitale de toute autre race. Tant de vie, si soigneusement canalisée, d'un courant si rapide et si fort — ce spectacle inspire un sentiment voisin de l'effroi. Tout ceci existait alors que nous n'étions que des sauvages cannibales. Cela continuera — un peu modifié peut-être par la science occidentale, mais guère — longtemps après avoir, en Europe, simplement péri de fatigue. Dans mille ans les graveurs de sceaux graveront encore leurs sceaux, les ivoiriers continueront à scier et à polir, les tailleurs à chanter les mérites de leur coupe et de leur tissu ; tout comme aujourd'hui, les astrologues feront magiquement surgir l'argent de la poche des imbéciles et des courtisanes amoureuses ; il y aura un marché aux oiseaux et des restaurants parfumés par une cuisine exquise, et des pharmacies avec des bocaux pleins de lézards desséchés, de moustaches de tigres, de cornes de rhinocéros et de salamandres confites ; il y aura des joailliers patients, des brodeurs au goût impeccable, des magasins remplis de porcelaines merveilleuses et des fourreurs capables de faire des dessins et des tableaux avec des peaux de renard de couleurs diverses ; il y aura encore des écrivains publics au coin des rues et des hommes dont toute l'affaire est de demeurer assis dans leur boutique ouverte, inscrivant des paroles d'antique sagesse sur de longs rouleaux de papier rouge — et les grands idéogrammes noirs seront encore aussi parfaitement écrits qu'ils le sont aujourd'hui ou l'étaient il y a mille ans et seront jetés sur le papier rouge avec la même apparente insouciance, la même habileté réelle et sûre, par une longue main fine aussi profondément instruite des gestes hiératiques de son art que la main de l'homme qui écrit aujourd'hui. Oui, tout cela sera là, aussi intensément et obstinément vivant que jamais — tout cela sera là dans mille ans d'ici, dans cinq mille ans, dans dix mille. Vous n'avez qu'à faire un tour dans le vieux Shanghaï pour en être certain. Londres et Paris ne vous offrent pas une pareille certitude. Les Indes elles-mêmes semblent, par comparaison, provisoires et précaires.

Le Japon

Il faisait gris, quand nous débarquâmes à Kobe; l'air était froid et sentait la suie. Les rues étaient couvertes de boue. Un instant après notre arrivée à terre il se mit à pleuvoir. Nous pouvions nous croire descendus à Leith en plein novembre écossais.

Surélevés au-dessus de la boue par des sabots qui ressemblaient à des échasses, de petits hommes barbotaient dans les rues; ils portaient des espèces de macfarlanes, de soie grise ou marron, et des chapeaux de feutre grossier. Des femmes en peignoir, leurs cheveux teints en noir relevés en de hauts chignons d'une architecture compliquée, comme ceux de nos anciennes serveuses de bar, trottinaient à leur côté. Elles portaient sur leur dos des enfants vêtus de couleurs éclatantes, aux visages sans expression, ronds et plats comme des boutons, pareils à ceux des petits Esquimaux. Évidemment c'était là pour Leith une singulière population. Il nous fallut à regret admettre que nous étions vraiment en Extrême-Orient, et consentir à voir dans les fleurs des boutiques une preuve suffisante que ce funèbre jour d'hiver appartenait bien au mois des cerisiers en fleur.

Nous montâmes dans le train, et pendant deux heures traversâmes un pays gris, circonscrit par de vagues collines et hérissé de cheminées d'usine. À des intervalles de quelques kilomètres, les cheminées éparses se resserraient en bouquets ; à leur pied, tout autour, comme les champignons autour des arbres, s'étalait une quantité de masures de bois : une ville japonaise. La plus grande de ces couches de champignons était Osaka.

Il était tard dans l'après-midi quand nous arrivâmes à Kyoto, l'ancienne capitale, « la Ville d'Art du Japon » (nous avions été, avant de partir, soigneusement préparés par la littérature de tourisme). Refusant les taxis qui s'offraient, nous prîmes des rickshaws pour mieux voir la ville. Il bruinait à peine. Vêtus comme des commis anglo-saxons, de vestons et de culottes collantes bleues, nos coolies tirèrent nos rickshaws dans un éclaboussement de boue. Kyoto ressemble à un de ces camps de mineurs qu'on voit au cinéma, mais deux ou trois cents fois plus grand qu'aucun original du Far West. Les petites cahutes de bois succèdent aux petites cahutes de bois interminablement, pendant des kilomètres, et la fuite des routes droites mal entretenues est soulignée par les rangées de poteaux télégraphiques aux fils détendus, qui bordent chaque rue comme les arbres d'une avenue. Tous les cow-boys du monde pourraient vivre à Kyoto, tous les Quarante-Neuf[1]. Chaque rue aboutit à une rue identique, les quartiers se fondent indistinctement les uns dans les autres. Dans ce morne océan de huttes de troncs d'arbres, les hôtels sont presque les seules maisons blanches.

Le soir il cessa de pleuvoir pendant quelques heures. Nous saisîmes cette occasion pour explorer la ville à pied. Les rues étaient bien éclairées, les boutiques — et presque chacune des cent mille cahutes de Kyoto est une boutique — pour la plupart

1. *Forty Niners* : les quarante-neuf explorateurs qui partirent pour la Californie lors de la découverte des mines d'or, en 1849.

ouvertes. Nous nous promenâmes dans la ville, examinant de près presque toutes ses rues commerçantes, très animées. On avait de la boue jusqu'aux chevilles et on se serait cru dans un énorme bazar Woolworth. Jamais je ne vis pareille collection de bon marché et de camelote, de presque authentique et de simili, d'ordinaire et de prétentieux. Et ce qui est curieux, c'est qu'à Kyoto, même la vraie, la solide, l'authentique *pukka* prend un air de pacotille et de faux. Les kimonos les plus chers, tissés de soie épaisse, capable de résister toute une vie, vous les jureriez de soie artificielle. Les ivoires ressemblent à du celluloïd ; les broderies à la main ont l'air faites à la machine. Les vrais antiques — ceux que vous voyez dans les musées, car il n'y en a pas ailleurs — paraissent fabriqués d'hier. Ceci est dû en partie au fait que, depuis quelques années, nous sommes habitués aux formes conventionnelles de l'art japonais fabriqué par millions d'exemplaires destinés à la clientèle des bazars à dix sous ; nous ne pouvons donc associer ces objets qu'à une idée de pacotille et de toc. Je pense que cela est dû, en partie aussi, à une certaine faiblesse intrinsèque et à une certaine vulgarité dans les formes mêmes. Cette sobriété, cette force, ce fini impeccable qui sont les caractéristiques de l'art chinois et qui donnent à la moindre pièce de poterie bon marché, à la broderie la plus ordinaire, ou à une gravure ou à une simple lettrine un air magistral d'importance et de sens artistique, manquent totalement, me semble-t-il, à l'art du Japon. Les dessins des tissus Japonais sont extravagants et prétentieux, la sculpture, même celle des meilleures périodes, est baroque ; la poterie, si irréprochable en Chine tant du point de vue de la nuance que de la forme, n'est, au Japon, « jamais ça ». On dirait que quelque vice inhérent à l'art japonais donne au vrai l'apparence du faux, à l'objet de valeur celle de camelote.

Usines, fumée, innombrables Woolworths, boue — était-ce cela le Japon ? On nous affirma que non.

Le « véritable » Japon (tous les pays ont leur « véritable » identité qu'aucun étranger ne peut espérer connaître) était quelque chose de différent, était quelque part ailleurs. En assistant aux célèbres « danses des Cerises » à Kyoto, nous fûmes prêts à le croire. Les costumes, il est vrai, étaient extraordinairement vulgaires et extravagants. Les décors de style occidental — le style occidental des pantomimes provinciales d'avant-guerre — étaient déplorables. À Londres ou à New York n'importe quel metteur en scène qui se respecte représenterait un Vieux Japon bien plus adéquat. Mais il ne pourrait pas obtenir ces danses. C'était un enchantement. Un corps de ballet de trente ou quarante geishas, d'une précision presque prussienne, aux visages fardés, aussi impassibles que des masques, exécutèrent une danse qui était l'incarnation des gestes de la courtoisie, la conversation polie rendue plus gracieusement polie encore, l'apothéose de la bienséance à la table de thé. Et les mouvements de l'orchestre étaient à peine moins gracieux. En Europe on paie pour entendre jouer de la musique ; au Japon on paie pour la voir jouer. Quand les exécutants européens font leur entrée sur la scène on a généralement envie de fermer les yeux ; dans une salle de concert au Japon, on souhaite au contraire ouvrir les yeux tout grands et se boucher les oreilles. Non que la musique soit déplaisante. Celle que j'ai entendue à Kyoto aurait pu être l'aïeule lointaine et géologique de la musique russe. Cela avait avec Rimski Korsakov autant de rapports qu'un pithécanthrope avec l'homme ; c'était une sorte de sous-Stravinski, une forme fossile et primitive du genre Moussorgski. Pas déplaisant, je le répète : un peu ennuyeux à la longue. Les guitares dont jouaient vingt geishas, avec des plectres qui ressemblaient à des peignes d'ivoire, étaient singulièrement pauvres de sonorité. Les tambourins, les cymbales et les timbales dont jouaient vingt de leurs sœurs de l'autre côté du hall, ne battaient que des rythmes élémentaires. Non, l'orchestre n'était pas grand-chose à entendre. Mais à voir, quel ravissement ! Les musiciennes étaient aussi disciplinées que les danseuses : les vingt guitaristes étaient assises dans la même position et quand elles pinçaient les cordes de leur instrument, leurs mains faisaient simultanément le même mouvement, comme les parties d'une même machine se mouvant synchroniquement. Des machines semblables actionnaient les huit tambourins en forme de sablier, les huit timbales, les deux jeux de cymbales, les deux petits gongs. Les joueuses de timbale étaient les plus exquises de toutes. Elles étaient agenouillées devant leurs instruments comme devant une rangée de petits dieux, chacune tenait une paire d'énormes baguettes blanches, si grosses que leurs toutes petites mains pouvaient à peine les tenir. Elles en frappaient à l'unisson les petits dieux qui répondaient « boum, boum », cette réponse, on en conviendra, était somme toute plus claire et plus compréhensible que celle que les déités ont l'habitude d'accorder à leurs adorateurs. Mais le rituel de ces adoratrices japonaises était d'une telle beauté qu'il ne pouvait manquer d'être magiquement efficace. Leurs bras, prolongés par d'énormes baguettes blanches, étaient tendus droits devant elles. Et quand elles frappaient, le coup partait de l'épaule, le bras tout entier se levait et retombait. Non, « retomber » n'est pas le mot ; cela évoque un mouvement lâche et abandonné ; rien n'était abandonné chez les joueuses de timbale ; au contraire, chaque coup était appliqué avec une précision parfaitement contrôlée : tap, tap, tap-et-tap, tap ; elles touchaient la peau tendue de la timbale comme elles eussent placé, une par une, des pierres tantôt grandes, tantôt petites dans la trame d'une mosaïque compliquée.

Ces danseuses, ces musiciennes si exquisément disciplinées, c'était peut-être cela le « véritable » Japon. Peut-être existait-il également dans le pays que nous vîmes sur la route vers Yokohama. Le soleil avait enfin paru. Le ciel d'un bleu très doux était animé de nuages qui traînaient de grandes ombres indigo sur la terre en dessous. C'était une campagne presque italienne, aux hauteurs abruptes, aux lacs et aux plaines entourés de montagnes. Une variété plus pâle de notre moutarde fleurissait dans les champs. Des primevères jaunes couvraient les plaines jusque sur le bord des lacs bleus aux pieds de montagnes d'un bleu indécis. Les plants de moutarde me parurent d'une beauté bien plus frappante que les cerisiers en fleur. Les collines proches étaient brunes, escarpées, presque dénudées, leurs crêtes étaient frangées d'une végétation non pas de pins parasols toscans, mais de ces arbres qu'on voit si souvent dans les bois sculptés indigènes, de ces pins déchiquetés et pourtant élégants, dont la silhouette contre le ciel semble une idéographie chinoise. Pour un familier des symboles célestes, le paysage entier, me plaisais-je à penser, serait un livre ouvert. Sagesse et poésie jailliraient pour lui de chaque colline. À moins que — qui sait ? — les arbres se missent à dire « Diable étranger, Diable étranger », comme un écho monotone, répété de loin en loin. Je crains que la seconde hypothèse ne soit la plus vraisemblable.

Nous continuâmes à traverser des kilomètres d'innombrables petits champs de riz, laborieusement endigués pour retenir l'eau dont on les avait inondés ;

parmi des pentes couvertes de plantations de thé, aux arbustes ronds, d'un vert brillant, comme des buissons de buis, nous parcourûmes des plaines de moutarde et de jeune blé vert ; nous dépassâmes des villages de maisons couvertes de chaume, merveilleusement encadrées par les arbres. Tous les vingt kilomètres environ, nous apercevions quelque chose que nous primes d'abord pour un nuage blanc parmi les nuages de l'horizon, un pâle petit fantôme, mais un fantôme qui, chaque fois, devenait plus précis, plus net, plus grand. Mais après l'avoir simplement entr'aperçu pendant des heures, il se dressa soudain devant nous, étincelant, très haut, immense, c'était un énorme cône blanc entouré de nuages, miracle de forme régulière et géométrique au milieu des monts chaotiques qu'il surplombait. C'était le Fuji-Yama, le mont sacré du Japon. Nous le vîmes d'abord à midi, ce n'était qu'un nuage se confondant avec les autres nuages, mais vers le crépuscule nous le regardâmes de nouveau et découvrîmes une masse énorme, s'élevant au-dessus des brumes, nue et parfaite dans le ciel coloré. Était-ce cela le « véritable » Japon ? Je pense que oui.

Mais un peu plus tard, à Yokohama, nous fûmes de nouveau plongés jusqu'au cou dans celui qui n'est pas le vrai Japon. Si Kyoto ressemble à un camp de mineurs, Yokohama, après le séisme, paraît un camp de mineurs inachevé. Il y a des monceaux de poussière parmi les masures, des trous dans la chaussée, des ponts en construction. Mais, d'ici peu, quand tout cela sera déblayé et le mal réparé, ce sera exactement pareil à Kyoto — des kilomètres de mornes petites routes mal entretenues, des centaines de milliers d'affreuses petites masures de bois, chaque masure une boutique, chaque boutique un bazar Woolworth. Il existe pourtant des différences dans la qualité ; il y a la supérieure et l'inférieure, même dans les Woolworths. À Kyoto, les boutiques ont l'air de bazars à trente sous ; à Yokohama, c'étaient seulement des bazars à dix sous.

Nous retournâmes à bord avec plaisir. Le « vrai » Japon avait été délicieux. Mais il y en avait eu plus de faux que de vrai ; en outre, le faux était si visiblement de beaucoup le plus significatif et le plus important, qu'il avait tout à fait éclipsé le vrai. Lieux, gens, ou institutions, qui, dans tout pays, constituent ce que les dévots de ce pays prétendent être sa véritable « identité », sont en fait le moins caractéristique et le moins significatif. La Cornouaille, les grandes familles terriennes, l'Église anglicane sont bien ésotériquement la « vraie » Angleterre. Mais l'Angleterre qui compte, celle qui fait l'histoire, qui s'impose au monde et projette son ombre dans l'avenir, est représentée par le Lancashire, les Trade Unions et les grands hommes d'affaires. Je suppose qu'il en est ainsi du Japon. Fuji et la vie villageoise, les danses traditionnelles, les gentlemen oisifs et cultivés, sont ce que les dévots du Japon eussent voulu nous faire prendre pour le « vrai » Japon. Mais c'est le faux Japon, le Japon producteur de camelote, qui se projette actuellement sur l'histoire. Ce ne sont pas les danseuses, les gentlemen religieux et cultivés qui dirigent la politique du pays, ce sont les fabricants de camelote. Dans les villes, ces énormes campements de mineurs, de plus en plus de Japonais sont transformés, pour le meilleur ou pour le pire, de paysans et d'artisans qu'ils étaient, en prolétaires d'usines, frères de tous les travailleurs prolétaires du monde. L'avenir du Japon, comme celui de n'importe quel pays, dépend du « faux » Japon. Un jour, dans l'utopie de l'avenir, quand les choses seront bien différentes de ce qu'elles sont aujourd'hui, les patriotes anglais et japonais désireux d'exalter leur pays respectif, attireront l'attention, non sur la Cornouaille ou sur

Fuji, non sur les grandes familles terriennes ou sur les descendants des Maîtres du Thé, mais sur Manchester et Osaka, sur les filatures de coton et le tissage de la soie. « Voici, diront-ils, voici la vraie Angleterre, le vrai Japon. » À cet égard on peut définir le progrès comme la transformation graduelle de ce que nous qualifions aujourd'hui de « faux » en quelque chose de suffisamment noble et convenable pour qu'on le dénomme « vrai ». D'ici là, nous avons le malheur de vivre dans un monde où tout ce qui est historiquement significatif est si repoussant, que nous sommes forcés, si nous avons quelque fierté de notre pays ou de l'espèce humaine, de pratiquer à leur égard une totale Science chrétienne et d'en nier la réalité.

Habitué, dans les autres parties de l'Orient, à la vie bon marché qu'il déplore mais dont il a profité, le voyageur qui arrive au Japon est désagréablement surpris quand le coolie de son pousse-pousse lui réclame un salaire qui ne serait pas dédaigné en Europe. Se déplacer dans les rues d'une ville japonaise autrement qu'en tramway est un luxe. J'étais content pour les coolies qu'il en fût ainsi ; mais pour ma part, je dois avouer que je le regrettai. Pour le maître des esclaves, l'esclavage est une merveilleuse institution.

Sur le Pacifique

Chaque soir, avant le dîner, pendant que nous zigzaguons le long du corridor qui mène à nos cabines — avec de pénibles ascensions quand le paquebot plonge sur bâbord dans la houle lente, et des descentes précipitées quand il se redresse et replonge sur tribord —, nous entendons derrière les portes closes un singulier bruit sec et cliquetant. C'est un bruit que, dans un couvent, on attribuerait à de multiples chapelets rapidement égrenés. Mais un paquebot n'est pas un couvent, et les passagers transpacifiques ne sont pas d'une piété spéciale. Ce cliquetis ne correspond pas à des *Pater noster* marmottés, à des *Ave* expédiés. C'est le bruit de la glace qu'on agite dans les shakers des cocktails. Nous sommes sur un bateau américain ; quand nous voulons boire, il faut le faire dans nos cabines, recourir à notre cave personnelle et privée. Comme on a envie de boire quand c'est interdit ! Le désir enfantin de faire ce qui est défendu est plus fort que les goûts et que les habitudes. Moi qui exècre le whisky, j'en ai une grande bouteille dans ma malle. Et chaque soir nous nous installons gravement dans notre cabine pour boire un peu de champagne que d'excellents amis américains, pleins d'une aimable prévoyance née de leurs rapports personnels avec la Prohibition, nous ont offert avant notre départ du Japon.

La familiarité émousse l'étonnement. Les poissons ne s'émerveillent pas devant l'eau : ils sont trop occupés à nager dedans. Il en va de même pour nous. Notre civilisation d'Occident nous paraît normale et nous n'y voyons rien d'intrinsèquement bizarre, ni incongru. Avant de pouvoir prendre conscience de la singularité de ce qui nous environne, nous devons délibérément nous arrêter et nous mettre à réfléchir.

Mais il y a des moments où cette singularité force notre attention, des moments où une anomalie, une contradiction, une incongruité est soudainement éclairée d'une si vive lumière, que nous ne pouvons pas ne pas la voir. J'eus un de ces moments-là pendant la traversée du Pacifique. C'était le lendemain matin de notre départ de Yokohama ; quand je sortis de ma cabine on me tendit le bulletin du jour avec les nouvelles de la TSF. Je dépliai la feuille dactylographiée et je lus : « Mrs X., de Los Angeles, la toute jeune femme du Dr X., âgé de soixante-dix-neuf ans, a été arrêtée pour avoir conduit son automobile le long de la ligne du chemin de fer, en sifflant comme une locomotive. » Cette information avait été transmise par l'éther à travers les molécules de l'air. D'un poste de radio à plus de cinq mille kilomètres de là, elle avait rejoint notre bateau en presque moins de temps qu'il n'en eût fallu au son de ma voix pour aller d'un bout du pont-promenade à l'autre bout. Les travaux d'une demi-douzaine d'hommes de génie, de centaines d'investigateurs patients et habiles, avaient abouti à créer et à perfectionner les moyens de réaliser ce miracle. Et pourquoi ? Pour que les exploits de la jeune Mrs X., de Los Angeles, pussent être instantanément connus de chaque voyageur sur tous les océans du globe. L'éther répercuta le nom de Mrs X. L'onde qui le portait alla se heurter contre la lune et les planètes, puis rebondit vers les étoiles et le vide final. Faraday et Clerk Maxwell n'avaient pas vécu en vain.

Les sages de l'Antiquité (à ce qu'affirment les Indiens) savaient tout ce que nous avons appris sur la Nature, et bien davantage encore. Mais ils ont gardé leur science pour eux, ou ne l'ont révélée qu'en des énigmes que la lumière d'une préalable connaissance des solutions permet seule d'interpréter. Ils craignaient — les hommes étant ce qu'ils sont — qu'on fît de leurs découvertes un mauvais ou futile usage. Il ne faut pas, prétendaient-ils, donner au premier homme venu le pouvoir que confère la science. Et ils se turent.

Ayant une certaine prédilection pour l'Occident et le temps présent, je n'ai pas grande foi dans les connaissances des anciens sages de l'Orient. Mais leur sagesse est indéniable. On abuse des fruits de la science, on les galvaude ; ce n'est hélas ! que trop certain. Des hommes désintéressés ont consacré leur vie à la recherche de la vérité, et nous avons mis leurs découvertes au service du meurtre, ou nous en avons profité pour créer des amusements stupides. La civilisation occidentale moderne, qui a donné naissance à une centaine de génies environ, assistés de quelques milliers de disciples intelligents et industrieux, existe pour des foules dont les esprits ne sont pas qualitativement différents de ceux de l'humanité moyenne de l'âge de pierre. Les idées d'une poignée de surhommes sont exploitées pour le profit et le plaisir d'innombrables sous-hommes, ou hommes *tout court**. L'homme des cavernes contemporain se met à écouter des instruments qu'il doit aux travaux inspirés d'intelligences supérieures, divines par comparaison. Une musique négroïde traverse le vide pour éclater à ses oreilles, les paroles d'un sage comme le Dr Frank Crane viennent ensuite, puis ce sont les résultats des courses, des contes de nourrice, et la véridique aventure d'une jeune Mrs X., de Los Angeles. Le feu de Prométhée se prête à d'étranges usages. Les dieux proposent, les hommes disposent. Il se peut que le monde où nous vivons ne soit pas le meilleur des mondes possibles, il en est certainement le plus extravagant.

N'étant pas, moi-même, un surhomme, j'ai pris le plus vif intérêt à la jeune Mrs X. Mise aux arrêts pour avoir sifflé comme une locomotive — on n'a jamais bien su si c'était à l'aide de quelque instrument ou par le seul effort de ses cordes vocales — elle fut libérée sous caution par son mari, le vieux docteur. L'époque du procès arriva. Mrs X. déclara au docteur qu'elle avait l'intention de ne pas tenir compte de sa caution et de prendre la fuite.

Le docteur protesta. Mrs X. se mit à tout casser dans la maison. Le vieux docteur téléphona à la police. La police arriva. Mrs X. fut de nouveau arrêtée pour voies de fait. Nous autres, sur le Pacifique, nous vivions un terrible suspense. Quelques jours plus tard, comme nous traversions le cent quatre-vingtième degré de longitude, nous apprîmes, à notre profond soulagement, qu'il y avait eu réconciliation. Le vieux docteur X. avait retiré sa plainte. Sa petite femme était tranquillement rentrée à la maison. Ce qu'il advint de l'affaire du sifflement, nul ne l'a su. Les puissances anonymes qui dispensent les nouvelles de la TSF sont étonnamment capricieuses. Le nom de Mrs X. ne rebondit plus vers Aldébaran et la Voie lactée. Au bulletin du lendemain matin, on annonça en quelques mots la déclaration de la grève générale et la chute de cheval de Bébé Daniels qui souffrait de contusions.

L’Amérique

San Francisco

Des reporters m'attendaient sur le quai, pour savoir ce que je pensais de la grève générale. Je leur racontai que j'étais en mer depuis plus d'un mois, et, par conséquent, ne savais rien de ce qui se passait en Angleterre. Ceci, m'assurèrent-ils, n'avait aucune importance ; ils désiraient tout de même connaître mon opinion. Je leur exposai mes tendances, qui sont fabiennes et modérément travaillistes. Ils me remercièrent, prirent quelques photos et s'en allèrent. Les photos parurent dans les journaux du soir. Elles offraient une certaine ressemblance avec l'original. Les photos ne peuvent pas mentir, ou, pour être plus précis, elles peuvent mentir, mais c'est une opération fastidieuse et coûteuse. Les photographes n'avaient pas de raisons suffisantes pour m'embellir. En revanche, les paroles qui accompagnaient l'image et qui m'étaient attribuées, étaient splendidement méconnaissables. Quel hymne à la gloire du capitalisme et de Mr Baldwin ! Ça faisait du bien à lire ! La doctrine travailliste et les idées fabiennes ne sont pas populaires en Amérique. Les reporters m'avaient rendu respectable. Leur intention était sans aucun doute excellente. J'aurais tout de même préféré qu'ils eussent retouché ma figure plutôt que mes opinions.

Dans le train

Le *Daylight Limited* met juste douze heures pour aller de Frisco à Los Angeles. Et quelle variété de paysages le long de la route !

D'abord une campagne anglaise — comme un immense parc quadrillé de petits champs labourés et ballonnés de petites collines. Les petites collines devinrent des dunes vallonnées, et les dunes grandirent encore et encore jusqu'à devenir de grandes montagnes aux versants herbus, hauts de quelque mille mètres, avec ici et là des arbres aux feuilles persistantes. Les montagnes s'effacèrent, le pays devint sec, se dénuda ; l'herbe disparut. Nous fûmes pendant une heure ou deux en plein désert. Des kilomètres et des kilomètres de poussière où apparaissaient quelques touffes de végétation grisâtre. Nous aurions pu être au Râjputâna. Et tout à coup, sur notre droite, ce fut le Pacifique, venant sans fin se briser contre ses plages désolées.

« Cent treize kilomètres le long de l'Océan », m'annonça obligeamment un gentleman en uniforme. Et il nous présenta aussitôt des lunettes à verre teinté pour que nous puissions sans inconvénient regarder l'océan, « scien-ti-fi-que-ment faites pour intercepter les rayons ultraviolets ; un dollar seulement ». Toute la journée, de demi-heure en demi-heure, il alla d'un bout à l'autre du train, nous vantant les beautés et la richesse de la Californie et nous offrant tantôt des cartes postales, tantôt des bonbons, tantôt des figues de Californie et des oranges, tantôt du chewing-gum et des « True Story Magazines ». Il était la seule distraction du train. À bout de *désœuvrement**, les voyageurs achetaient ce qu'il leur présentait.

« Cent treize kilomètres le long de l'océan. » Avant d'avoir atteint la cent treizième borne kilométrique, le paysage s'était encore transformé ; de la côte du Râjputâna il était passé à la côte italienne. Les déserts fleurissaient. Des bosquets de citronniers et d'orangers flanquaient la voie. Il y avait des vignobles, des champs de blé, des fleurs éclatantes. Parallèle à la mer, une chaîne de montagnes élégantes et fleuries jouaient les Alpes Apuanes. Un peu d'architecture et l'illusion aurait été complète. Mais il n'y avait pas d'églises, pas d'immenses villas roses entre les cyprès, pas de châteaux sur les collines. Rien que des masures de bois, de petits chenils de briques, des monceaux de poussière, des réservoirs de pétrole, des poteaux télégraphiques, et les innombrables automobiles du pays le plus prospère du monde.

Los Angeles

Rhapsodie, premier mouvement. — La lumière du jour s'était levée pour les habitants d'Hollywood, la brillante lumière californienne. Mais dans le studio du cinéma, nul soleil ne brillait : rien que les lampes, dont la clarté intense d'un vert jaunâtre donnait aux vivants, hommes et femmes, l'apparence de cadavres affectés de jaunisse. Dans le coin d'une espèce d'énorme grange, on se disposait à « tourner ». La caméra était prête, les lampes mortuaires en pleine incandescence. Deux ou trois cow-boys et deux clowns flânaient en fumant. Un homme en habit comptait sur sa moustache pour ressembler à un gredin anglais. Une jeune femme, d'une élégance et d'une beauté telle que l'on pouvait reconnaître aussitôt la star, était assise dans un coin et lisait. Le metteur en scène — quel dommage vraiment que pareil profil restât *au-dessus de la mêlée** au lieu de faire partie du film ! — l'appela poliment. Miss X. leva les yeux. « C'est la scène où vous voyez commettre le meurtre », expliqua-t-il. Miss X. se leva, posa le livre et fit signe à sa maquilleuse qui lui apporta un peigne et une glace. « Ça va, mon nez ? » questionna-t-elle en se poudrant. « Musique ! hurla le metteur en scène. Du sentiment, s'il vous plaît. » L'orchestre qui, dans tous les studios, a pour devoir de mettre les acteurs dans l'état d'âme voulu, attaqua une valse. Des flots de mélodie douceâtre se déroulèrent, entraînant nos esprits dans le balancement de leurs vagues sirupeuses. Miss X. rendit la houppette à la maquilleuse et marcha vers la caméra. « Vous vous cachez derrière le rideau et vous regardez ce qui se passe. » Miss X. se cacha derrière le rideau. « Rien que la main d'abord. Le poing serré. Ensuite le visage peu à peu. — Bien, Mr Z. », répondit derrière le rideau de peluche la voix tranquille de la star. « Vous y êtes ? » demanda le metteur en scène, « alors allons-y ». La caméra se mit à ronronner doucement comme un instrument de dentiste. Le rideau se souleva légèrement. Une main blanche en agrippa le bord. « De la terreur, miss X. », cria le metteur en scène. La main blanche se crispa dans un spasme d'épouvante cinématographique. Le metteur en scène se tourna vers le chef d'orchestre : « Corsez un peu. » On corsa. Les vagues de sirop s'enflèrent encore davantage. « Le visage à présent, miss X. Doucement. Rien qu'un œil. Ça y est. Ne bougez pas. Un peu plus de frayeur. » Miss X. se montra glacée d'effroi. « Bien, très bien. OK. » Miss X. sortit de son rideau et retourna s'asseoir. Elle rouvrit son livre de théosophie et reprit tranquillement sa lecture.

Nous avançâmes, et après avoir assisté quelques instants à un nouvel enregistrement de terreur (par un homme, cette fois, avec un autre metteur en scène), nous arrivâmes aux coulisses du studio. Après avoir donné le mot de passe, fait valoir l'autorisation du manager, et récusé toute relation avec des compagnies rivales, nous finîmes par entrer. Dans un des studios, on était en train de confectionner des miracles et des cataclysmes naturels — des typhons dans des baignoires, des séismes en miniature, le déluge, le passage de la mer Rouge, la Grande Guerre à l'aide de tanks en jouets et de pétards, des fantômes et l'Autre Monde. Dans un autre studio, on modelait des animaux préhistoriques, et l'architecture de l'avenir. En bas, dans des caves mystérieusement éclairées par des lampes rouges et qui sentaient les produits chimiques, une série de machines développaient et imprimaient les films. Ce qui sortait de là était fantastique. Je ne sais plus combien de centaines de mètres d'art et de culture elles pouvaient dérouler par jour. Plusieurs milliers à coup sûr.

Deuxième mouvement. — En sortant, j'achetai un journal. C'était un samedi : une page entière était consacrée aux annonces des sectes religieuses rivales, indiquant les marchandises spirituelles qu'elles donneraient ou vendraient le jour du sabbat :

> Le Dr Léon Tucker et les messagers musiciens dans une grande conférence biblique. Demain trois meetings. Morceaux d'orgue, marimbaphone géant, vibraphone, violon, piano, accordéon, banjo, guitare et autres instruments. Église baptiste de Wilshire.

Le marimbaphone géant était certainement tentant. Mais, dans la première église méthodiste on promettait de distribuer des fleurs à tous les fidèles, le jour de la fête des Mères. (Le jour de la fête des Mères vous devez porter un œillet rouge si votre mère vit encore, un blanc si elle est morte. Les fleuristes sont partout les plus ardents des matriolâtres.) De plus, on y avait retenu par contrat les services exclusifs du Dr James H. Maclaren, orateur dramatique, qui devait donner son fameux numéro sensationnel : Personnifications de Lincoln et de Roosevelt. Le Dr Maclaren, nous disait-on :

> […] apporte un Message unique, original, éloquent, instructif et exaltant, qui concerne deux de nos Grands Présidents. Transporte et exalte. Cela fera du bien à votre âme. Les merveilleux Messages de ces deux Grands Présidents seront apportés dans leur patrie avec une éloquence nouvelle et vous sentirez que vous avez passé la soirée en compagnie de Grands Esprits. Venez entendre le grand orgue, le quatuor des Artistes et le Chœur consacré.

À l'église congréganiste d'Hollywood, il devait y avoir un film de Jackie Coogan dans sa croisade en Nouvel Orient. Le programme était fascinant. Seulement le portrait de miss Leila Castberg, de l'Église de la Puissance divine ne l'était pas moins : sa performance pouvait n'être que d'un intérêt médiocre — elle devait prêcher au théâtre Morosco sur la Divine Maternité — mais le visage qui souriait sur le prospectus était certainement agréable. Moins attrayants — pour les dévots masculins tout au moins — étaient les portraits de Messrs Clarke et Van Bruch ; mais le libellé de leur annonce suffisait à contre-balancer dans l'esprit du lecteur l'effet produit par leurs images :

> « LE MOMENT EST VENU, AMIS, LE MOMENT EST VENU. IL Y A UN RENOUVEAU DU TEMPS JADIS. » À 7 h 30, tous

les soirs, sauf le lundi. Sermons et chants exaltants. Spécial ce soir. Venez écouter 10 Évangélistes — 10. Soirée Évangéliste Van Bruch de Clarke.

Du jazz, encore du jazz. Continuez, allez-y. Dites-le en dansant. Charleston et Baptistes. Radios et renouveau. Transports de l'âme et Gilda Gray. Le fifre, le nègre au Saxophone, le Marimbaphone Géant, Cantiques, films et Irving Berlin, et la Première Église Méthodiste Libre Épiscopale. Encore du Jazz !

N.G. Beskin, le JUIF CONVERTI, de retour d'une brillante tournée, dirigera une campagne pour le tabernacle à Glendale. « POURQUOI JE SUIS DEVENU CHRÉTIEN. » Habillé en costume juif, accessoires intéressants. La toute dernière séance. Les célèbres Imitations de Basse-Cour. 10 Évangélistes — 10. La plus belle troupe de Cyclistes Tragi-comiques de tous les temps.

En marche, Soldats Chrétiens. Demeurez avec moi. Je vais apporter à ma petite, ce soir, une belle pastèque[1].

Troisième mouvement. — La fête des Mères. (Mr Herring d'Indiana est le « Père du jour des Mères ».) Mais pourquoi pas le « jour des Flappers[2] » ? Ce serait plus représentatif, plus démocratique pour ainsi dire. Car dans Joy City il y a bien plus de flappers — non mariées ou même mariées — que de mères.

Nunc vitiat uterum quae vult formosa videri,
Raraque in hoc aevo est quae velit esse parens[3].

1. Début d'un cantique et d'une chanson populaire américaine.
2. Jeunes femmes émancipées de l'époque du charleston, après la Première Guerre mondiale.
3. « Rare en ce temps est la belle qui veuille se déformer en acceptant l'enfantement. »

Des milliers et des milliers de flappers, et presque toutes incroyablement jolies. Potelées à ravir, elles sont, comme l'a dit T.S. Eliot, une « promesse de félicité pneumatique ». De félicité pneumatique mais pas de grand-chose d'autre, à en juger par leurs visages si curieusement uniformes, impersonnels et vides. À peine plus expressifs — pour l'œil d'un étranger du moins — qu'aucune autre partie de cette parfaite anatomie qu'elles se donnent tant de mal pour exhiber.

Sur les plages du Pacifique cette exhibition était vraiment superbe. Des *Beautés au bain* de Mack Sennett par centaines. Elles folâtraient autour de nous tandis que nous nous promenions sur le sable sous le soleil et le vent. Tentations trémoussantes. Mais nous étions trois saint Antoine — Charlie Chaplin, Robert Nichols et moi — trois graves théologiens de l'art, trop profondément absorbés dans une discussion sur le salut du cinématographe pour prêter une attention autre que passagère aux sirènes, toutes potelées qu'elles fussent.

Quatrième mouvement. — L'heure du cocktail. (Depuis plus de deux ans nous avons affaire au même *bootlegger* [1] qui est un homme de toute confiance.) Les glaçons s'entrechoquent dans le shaker — danse de squelettes en miniature — et l'authentique liqueur est versée. *À boire ! à boire !** Vive Pantagruel ! Voilà la sobre Amérique. Nous sommes montés dans la voiture de notre hôte et nous avons circulé interminablement, nous a-t-il semblé, à travers la ville immense. Nous sommes passés devant des cinémas, des théâtres, des music-halls, devant des magasins, des appartements, d'énormes hôtels étincelants. De

1. Celui qui vend l'alcool en sous-main.

chaque bâtiment, des raies de lumière verticale montaient comme des fusées dans le ciel sombre. Les bâtiments eux-mêmes semblaient être propulsés dans l'existence.

Il y a trente ans, Los Angeles était une ville de dixième ordre — de quinzième ordre. En 1940 ou aux environs, elle devrait, d'après les plans, être devenue aussi grande que Paris. Aussi grande et aussi gaie. La Grande Cité de la Joie à l'Ouest.

Et quelle joie ! La joie de courir sans cesse, d'être toujours affairé, de ne pas avoir le temps de penser, d'être trop riche pour douter. La joie de crier, de se moquer, de danser sans cesse aux sons d'une musique sauvage, et de chanter voluptueusement :

Yes, sir, she's my Baby.
No, sir, don't say "Maybe"
Yes, sir, she's my Baby now.

La joie de rire très fort, de parler d'une voix aiguë pour ne rien dire (car la pensée est bannie de cette Cité de l'Effrayante Joie et la conversation y est inconnue). La joie de boire du whisky prohibé, dans d'énormes flacons d'argent, la joie de cajoler de façon provocante d'audacieuses et jolies flappers, la joie de se peindre les joues, de rouler les yeux, d'exposer des mollets et une ligne désirables. La joie d'aller au cinéma et au théâtre, de s'asseoir avec des camarades dans des clubs luxueux et fort peu « exclusifs », de s'en aller en bande par les soirs d'été écouter avec cinquante mille personnes des concerts dans les jardins publics, d'être toujours dans la foule, jamais seul. La joie d'aller entendre, le dimanche, un sermon entraînant, de s'attendrir aux cantiques, de se repentir de ses péchés... La joie, en un mot, d'avoir ce que l'on appelle techniquement, du Bon Temps.

Oh ! Avoir du Bon Temps ! Comme elle s'y applique la Cité de la Joie, comme elle s'y consacre ! Le Bon Temps à Rome, à Babylone, à Byzance et à Alexandrie était terne et misérablement limité, comparé au merveilleux Bon Temps de la Californie Moderne. L'ancien monde était relativement pauvre et avait connu la catastrophe. La fortune de Joy City est d'une énormité sans précédent. Son peuple au cœur léger ignore la guerre, la peste, la famine ou la Révolution, et n'a connu, dans son Eldorado protégé, encore à demi vide, que la paix prospère, la satisfaction, le consentement universel. Peut-être les meilleurs patriotes sont-ils ceux qui demandent au ciel une calamité nationale.

Nous roulions toujours dans les rues fourmillantes de Joy City (une automobile, monsieur, pour trois habitants). Les grands immeubles semblaient menaçants, les lumières fusaient vers le ciel. Nous roulions toujours. Brusquement, au bout d'une trouée, surgit un grand édifice blanc que l'obscurité intense du ciel faisait briller d'un éclat magique (le Temple des Élans, monsieur, juste terminé). Partant du faîte, les rayons d'une demi-douzaine de projecteurs interrogeaient le ciel. On eût dit les antennes de quelque énorme animal, tâtant et fouillant le vide — que cherchait-il ? La vérité peut-être ? On n'a nul besoin de la vérité dans la Cité de l'Effrayante Joie. Le Bonheur ? On le tient. Dieu ? Mais on a déjà trouvé Dieu : il est à l'intérieur du Temple étincelant, il *est* le Temple, le Temple flambant neuf d'un million de dollars. À ce moment, les initiés du vénérable ordre des Élans s'y étaient rassemblés pour adorer non la stérilement aristocratique Lady Pauvreté, mais la vulgaire Américaine Mrs Fortune. Cinq ou six cents automobiles stationnaient devant les portes. Que *pouvaient* chercher les antennes lumineuses ? Mais rien, naturellement, rien du tout. Si elles remuaient obstinément c'était pour s'amuser. Elles remuaient pour le plaisir de remuer. Le mouvement est une joie, et c'est ici la Grande Cité de la Joie de l'Occident.

Cinquième mouvement. — Le restaurant est immense. Les garçons s'affairent, portant d'énormes plats couverts des mets les plus succulents. Quelle profusion gargantuesque ! De grandes côtelettes de plusieurs livres, d'énormes pavés de biftecks, des filets de baleine, des dindes entières cuites dans de la crème, des montagnes de beurre. La musique barbare palpite et miaule sans trêve. Entre chaque plat juteux et rassasiant, les flappers et les jeunes gens dansent enlacés dans un amoureux corps à corps. Comme Rabelais aurait adoré cela ! Au moins pendant une semaine. Après, j'en ai peur, il se serait mis à regretter la conversation et la culture qui, dans son abbaye de Thélème, sont l'accompagnement et la justification du plaisir. Ce plaisir occidental, carné et cru, sans agrément d'aucune sauce mentale, aurait-il été digéré par Rabelais lui-même, aurait-il eu l'estomac assez solide ? J'en doute. Dans la Cité de l'Effrayante joie, Pantagruel serait vite mort de fatigue et d'ennui. *Taedium Laudamus* — ainsi se lit (pour les habitants du continent de Rabelais en tout cas) le cantique triomphant de la joie californienne.

Le restaurant est brusquement plongé dans l'obscurité. Un grand rayon lumineux pareil à l'Œil de Dieu dans une gravure ancienne, regarde la salle du haut du plafond, la balaye et la fouille, louchant tantôt d'un côté, tantôt de l'autre, et finit par trouver ce qu'il cherchait : une radieuse silhouette, tout en blanc, la chanteuse de la soirée, une bonne chanteuse mais non une excellente chanteuse comme Ethel Levey ou Jenny Golder.

You gotta feed a chicken corn,
You gotta feed a seal fish,
You gotta feed a man (significant pause and *œillade**)
Love.

Et ainsi de suite. Un enthousiasme délirant accueille ces leçons rythmées de physiologie élémentaire.

Être enthousiaste est une joie. Nous sommes dans la Métropole de la Joie.

Il y a une dernière salve d'applaudissements. La paupière divine se referme sur l'œil brillant de Dieu. L'orchestre éclate de nouveau. La danse reprend. Le charleston, le fox-trot. « Il n'y a, dans le monde d'aujourd'hui, qu'une seule civilisation de premier ordre. Elle est ici, aux États-Unis et au Canada. » Monkey-Ville, Bryan, le Ku Klux Klan. « L'Europe est à peine de second ordre, l'Asie va du quatrième au sixième. » — du Jazz, encore du Jazz ! Et qu'a donc déclaré récemment le grand ambassadeur Mr Page ? « Le continent tout entier (l'Europe) est corrompu ou tyrannique ou chien galeux. Je ne donnerais pas Long Island ou Moore County pour tout le continent européen. » Et en ajoutant dans la balance Coney Island à Long Island, et Los Angeles à Moore County, il aurait pu jeter encore (dans l'autre plateau) toute l'Asie et l'Empire britannique. Trois bans pour Mr Page ! Oui, Monsieur, « l'idéalisme américain s'est fait ressentir comme une grande force dans le progrès de l'humanité ». Trois bans pour George F. Babbitt et le Rotary Club ! Et trois bans pour le professeur Nixon Carver ! « La prospérité, a dit le professeur, vient à nous précisément parce que nos idées ne sont pas matérialistes. Toutes ces choses (par exemple le Temple des Élans, les jazz-bands, les cinémas, les muffins du petit déjeuner) nous sont données de surcroît justement parce que nous cherchons le Royaume de Dieu et sa justice. » Encore trois bans — trois fois trois ! Le professeur les mérite.

Il est près de minuit. Dans quelques minutes, ce sera le jour du sabbat. Dans quelques heures le Marimbaphone Géant proclamera la gloire du Nouveau Dieu d'Un Billion de Dollars. À l'Ambassador Hôtel (hélas ! trop cher pour moi), le Dr Ernest Holmes fera son prêche sur « La Science de Jésus ». Il est temps de rentrer chez soi. Adieu, adieu. Partir est une si douce tristesse. Tosti a-t-il soulevé son melon quand il a dit « Adieu » ?

Chicago

En feuilletant l'annuaire téléphonique de Chicago, je tombai sur une page entière de publicité d'une firme d'entrepreneurs de pompes funèbres, ou de « morticiens » comme on les dénomme plus élégamment aujourd'hui en Amérique. L'annonce, en grands caractères provocants, attira fatalement mon regard. J'interrompis ma recherche pour lire, en vingt lignes de prose lyrique, une appréciation de l'incomparable Service que Kalbsfleisch et Cie rendaient à la Société. Leur magasin, à ce que j'appris, était une chapelle mortuaire de style gothique ; leurs coffres (les Anglais moins raffinés appellent cela des cercueils) étaient élégants, capitonnés de soie et pas chers, leurs corbillards automobiles, d'une digne somptuosité, leur attitude envers la famille endeuillée, grave mais encourageante, très réconfortante : et ils étaient heureux de pouvoir déposer les Chers Disparus dans le cimetière de X., le cimetière de luxe. Leur mot d'ordre était et serait toujours « Service ». Service dévoué et vigilant. Et pour preuve de l'engagement qu'ils en prenaient personnellement et individuellement, ils avaient reproduit deux photographies, l'une de Mr Kalbsfleisch, le Directeur et Administrateur de la Maison, et l'autre, de la charmante Mrs Kalbsfleisch, Embaumeuse Diplômée.

Je restai quelques instants en contemplation méditative devant le sourire de Mrs Kalbsfleisch ; je lus et relus la prose poétique de son époux, et je me disais que la page que je regardais là était quelque chose de plus qu'une simple page de publicité dans un annuaire téléphonique. Quelque chose était en train de se passer sur le rivage occidental de l'Atlantique, quelque chose qui avait déjà rendu l'Amérique différente de tout autre pays du monde, quelque chose qui menace de la séparer de plus en plus des vieilles civilisations, à moins que (à Dieu ne plaise) les vieilles civilisations ne deviennent, elles aussi, victimes du même processus déformant. Pour quiconque lisait et assimilait l'annonce de Mr Kalbsfleisch dans l'annuaire du téléphone de Chicago, la nature de cet étrange processus historique devenait claire. Une telle page était révélatrice, symptôme et symbole à la fois.

Ce qui est en train de se passer en Amérique, c'est une révision des valeurs, un changement radical (en pis) des critères établis. Mr Kalbsfleisch nous montre jusqu'où le processus est déjà parvenu. Jusqu'où ira-t-il ? On ne peut ni le deviner ni prévoir les résultats, ni savoir s'il y aura des réactions à contre-courant.

Les valeurs actuelles peuvent être modifiées de deux manières : on peut soit nier jusqu'à leur existence même, soit leur accorder un sens différent. On déprécie des choses qui, dans le passé, ont été considérées comme de grande valeur, ou, plus souvent, on déclare précieuses les choses qui auparavant étaient jugées sans valeur.

En Europe, les efforts faits pour modifier l'échelle des valeurs ont généralement pris la forme d'une négation de leur existence. Notre foi en la valeur de certaines choses est due à un sentiment ou à une intuition immédiate ; nous sentons puis nous savons que les choses ont une valeur. Si les hommes ont mis en doute l'existence réelle des valeurs, c'est parce qu'ils ont douté de leur conviction immédiate, intuitive. Ils ont eu besoin, pour croire à leur existence, d'une preuve intellectuelle, logique, « scientifique ». Or, il est difficile de trouver une telle preuve, même dans les cas les plus favorables. Mais quand vous commencez votre argumentation par les prémisses qu'impose le matérialisme scientifique, cela devient impossible. Toute argumentation partant de ces prémisses aboutit infailliblement à la négation de l'existence réelle des valeurs. Par bonheur les êtres humains sont capables de grandes inconséquences, et les hommes de science des dix-huitième et dix-neuvième siècles, dont la conception de l'univers était telle que les valeurs ne pouvaient à leurs yeux posséder aucune espèce d'existence réelle, furent, en fait, les défenseurs les plus ardents des valeurs établies.

Cependant la conception matérialiste de l'univers ne pouvait manquer d'exercer une influence. La génération d'Arnold et de Tennyson était inconfortablement assise sur les épines d'un dilemme apparemment sans issue. Ou bien l'hypothèse matérialiste était vraie et alors la valeur en tant que telle n'existait pas, ou bien elle était fausse, auquel cas les valeurs existaient réellement mais la science n'existait plus. Or, la science *existait* manifestement. Le télégraphe et la locomotive en étaient des preuves. Dans le fait de pouvoir, en entrant dans n'importe quel bureau de poste, communiquer presque instantanément d'un bout à l'autre de la terre, on voyait une confirmation de l'hypothèse matérialiste, alors courante chez les hommes de science. Elle donnait des résultats, donc elle était vraie ; et, par suite, notre sens intime de l'existence des valeurs n'était qu'une illusion. Tennyson et Arnold ne voulaient pas que ce fût une illusion. Ils étaient consternés, intérieurement déchirés. Leurs intelligences niaient ce qu'affirmaient leurs sentiments ; et la Vérité (ou plutôt ce qui, à cette époque, paraissait être la Vérité) était en guerre avec leurs espérances, leurs convictions intuitives, leurs désirs. Les intellectuels européens, d'une génération postérieure, acceptèrent les conclusions qui dérivaient logiquement de l'hypothèse scientifique-matérialiste, et se résignèrent — presque joyeusement — à vivre dans un monde sans valeur. Quelques-uns d'entre eux sont encore parmi nous. Ils ont, à partir de la principale théorie, la négation des valeurs, proposé des corollaires dont l'influence se fait toujours ressentir. Se posant en apôtres de la vérité scientifique, ils dépouillèrent l'art de sa signification et interprétèrent la vie humaine en termes, non de ce qu'elle offre de plus haut et de plus spirituel, mais de ce qu'elle présente de plus bas. (J'use des expressions « plus haut » et « plus bas », qu'eux, bien entendu, repousseraient comme des non-sens.) Une génération moins sophistiquée avait trouvé que les fresques de la chapelle Sixtine étaient somme toute supérieures à un tapis joliment dessiné, et *Macbeth* de plus d'importance que *The Rape of the Lock*. Illusion ! Selon les apôtres de la vérité scientifique, les unes valaient en vérité juste autant que les autres. En fait, *The Rape* et le joli tapis étaient maintenant jugés supérieurs à *Macbeth* et aux fresques de Michel-Ange, parce que c'étaient des œuvres d'art plus finies et plus parfaites, elles éveillaient, expliquait-on, des émotions esthétiques plus intenses. Quand on eut ainsi disposé de l'art de manière satisfaisante, la religion, à son tour, fut « expliquée » en termes de sexe. Abolie la conscience morale (autre illusion), il n'y eut plus qu'un seul impératif catégorique : « amusez-vous. » Les cercles intellectuels acclamèrent les théories de Freud. Expliquer chacune des plus hautes activités de l'esprit humain en termes d'inceste et de trivialité finit par être considéré non seulement comme vraiment scientifique, mais, en quelque sorte, comme viril et courageux. Le freudisme devint la *realpolitik* de la psychologie et de la philosophie. Ceux qui niaient les valeurs se jugèrent presque héroïques ; instinctivement ils en appelaient à ces mêmes valeurs qu'intellectuellement ils s'efforçaient de détruire.

En attendant, les hommes de science sont en train de découvrir que le grossier matérialisme de leurs prédécesseurs est une hypothèse qui ne donnera rien. Nos apôtres de la vérité scientifique se voient devenus les apôtres de ce qui sera bientôt universellement reconnu fallacieux.

Mais l'influence de ces *ci-devant** négateurs « scientifiques » de la valeur n'a pas été très considérable. Chez la plupart des êtres humains le sens intuitif des valeurs est trop fort pour être sérieusement affecté par des arguments intellectuels, si spécieux soient-ils. La négation des valeurs les révolte : ils persistent à interpréter le monde en termes de « supérieur » et d'« inférieur ». Mais malheureusement ils sont aptes à commettre des erreurs et à donner aux choses de faux noms, disant « haut » quand il faudrait dire « bas » et « bas » quand il faudrait dire « haut ». Cette falsification de l'échelle des valeurs est, dans notre monde moderne, un effet de la démocratie, et atteint son paroxysme en Amérique. Elle est bien plus dangereuse que la négation pure et simple des valeurs, car elle est beaucoup plus populaire. La négation des valeurs semble une chose horrible à la plupart des hommes et des femmes, mais une falsification qui les fait cadrer avec les préférences populaires est agréable et flatteur. Examinons de près l'annonce de Mr Kalbsfleisch, et cherchons dans quelle direction les critères ont été faussés et par quels procédés.

L'hypothèse démocratique, dans sa forme extrême et la plus populaire, est que tous les hommes sont égaux et que je vaux tout juste autant que vous. Ceci est si manifestement inexact qu'il a fallu inventer un système de trompe-l'œil extrêmement compliqué pour que des êtres humains pourvus d'une dose normale de bon sens puissent l'admettre. Nulle part on n'a porté ce système de trompe-l'œil aussi loin qu'en Amérique. Prenez le cas de Mr Kalbsfleisch. C'est un entrepreneur de pompes funèbres. Le commerce qu'il exerce n'a jamais bénéficié d'une grande considération, car, tout nécessaire qu'il soit, on ne saurait dire qu'il fasse appel à des qualités hautement intellectuelles ou morales. Mr Kalbsfleisch et ses collègues ont eu péniblement conscience du manque de considération que leur accorde l'humanité. En bons démocrates, ils insistent pour être mis sur un pied d'égalité avec les gens les plus considérés. Pour commencer, ils changent le nom de leur commerce. Le mot « pompes funèbres » est déprécié. Ils inventent alors un nouveau terme et s'intitulent « morticiens ». Morticien rime avec des mots extrêmement respectables tels que physicien, mathématicien, académicien, politicien — sans parler de Titien. Qu'est-ce qu'un nom ? C'est beaucoup. D'entrepreneurs de pompes funèbres et de simples commerçants, les morticiens sont devenus artistes et membres d'une profession quasi savante.

Ayant retouché leur nom, les morticiens s'occupent de rehausser et de magnifier leur vocation, ce qu'ils font d'une façon très simple, mais éminemment efficace, en insistant sur le Service qu'ils rendent à l'Humanité.

La notion de Service est fondamentale dans le christianisme. Jésus et ses grands disciples ont proclamé l'importance spirituelle du Service et ont exhorté les hommes et les femmes à être les serviteurs de leurs frères. Les morticiens et, avec eux, tous les hommes d'affaires d'Amérique, ont pour le Service un enthousiasme aussi chaleureux qu'en eurent jamais saint François ou son divin Maître. Seulement, les activités qu'ils désignent par le mot « Service » se trouvent être légèrement différentes de celles que le fondateur du christianisme désignait du même nom. Pour Jésus et saint François, Service sous-entendait : sacrifice de soi, abnégation, humilité. Pour les morticiens et les autres hommes d'affaires d'Amérique, Service veut dire autre chose : cela veut dire faire et réussir des affaires profitables avec tout juste l'honnêteté suffisante pour échapper à la prison. Les Hommes d'Affaires Américains parlent comme saint François ; mais il est difficile de distinguer leurs activités de celles des marchands que Jésus chassa du Temple.

Les marchands protestèrent sans doute, prétendant servir l'humanité aussi bien, sinon mieux, que leur agresseur : « Nous faisons, ont-ils sans doute soutenu, une chose utile et nécessaire ; la société nous juge indispensables. » C'est avec ce même argument — qu'ils font, et bien, quelque chose de nécessaire — que les Hommes d'Affaires Américains prétendent rendre un Service, et un Service de première importance. Ils négligent ce fait historique capital que tout ce qui compte dans la vie, tout ce qui contribue à la civilisation et au progrès, c'est précisément ce qui n'est pas nécessaire. Toutes les recherches scientifiques, l'art, la religion ne sont (par comparaison avec la fabrication des cercueils ou des produits alimentaires) d'aucune nécessité. Mais si nous ne nous étions attachés qu'au nécessaire, nous serions encore des singes. D'après n'importe quel véritable critère de valeur, ce qui est inutile, et les inutiles qui s'en occupent, sont beaucoup plus importants que le nécessaire et les gens nécessaires. En mettant sur le même plan le nécessaire et l'inutile, l'Homme d'Affaires Américain a faussé l'échelle des valeurs. Le Service que rend un morticien ou un agent immobilier finit par être considéré comme l'équivalent du service que rend un artiste ou un savant. Babbit peut maintenant croire honnêtement que lui et ses pareils font autant pour l'humanité qu'un Pasteur ou un Isaac Newton. Kalbsfleisch, parmi ses coffres de soie capitonnés sait qu'il vaut autant que Beethoven. Un agent de change chanceux, certain que les Affaires sont une Religion, après avoir spéculé sur le change toute la journée, rentre chez lui aussi vertueusement satisfait que doit l'avoir été Bouddha quand il renonça au monde et eut sa grande révélation.

Partout, dans tous les temps, l'immense majorité des êtres humains a été formée de Babbits et de paysans. Ils sont indispensables ; ce qui est nécessaire doit être fait. Mais jamais, avant notre époque, et nulle part, sauf en Amérique, les majorités nécessaires ne se sont crues les égales des minorités qui ne le sont pas. En Europe, l'ancienne échelle des valeurs existe encore, le fantôme tout au moins de la vieille hiérarchie demeure. Même si le riche parvenu méprise l'homme de science à cause de sa pauvreté, il éprouve quelque humilité en face de son savoir, de son intelligence supérieure, de son désintéressement. La technique du trompe-l'œil, grâce à laquelle le métier d'un agent de change qui réussit peut paraître une occupation aussi estimable, aussi noble, que la recherche scientifique ou la création artistique, n'a pas encore été perfectionnée en Europe ; elle est à peine inventée. Il y a beaucoup de gens, il est vrai, qui voudraient la voir importer, toute faite, de l'autre côté de l'Atlantique. J'espère, et même avec une certaine confiance, qu'ils seront invariablement déçus.

En attendant, à l'ouest de l'Atlantique, la falsification progressive des valeurs se poursuit régulièrement. Voici à peu près où ils en sont : on attache un grand prix à des choses et à des gens qui en avaient eu jusqu'ici assez peu. Mais dans certaines parties des États-Unis, les innombrables hommes nécessaires se disposent à faire un pas de plus. Non contents de s'attribuer à eux-mêmes la plus haute valeur possible, ils commencent à dénier toute valeur aux rares hommes non nécessaires ; la majorité a des droits souverains. Ce qu'on tenait pour supérieur est déprécié. Les qualités mentales et morales, les occupations et les amusements du plus grand nombre sont considérés comme les meilleurs, les seuls tolérables : les qualités et les occupations de la minorité sont condamnées. La stupidité, la crédulité, les affaires sont d'un prix inestimable. L'intelligence, l'indépendance, l'activité désintéressée — jadis admirées — sont en train de devenir des choses mauvaises, qu'il faut détruire. Dans le Tennessee, et quelques provinces lointaines, la croisade contre elles a déjà commencé. Reste à savoir si cette nouvelle perversion des valeurs s'étendra au reste du continent.

New York

Maintenant que la liberté est démodée, que l'égalité est une notion condamnée et la fraternité une impossibilité démontrée, les républiques devraient changer de devises. Intelligence, Stérilité, Insolvabilité : ceci pourrait aller pour la France contemporaine. Mais non pour l'Amérique. Le slogan américain devrait être tout différent. Il faut qu'une devise nationale corresponde aux réalités nationales. Ce que j'inscrirais sous l'aigle frémissant de l'Amérique ce serait : Vitalité, Prospérité, Modernité.

Commençons par cette dernière. La modernité dans ce contexte — tout au moins sur le plan de la vie pratique et matérielle — se définit par son absence de lien avec les coutumes, les anciens préjugés et les traditions consacrées, c'est-à-dire avec l'histoire. Le changement est accepté en Amérique comme un point de départ fondamental. Il est accepté non comme l'ont accepté les autres peuples, c'est-à-dire comme un mal que l'on doit combattre par l'organisation d'une société stable et par des constructions solides et immuables, mais au contraire comme un bien, comme la base et la clé de la vie réelle. Dans ce pays moderne, c'est le règne du provisoire jusqu'à ce qu'il y ait, à la place, quelque chose de mieux ou tout au moins de plus nouveau. Dans les campagnes, les maisons ont partout un air de provisoire, le paysage où l'homme a laissé sa trace ressemble à une esquisse inachevée. Les usines sont en perpétuel renouvellement ; la moitié de leurs bénéfices sont retenus pour faire face aux dépenses de ce rajeunissement chronique. Sur les voies ferrées européennes on voit circuler des locomotives vieilles de quarante ans, à l'aspect étrange et presque fabuleux de monstres tertiaires. Une respectable compagnie de chemin de fer américaine se jugerait déshonorée si elle possédait une machine de plus de dix ans. Du reste la machine ne survivrait guère davantage. Tout, ici, est fabriqué pour être détruit aussitôt passée la première jeunesse. Le changement est à l'honneur, et on s'en réjouit. Voilà la modernité.

Passons à la prospérité. L'Amérique est un pays à demi peuplé, regorgeant de richesses naturelles. Les méthodes commerciales n'y sont pas, sauf peut-être dans l'Est, paralysées par de vieilles traditions appartenant à une forme de société qui n'existe plus. Les traditions féodales agricoles et artisanales ont beaucoup contribué à paralyser le développement efficient et rationnel de l'industrialisme en Europe. La plus grande partie de l'Amérique débuta avec une page blanche. En Californie il y a maintenant une automobile pour trois habitants. Rien d'étonnant à cela si l'on tient compte de l'épanouissement de ce pays.

La vitalité américaine est, mathématiquement parlant, fonction de la prospérité et de la modernité. Un être humain insuffisamment nourri a besoin de beaucoup de repos. Réduits au régime alimentaire des Indes, les Américains porteraient beaucoup moins d'intérêt au succès des affaires, aux transports de l'âme, au charleston. Ils consacreraient une bonne partie de leurs loisirs à la somnolence ou à la méditation, sa cousine germaine. Mais ils ont assez à manger et même plus qu'assez. Ils peuvent se permettre de se démener ; en fait, il faut qu'ils se démènent sans quoi ils mourraient de pléthore. Des hommes et des femmes qui avalent plusieurs verres de lait bien crémeux pour faire passer la viande qu'ils viennent de manger ont besoin de se dépenser sans compter, ne serait-ce que pour rester en vie.

Les effets psychologiques de la prospérité sont à peine moins frappants que ses effets physiques. Dans des pays moins riches, la précarité de la vie maintient une bonne partie de la population dans un état de peur chronique. La crainte du chômage hante à la fois les ouvriers et les bourgeois. Il suffit de peu de chose en Europe pour précipiter un homme des classes moyennes dans les abîmes du déclassement ; le gouffre sans fond de la pauvreté dans lequel sont tombés tant de travailleurs manuels est béant à ses pieds. La peur le hante et toujours sourdement le menace. La peur est l'ennemie de la vie, elle arrête toutes les fonctions de l'esprit et du corps. C'est pourquoi, dans les parties de l'Europe les plus pauvres, la vitalité est si faible.

En Amérique cette peur n'existe pour ainsi dire pas. Là, il n'y a aucune raison de craindre de ne pas pouvoir gagner sa vie. Et tomber de l'état de rond-de-cuir à celui d'ouvrier n'a rien de déshonorant, contrairement aux pays plus anciens où le préjugé contre le travail manuel le fait encore considérer comme quelque chose de foncièrement bas et dégradant. Les classes bourgeoises sont donc en grande partie délivrées de la terreur de perdre leur caste. Libérés de la peur, les Américains vivent avec confiance et leur vitalité en est accrue. Leur prodigalité serait inimaginable dans toute autre partie du monde. Hommes et femmes gagnent beaucoup et dépensent ce qu'ils ont dans les plaisirs nationaux qui tous ont un caractère social et stimulent la vitalité.

La modernité tend aussi à augmenter la vitalité — ou plus exactement elle réagit sur la façon dont se manifeste la vitalité — sous forme d'action véhémente. Accepter le changement avec joie a une telle influence sur l'industrie américaine, sur les méthodes commerciales et l'architecture d'intérieur, que cela se répercute dans le quotidien et sur la vie privée. L'idée de plaisir est associée à celle de changement de lieu et d'environnement et, finalement, au mouvement pour le mouvement. Les gens sortent de chez eux s'ils veulent se distraire. Ils extériorisent leur vitalité en allant s'amuser dans des lieux publics. Danser, se promener en voiture, faire n'importe quoi mais ne pas rester paisiblement assis au coin du feu (ou plutôt du radiateur). Ce qu'on appelle la « vie nocturne » s'épanouit en Amérique comme nulle part ailleurs et il n'y a peut-être nulle part aussi peu de conversation ! En Amérique la vitalité s'extériorise de façon évidente et c'est la raison pour laquelle les Américains ont l'air d'avoir plus de vitalité qu'ils n'en ont réellement. Un homme peut regorger de vitalité et pourtant rester tranquille, mais ce calme, cette absence d'agitation sont facilement pris pour de l'apathie. Il n'y a pas d'erreur possible quand les gens dansent et courent dans tous les sens. La vitalité américaine est toujours manifestée de façon évidente. Elle s'exprime vigoureusement dans la musique du tambour et du saxophone, la sonnerie du téléphone, le rugissement des voitures dans la rue. Elle s'exprime en termes d'automobiles lancées à toute vitesse, de foules énormes et vociférantes, de discours, de banquets, de promenades en voiture, de slogans, de projecteurs dans le ciel. Elle est tout entière mouvement et bruit, pareille à l'eau d'un bain qui se vide dans l'égout. Oui, dans l'égout.

L'Amérique passe communément pour un pays puritain. Et c'est exact. Quiconque voyage à travers l'Amérique peut le constater. Mais ce dont le voyageur s'aperçoit aussi — à sa grande surprise s'il est arrivé avec des idées toutes faites sur le pays — c'est qu'un relâchement rabelaisien est tout aussi caractéristique de l'Amérique contemporaine que la rigueur puritaine. À Philadelphie, les libraires qui se respectent n'ont pas *Jurgen* de Mr Cabelle. À Boston le *Mercury* américain est interdit par la Watch-and-Ward Society, la Société de surveillance et de tutelle, et dans cette même ville il y a au moins un de mes romans qui ne se vend que sous le manteau, comme une bouteille de whisky. J'ai été dans les hôtels du Middle West où l'on trouvait inconvenant que ma femme fume une cigarette dans les salles communes. Bien que je n'aie pas visité les États du Sud, j'ai lu dans les journaux les plus extraordinaires récits de persécutions qu'encourent là-bas les femmes infidèles ou les maris coupables. On pourrait citer de nombreux exemples de puritanisme américain. La liste en serait longue et curieuse. Mais ces quelques exemples suffisent à trancher une vieille question : l'Amérique est bien un pays puritain.

Elle est aussi et simultanément un des pays les moins puritains que j'aie jamais visités. On peut voir à New York des pièces de théâtre difficilement comparables à celles d'aucune autre ville du monde. Je ne parle pas des exhibitions de femmes nues, trop communes aujourd'hui pour que l'on s'en étonne — sauf peut-être dans un pays colonisé par les Pilgrim Fathers[1]. En tout cas les puritains tolèrent les spectacles et les actes beaucoup plus volontiers que les mots. C'est seulement au cours des mois derniers que la représentation de la *Profession de Mrs Warren* de Bernard Shaw a été autorisée en Angleterre. *Mrs Warren* a été interdite pendant un quart de siècle alors qu'on jouait d'innombrables pièces franchement pornographiques. Le crime de Shaw était d'avoir abordé franchement et sérieusement le sujet de la prostitution. Il introduisait certaines idées, employait certains mots. Les puritains aiment à porter la feuille de vigne sur la bouche. Cette idiosyncrasie puritaine rend d'autant plus remarquable la franchise verbale de nombreuses pièces jouées à New York ces temps derniers — pièces sans étalage de chair mais où un chat est appelé un chat, voire pire, d'un mot plus intime. Je me souviens, par exemple, d'une pièce intitulée *Cradle Snatchers*, une comédie de l'époque de la Restauration remise au goût du jour. Du Wycherley moins l'humour. Le sujet — l'histoire de trois dames mûres entretenant trois jeunes amants — ressemblait beaucoup à celui de la comédie de Fletcher, *The Custom of the Country*, que Dryden, quand il défendait le théâtre de la

1. Premiers puritains venus d'Angleterre en Amérique.

Restauration contre les attaques de Jeremy Collier, déclarait bien plus indécente qu'aucune pièce écrite de son temps.

Et cette pièce n'était pas un phénomène isolé. *Sex* vivait sur son simple titre. *Lulu Belle* et *The Shanghai Gesture* n'étaient pas moins remarquables. Le plus savoureux passage de *Les Hommes préfèrent les blondes*, qu'on jouait lors de mon séjour à Chicago, avait un robuste humour rabelaisien que, pour ma part, j'appréciai fort. Mais que pensait Mr Summer, de la Vice Society de New York, de ces plaisanteries gargantuesques ? Et le chaste Mr Chase de Boston ? Et comment ces deux héritiers directs des Pilgrim Fathers eurent-ils réagi à ces légères et insouciantes allusions à l'homosexualité, que j'ai entendu faire dans plus d'un théâtre burlesque ou d'un cabaret ? Je me le demande.

Ce n'est pas seulement au théâtre que se montre cet esprit d'antipuritanisme : c'est aussi dans la vie américaine. Dans une partie du pays il sera interdit de fumer et ceux qui s'érigent en défenseurs de la moralité publique arrêteront des automobiles pour réclamer à leurs occupants leur acte de mariage. Mais dans une autre partie, les rapports entre les sexes seront aisés, intimes, et (comment m'exprimerai-je ?) chroniquement amoureux. Encore tout rempli des conventions et du décorum de Paris et de Londres, l'étranger qui arrive sur la côte occidentale sera surpris par le nombre de gens qui, en public, s'enlacent et s'embrassent dans les restaurants et les dancings — même les membres les plus respectables de la société. Il sera étonné de la franchise avec laquelle les gens discutent de leurs affaires privées — à haute voix, si bien que les détails les plus intimes résonnent à des mètres à la ronde. Il sera frappé par le style presque congolais des danses, tandis que l'espèce d'ivresse hilare qui imprègne la vie nocturne de toutes les villes américaines le poussera à se demander si un peu moins de prohibition — ce qui veut dire un peu moins de whisky — ne serait pas, peut-être, une bonne chose. Dans l'Amérique moderne, la Rome de Caton et la Rome d'Héliogabale coexistent et s'épanouissent avec une vitalité sans précédent.

Londres

Le voyage est maintenant terminé et me voici revenu au point de départ, plus riche de beaucoup d'expériences, plus pauvre de nombreuses convictions perdues, de beaucoup de certitudes détruites. Convictions et certitudes ne sont que trop souvent concomitantes de l'ignorance. Le fruit de la connaissance et de l'expérience est généralement le doute. Un doute de plus en plus profond au fur et à mesure que la connaissance pénètre davantage le mystère sous-jacent, un doute qui grandit au rythme des expériences vécues, des perceptions de plus en plus raffinées.

Les convictions d'un poisson sont, nous pouvons en être sûrs, inébranlables. Un chien a autant de certitudes que le Vétéran Libéral qui a professé les mêmes opinions pendant quarante ans. Vous pourriez supplier un chat, comme Cromwell par les boyaux du Christ supplia jadis un parlement, de songer qu'il peut se tromper : la bête ne douterait jamais d'avoir raison.

Quand je commençai mes voyages, je savais, ou je croyais savoir, comment les hommes devraient vivre, comment ils devraient être gouvernés et instruits, et ce qu'ils devraient croire. Je savais quelle était la meilleure forme d'organisation sociale, et dans quel but les sociétés avaient été créées. J'avais, sur toutes les activités humaines, mon propre point de vue. Maintenant, depuis mon retour, je n'éprouve plus de ces agréables certitudes. Avant mon départ, vous auriez pu me poser presque n'importe quelle question sur l'espèce humaine, et je vous aurais répondu avec volubilité. Demandez à quelqu'un de parfaitement ignorant comment marche l'électricité, il trouvera votre demande ridiculement simple. « Vous n'avez qu'à presser le bouton », dira-t-il. L'électricien vous donnera une explication plus technique, parlera de courant, de résistances, de conductibilité, mais le physicien philosophe confessera modestement son ignorance. Le phénomène électrique, dira-t-il, peut être décrit et classé. Mais quant à dire ce qu'est l'électricité… Et il lèvera les bras au ciel. Mieux on comprend la portée d'une question, plus il est difficile d'y répondre. Ceux qui aiment sentir qu'ils ont toujours raison, et qui attachent une grande importance à leurs propres opinions, feraient bien de rester chez eux. En voyage, vous perdez vos convictions aussi facilement que vos lunettes, mais il est plus difficile de les remplacer.

J'ai perdu beaucoup, je le répète, mais en contrepartie j'ai acquis deux nouvelles convictions importantes : qu'il faut de tout pour faire un monde et que les valeurs spirituelles établies sont fondamentalement justes et devraient être conservées. J'appelle ces opinions « nouvelles » quoiqu'elles soient l'une et l'autre au moins aussi vieilles que la civilisation, et quoique je fusse pleinement convaincu de leur véracité avant même de partir. Mais, lorsqu'il s'agit de votre expérience personnelle, les vérités les plus anciennes, les plus généralement reconnues, vous paraissent étonnamment nouvelles. Il y a toute la différence du monde entre croire de façon conventionnelle, intellectuellement, et croire de façon personnelle, intérieurement, de tout son être. Un sourd qui lit un livre sur la musique peut être théoriquement convaincu que Mozart était un bon compositeur. Mais guérissez-le de sa surdité, faites-lui écouter la *Symphonie en sol mineur*, il sera convaincu de la grandeur de Mozart de façon entièrement nouvelle.

Qu'il faille de tout pour faire un monde, je m'en suis douté dès que j'ai su lire, mais les proverbes restent des platitudes tant qu'on n'a pas fait soi-même l'expérience de leur vérité. Le voleur que l'on vient d'arrêter sait que l'honnêteté est la meilleure des politiques avec une intensité et une conviction que nous n'éprouverons jamais. Pour se rendre compte qu'il faut de tout pour faire un monde, il faut le voir de ses propres yeux, au moins une partie de ce tout. Quand on s'est ainsi rendu compte, de façon intime, de la vérité du proverbe, il est difficile de se complaire à croire plus longtemps que ses propres opinions et sa propre manière de vivre sont les seules à être rationnelles et justes. Cette conviction de la diversité de l'homme doit trouver son expression morale dans la pratique de la plus complète tolérance possible.

Mais si les voyages apportent la conviction de la diversité humaine, ils apportent aussi une conviction non moins forte de l'unité humaine. Ils inculquent la tolérance, mais ils montrent les limites qu'elle ne saurait dépasser. Les religions, les codes de morale, les formes de gouvernement et de société varient à l'infini et chacun d'eux a droit à sa propre existence. Mais il y a une unité sous cette diversité. Tous les hommes, quelles que soient leurs croyances, leurs habitudes, leurs manières de vivre, ont un sens des valeurs. Partout et dans tous les types de sociétés, les valeurs sont plus ou moins les mêmes : la bonté, la beauté, la sagesse et la science. Ceux qui possèdent ces qualités, ceux qui les utilisent pour créer et penser, ont toujours et partout été honorés.

Notre sens des valeurs est intuitif. Il n'y a aucun moyen susceptible de satisfaire l'intelligence logique, de prouver l'existence réelle des valeurs. Nos critères peuvent être démolis par l'argumentation, nous n'en avons pas moins raison de nous y attacher. Non pas aveuglément, certes, ni sans examen. Convaincu par expérience pratique de la diversité de l'homme, le voyageur ne sera pas tenté de s'attacher aux critères nationaux dont il a hérité comme s'ils étaient nécessairement les seuls vrais, les seuls qui ne soient pas pervertis. Il comparera les différents critères ; il cherchera ce qu'ils ont de commun ; il observera la façon dont chaque critère se pervertit ; il essaiera de créer pour lui-même une échelle de valeurs aussi peu dénaturées que possible. Dans tel pays, il s'apercevra que les valeurs vraies et fondamentales sont défigurées par l'importance excessive donnée aux principes aristocratiques et hiérarchiques ; dans un autre, elles le seront par excès de démocratie. Ici, on surestime le travail et l'énergie, là, le simple fait qu'une chose existe. Il verra que, dans certaines parties du monde, la spiritualité ne connaît pas de limite, et qu'ailleurs un matérialisme stupide niera jusqu'à l'existence même des valeurs. Le voyageur observera ces différentes variations et créera sa propre échelle de valeurs de façon aussi personnelle, aussi indépendante du temps et des circonstances, aussi près de l'absolu que possible. La diversité maintenant comprise et admise, il se montrera tolérant mais non sans réserve. Il fera la distinction entre les perversions inoffensives et celles qui tendent en fait à nier ou à discréditer les valeurs fondamentales. Il sera tolérant envers les premières. Avec les secondes, nul compromis n'est possible.

TABLE DES MATIÈRES

LES INDES ET LA BIRMANIE

LA MALAISIE

LE PACIFIQUE

L'AMÉRIQUE

Achevé d'imprimer sur rotative
par l'Imprimerie Darantiere
à Dijon-Quetigny en
août 2008

Dépôt légal : février 2005
N° d'impression : 28-1111

Imprimé en France